袁家有故事

袁世凯后裔记忆拼图

张永久 著

中华书局

图书在版编目（CIP）数据

袁家有故事：袁世凯后裔记忆拼图/张永久著. —北京：中华
书局,2015.6
ISBN 978-7-101-10729-6

Ⅰ.袁…　Ⅱ.张…　Ⅲ.袁世凯(1859~1916)-家族-史料
Ⅳ.K820.9

中国版本图书馆 CIP 数据核字(2015)第 025607 号

书　　名	袁家有故事：袁世凯后裔记忆拼图
著　　者	张永久
责任编辑	徐卫东
出版发行	中华书局
	（北京市丰台区太平桥西里 38 号　100073）
	http://www.zhbc.com.cn
	E-mail:zhbc@zhbc.com.cn
印　　刷	北京市白帆印务有限公司
版　　次	2015 年 6 月北京第 1 版
	2015 年 6 月北京第 1 次印刷
规　　格	开本/710×1000 毫米　1/16
	印张 23¼　字数 240 千字
印　　数	1-8000 册
国际书号	ISBN 978-7-101-10729-6
定　　价	48.00 元

序一

没有故事不成书

没有故事不成书。项城袁氏家族以袁世凯为核心，袁家的故事自然也以袁世凯为核心。而袁世凯其人，早在生前就已经毁誉参半，死后更是恶评如潮。誉之者，毁之者，批判之者，还有社会世俗的人们，都对袁世凯的行径作为，按照自己的需要，或根据自己不同的见闻，记述、制造了许多故事，载之于简册，著录于笔记，制造为书札函电、回忆录，写成为史话、演义等等，流传于后世当今。琳琅满目，蔚为大观。所幸，时当近代，各种第一手史料，得到了与各种故事同等的保存与流传的机会，可以互相印证。

张永久先生，穷数年之力，博采前人与时人的各种记述，访寻袁氏后人，探查袁氏行踪故地，古今融会，上下贯通，从前清嘉道年间直至当代近二百年，以袁世凯为中心，上起高曾祖，下逮曾玄孙，前后八九代人的故事，旁及外戚内宾亲朋故旧、同僚袍泽、东西洋人，折冲樽俎、师友觥筹、党同伐异、政坛权变、时事遗闻、朝野风云、军国大政、中外交涉、世道巨变、家道中落、后人遭际、兰桂齐芳……生动的文笔，连缀成篇，汇集成书，不失为一个创造。

上世纪与本世纪之交的三十余年间，各地刊印出版讲述袁世凯或相关内容的社会文化方面的书籍，不下数十种，形成一个热潮。《袁家有故事》为这个热潮又增一新篇。

永久先生书成，遵嘱为文，权充弁言。

骆宝善

序二

看袁世凯怎样做家长

几年前，袁世凯后人在安阳"袁林"举行一个纪念会，邀我参加，并嘱在会上发言。

对袁世凯，过去几十年人们近乎一致视其为"窃国大盗"、"卖国贼"；随着改革开放，人们思想开始解放，我自从学之始，就觉得袁世凯有点冤枉，他的形象可能并不像过去所描述的那样负面。1991年，辛亥革命八十周年纪念，我在《二十一世纪》发表《辛亥后帝制复辟思潮平析》。翌年，又在《安徽史学》、《哲学研究》、《南京社会科学》相继发表《辛亥后尊孔思潮评议》、《严复晚年思想演变之重估》、《辛亥革命后复辟思潮的文化审视》等，大致期待从学理上、历史事实上厘清近代中国历史转型关键时期的一些大问题，实事求是评估包括袁世凯在内的近代中国政治家。

基于这样的思考，我在袁家后人召集的那次会议上，尽情抒发了对袁世凯的看法，就"戊戌告密"、开缺回籍、辛亥年应对、晚年帝制等讲了一点看法。按照一些朋友的评估，照我的说法，袁世凯的作为确实值得重新研究，他的历史地位也应该重新考虑，不能让历史继续"虚无"下去。

我没有觉得自己的说法具有颠覆性。这个演讲的速记稿直到现在还能从网上搜索到。但在我演讲后的第二天，袁家一位年长后人郑重其事约我谈了半天。她的大概意思是，我的演讲颠覆了她的历史观、世界观，作为袁家后人留在大陆，他们一辈子都在赎罪，都在努力接受改造，都在尽量与"不可选择"的祖先疏远、切割。几十年下来，他们袁家相当多的后人确实有脱胎换骨的变化，现在被我这样一说，他们弄不清这几十年的改造究竟是对，还是错？

也是在这次会议上，我还有幸结识了一些研究袁世凯的朋友，大家都在真诚谈论学问，探究袁世凯。这些朋友，与袁世凯、袁家毫无关联，大家之所以愿意重评袁世凯，愿意为逝去百年的袁世凯说几句公道话，无非是过去的看法因缘巧合不太公正，过去的评估不太厚道，仅此而已。

在这些新结识的朋友中，就有张永久先生。永久兄是一位饱学之士，著述宏富，对于袁世凯家族、后人，不仅有丰厚的文献基础，而且注重田野调查，注意追踪访谈。他的著作，既是对袁世凯及其后人的研究，又具有文献的性质，为未来的研究、思考打开了一个新的空间。

早些天，永久兄发给我一部新书稿《袁家有故事》，希望我能为这部书写几句话。我抽时间拜读了其中一些章节，获益良多，也有一点感想。我在阅读中总是在想，袁世凯的后人在过往百年如此艰难的环境中依然这样"有故事"，那么袁世凯究竟怎样做家长，他究竟给这些子孙留下了什么样的精神力量？

袁世凯青年时代已有大名。甲午前，他就在朝鲜任内收了几房姨太太，生养了一大群孩子。甲午后，袁世凯小站练兵；戊戌年，晋升为副部级高官；1889年底，出任山东巡抚，正式跻身正省级；1901年，接替李鸿章出任直隶总督兼北洋大臣，成为晚清政局中至关重要的角色。直至武昌首义，"非袁莫属"，相继出任临时大总统、大总统。在袁世凯并不很长的宦海生涯中，相当一段时间跻身于政治高层，属于权贵。那么，他究竟怎样管束自己的一妻九妾，怎样培养他那三十几个孩子，怎样帮助、影响那数不清的同族、同宗等亲属？袁世凯的做法，对于我们今天的高官、权贵，是否具有一点启示？简单地说，我们今天的高官，是否应该像袁世凯那样做家长，率先垂范，培养孩子的独立意识、应付世界的能力，让孩子"作为"，而不是"作恶"？

阅读《袁家有故事》，我们看到袁家后人在袁世凯突然去世后树倒猢狲散，各自飘零，但是有一点，袁家后人，不论在袁世凯生前，还是在袁世凯身后，并没有给袁家脸上抹黑。袁世凯去世后，这些袁家子孙历尽艰险，依然培养出袁家骝这样的一流人才。袁世凯究竟是怎样做的呢？

通读这部著作，我们看到，不管外界怎样看待袁世凯，袁世凯个人在他的家庭、家族中，就是要做个好家长、好丈夫、好父亲、好爷爷，严于律己，对子孙求学提供尽可能的好条件，但决不娇惯、纵容，更不允许利用家庭背景祸害社会，玷污家族名声。如果细致去说，我觉得袁世凯至少有这样几点值得今天的家长，尤其是高官家长注意：

第一，量力而行，为子女提供一个读书环境，相信读多少书、接受过怎样的教育，一定与孩子的境界成正比。还在直隶总督兼北洋大臣任上，袁家的规模已经让人吃惊，几任姨太太给他生了三十几个孩子。那时候，新学堂刚刚兴起，还不成规模，袁世凯就在自己家里为子女办了学校，让那些还不便进学堂的女孩子乃至姨太太就近接受教育。

进入民国，袁世凯入住中南海，几十个孩子每天出入上学不那么方便，袁世凯就在中南海里面为子女设立了男女两个专馆，聘请男女教师对子女进行系统教育，其方式、内容，与那时的教育体制大致一致。

当孩子要走上社会，接受更系统的教育时，袁世凯总是不惜重金，尽量将他们送到英美，接受西方近代教育，为他们后来成才奠定必要的前提。

第二，一定要教育孩子"近君子远小人"。袁家聘请的教习，不论男女，都是当时一流人才，品学无可挑剔。总管袁家子女教育的严修，是袁世凯几十年的老朋友，在清朝最后十几年做过学政、学部侍郎，也就是后来的教育部副部长，是南开大学的创办人。严修的人品、学问，有口皆碑，他对袁家子女影响深远，不仅负责他们在国内、在中南海的教育，而且对于他们出洋留学，也是亲力亲为，全面负责。即便在袁世凯去世后，严修仍一如既往关心、帮助这些袁家后人。袁家子女与严修这样的君子相处，其影响不言而喻。

第三，对于子女严格管束，不护短。据袁世凯七子袁克齐回忆，袁世凯对他们兄弟几个的管束非常严厉、认真。每科任课教师到任，袁世凯无论多忙，都会请新任老师吃饭，饭后当面交给老师一把一尺多长两寸多宽的木板作为戒尺，明白告诉老师，如果孩子不听话，不学好，就用这把戒尺打他们的手心，不要宽纵。有了家长的态度，袁家的老师也都尽心尽力，从严管理，这也是袁家后人不论顺境逆境，都能适应，都能做出成绩的一个重要原因。

袁世凯的"育子经"，有些内容今天或许不能完全照搬。但其要点，尤其是严厉管束不姑息，永远都值得中国人注意。"袁家有故事",是因为袁世凯留给子孙好的家风、好的传统。这是我拜读永久兄大著的一点心得,写出来向永久兄表示感谢,与各位同好分享。是为序。

马勇

2014 年 11 月 29 日

序三

说不尽的袁家故事

2009 年秋天，在河南省项城市，召开了袁氏家族联谊会，这是自 1916 年袁世凯逝世九十三年之后，海内外袁氏后人的首次团聚。我回国参加了这次盛会，结识了前来探访调查的张永久先生。

张永久先生对袁世凯的生平早有研究，为了撰写袁氏大家族几代后人在世纪岁月中的悲欢离合、光影歌哭，他又历经多年，艰苦寻访，查找档案。2013 年，张先生通过越洋电话，对我也进行了详细专访。

现在，《袁家有故事》这部书终于问世，从袁氏家族这历史的一角，揭示了我们中华民族在社会剧变时代所经历的苦难与追求。作为袁世凯的后人之一，我深感欣慰；作为张先生的采访对象之一，我深感荣幸；而同时，我也百感交集。

"袁家有故事"——确实如此。故事的源头，不言而喻，就是袁世凯。我并没有见过这位五十七岁就去世的曾祖父，在他去世之后二十五年，我才降临人世。但是，我的祖父袁克定那一辈、我的父亲袁家融那一辈，到我这一辈，乃至在我后面的下一辈、下两辈……所有袁氏家族成员的人生、事业、爱情……只要生活在中国，无不受到袁世凯的巨大影响——在某些时段，甚至是决定性的影响。"袁氏后人"曾经是一个多么屈辱的称谓，几代人从出生那一刻起，就背负着沉重的原罪，在袁家任何一支、任何一人的人生剧目中，袁世凯都是一个未出场却影响深远的人物。

　　这当然不是说他老人家在冥冥之中真能主宰后人的命运，而是因为在他之后的历任执政者，都意识到袁世凯的历史存在和历史遗产，都按照他们各自的政治需要，掌控历史叙述的话语权，来涂抹他的形象、判定他的罪名，并以此来灌输给所有国民，首当其冲的就是袁家后人——我们不得不生存在这样的政治和社会环境之中，在普通人所遭受的苦难之上，更要承担巨大的政治歧视、精神重压。

　　"袁家有故事"，也另有含义。与每个家族一样，袁氏家族内部口耳相传，也一代代延续着先人的轶闻、遗言乃至家规祖训，传承下来关于袁世凯、袁克定和其他长辈的丰富印象和独特评价。本来，在正常的环境中，这种家族记忆既构成社会集体记忆的一部分，又是对社会集体记忆的补充和订正，与社会集体记忆不一致，不仅是必然的，更是必要的——这样才能构成时代史诗有主有从的多声部交响乐。然而，近百年来，与其他家族非常不一样的是，袁氏家族内部的这种传承，受到强大压制甚至删除。我记得，从小我就被迫刈除对于袁世凯、袁克定的好奇心，家人之间都闭口不谈。既然家族的传承中断了、泯灭了，袁氏后人就只能接受官方钦许的"盖棺论定"。2004年，一位旅居美国的作家曾经采访我，请我谈谈我对曾祖父和祖父的看法，后来据此写出长篇专访《百年没有迈出这一步》，当时我对袁世凯和袁克定的认识，还基本上停留在数十年来教科书所告知的"史实"和结论之中。

　　感谢近三十年来中国大陆及海外众多历史学家，包括像张永久先生这样的传记作家，对与袁世凯有关的事件、对袁世凯时代，锲而不舍地追问、探寻，以大量的成果，撼动了许多积非成是的成见，澄清了许多久已蒙尘的真相，也激活了袁氏家族的记忆，启发了我们发掘自己的故事。

回过头来看曾祖父，我终于挣脱了固有的思维程序，摘掉了被硬配给我们的有色眼镜，反思他的所作所为、所思所愿，有了更接近历史原貌的认识。

今天我可以理直气壮地说，袁世凯对于中国从传统社会向近代社会的转型，在众多领域都做出了巨大的开创性的贡献；而对他的历史失误，也必须给予客观的、全面的分析。例如，他可能是鉴于中国社会民智未开、尚不知民主与共和为何物，刚刚诞生的民国政府又施政不畅，社会动荡，于是借鉴当时列强体制的成功先例——英国的虚君立宪与日本的实君立宪，试图建立君主立宪制度。他这一尝试失败了，因为他对国人的国民性、对民心做出了错误的估计。

历史当然不可能重来。但回望一百年前，我常常悬想：如果没有一拨又一拨激进更激进的知识分子急于求成，如果能给袁世凯那一代执政者更多一点时间，中国能否早日走上正轨，后来的百年历史是否会有另一种轨迹？

"袁家有故事"，故事没有结尾。对袁世凯的评价没有画上句号，还会继续争鸣下去；而袁家后人的奋斗、创造，更将持续拓展开去。我希望，争论历史也好，开创未来也好，都将真正在平等、自由、文明、和谐的环境中进行，从袁家的老故事中领悟更深更多的启示，将袁家的新故事写得更遒劲奔放、丰富多彩！

"袁家有故事"，赵家、钱家、孙家、李家……家家也都有故事。袁家的故事是百年中国社会变迁的缩影，在这一时期，无数的家庭、家族，都有类似经历，都能感同身受。我欣喜张永久先生写出了袁家的故事，我也期望大家都写出自己的家族故事。每一个人的经历都是历史的一页，每一家人的经历都是历史的一章。随着民众的日渐觉悟，随着现代化信息手段的突飞猛进，"历史是胜利者书写的"这句话正在被改写——历史是所有人参与写的：创造历史，人人有份；知晓历史，人人有权；著述历史，人人有责。

最后，让我节选一位哲人的名言，来结束这篇序：历史是民族的记忆，一个不会反思、没有记忆的民族，是没有希望的。

袁缉燕

2014 年 11 月 20 日

目 录

卷一 血脉深处的守望

——追溯袁氏家族的根

我为什么要写袁家故事

2012年清明节过后第五天，我的邮箱里安静地躺着一封信：

> 项城袁氏祖墓陵园揭碑仪式暨《项城袁氏历代谱系志》在项城市高寺镇袁阁村隆重举行，来自各地的袁氏宗亲四千余人参加了庆典的公祭……

电子邮件从河南项城发来，文体并不特殊，是常见的公文格式，然而对我来说，外表冷冰冰的官样文字底下却潜藏了炽热的温度。附件里附了一组照片，赶紧点开来看：隆重的祭祖民俗活动场面、气派的汉白玉墓碑群落……那一张张清晰的照片，刹那间勾起了我记忆中的斑驳碎片。

因为写作出版了《袁世凯家族》，这十来年里，我与袁世凯后人有了丝丝缕缕的联系。前些年，袁家人每年要召集一次家族联谊会，地点有时候在项城，有时候在安阳，有时候在天津小站，我都有幸受邀参加。每年六月六日袁世凯忌日前后，我像一只候鸟从南向北迁徙，去兑现一个承诺。

与袁家人打交道多了，我对于那个长时期以来蛰伏在时间最幽暗的深处、看上去像在冬眠、实则在忍受巨大恐惧与耻辱的大家族群落，多少有了些了解。钱穆在《国史大纲》中说，我们阅读本国历史，对本国历史应有一种温情与敬意。但是在国家机器这双巨手的操控下，要保持温情与敬意并不是那么容易。二十世纪的风暴吹得中国满目疮痍，袁家人——很早就被定为"罪人"、额角烙下了"红字"的那些幽魂，又是怎样历经一场场浩劫走过来的？

曾经，因为袁世凯，这个家族被送上时代大潮之顶峰，连袁世凯老家的项城人也跟着沾光。有民谣云："会说项城话，戴花挂刀骑洋马。"虽说民谣有夸张成分，袁世凯铁腕当国，并没有徇私情提拔几个项城老乡，但是项城人当年在皇城根下的风光体面仍是有口皆碑的。

曾经，还是因为袁世凯，这个家族又被埋入谷底。民国史上那些如雷贯耳的名字，在历史书上只是概念和符号，而在他们的私人记忆库里却是一个个活人。历史上某时某刻的雪泥鸿爪，在他们的讲述中存活下来，像一只只蝴蝶标本，逝去了，却依然残存美丽；又像一块块浮雕，凝固成永恒的瞬间，生动得触手可及。听他们讲昔日那些人和事，仿佛跟随但丁穿过血火来到炼狱山，到处是灵魂在风中飘荡，到处是血沙、火雨、冰雹的拷打。

1916 年 6 月 6 日，早晨六点钟，袁世凯因患尿毒症不治而病逝。那是袁家历史的一个重要转折时刻。从那个时刻起，袁家开始跌落，旋转着陷入黑色泥淖。据袁世凯三女儿袁静雪（原名袁叔祯）回忆：父亲刚死，娘（于氏夫人）在厅堂里大放悲声，二哥袁克文带领兄弟姐妹们在娘面前跪成一排，请求娘"赐"大家死。忽然一个丫头飞跑过来报信，三姨太太吞金自杀了！厅堂里遍地狼藉，惊恐不安的气氛笼罩着袁府，诡异得能让人窒息。傍晚时分，又传来一个惊人的消息，说段祺瑞要带兵来包围总统府，杀死袁家人，大家一听更是惊慌。虽然事后证实那是个假消息，段祺瑞并非无情无义之人，但是袁世凯一死，栋梁轰然垮塌，袁府和袁家后裔像是从悬崖上滚落的一块石头，无休止地往下掉，往下掉……

滚落而下的过程周而复始——后来又演变成西西弗的那块巨石，必须不停地往山上推，又眼睁睁看着巨石从山顶滚落下来。在历史一轮又一轮的暴力中，袁家那些生命就在这项无效又无望的劳作中慢慢地消耗殆尽。虽然他们从来没有停止过追求和奋斗，没有停止过个人伦理的向善选择。

从1916年6月6日的那个早晨起，厄运之槌就一直跟随着袁家人，像是摆脱不掉的阴影；又像是一根刺，狠狠地扎进肉里，越扎越深，最后刺与肉竟长在一起。

2007年年底，我随同长春电视台编导曹冬雁、刘大宁等赴项城、郑州、安阳、天津、北京等地拍摄系列专题片《袁世凯家族》，第一次全方位、近距离接触袁家人。

12月19日，一个普通的日子。河南项城，这一天阳光明媚，北方遍地生长的麦苗绿油油的，微风一吹，阵阵扑鼻的芬芳沁人肺腑。那天采访的人是袁启馥，周口市退休教师，袁世凯大哥袁世昌的长门曾孙。老人家生于1929年，当时七十八岁，看上去精神矍铄，思维也很敏捷。他坐到摄像镜头前满脸带着微笑，很开心的样子，开镜前还说了几句玩笑话，可是录着录着，老人家忽然哭了起来。起初他似乎想强忍，任泪水顺着脸颊默默流淌，叭嗒叭嗒，在水泥地上滴湿了一片。一旁的工作人员递纸巾请他擦擦眼泪，袁启馥接过纸巾时再也忍不住了，悲声冲口而出，刹那间竟至嚎啕大哭。七十八岁的老人，孩子似的毫无掩饰，甚至顾不得旁边围看的观众，顿足捶胸，泪水滂沱。那一刻我知道了，扎进肉里的那根刺，遇到阴雨天会隐隐作痛。

袁启馥声音低沉地说："文革那年，造反派抓我去游街，我对造反派说了一句话——可惜人不能回炉，要是能回炉，我再出生不姓袁就好了。"

中国人讲究光宗耀祖，往往以姓氏为家族最神圣的图腾，即使丢命，姓氏也决不容更改。可是启馥老人不经意的这句话，却从伦理上推翻了千年来国人关于姓氏的价值观，带给我更深层次的思考：在人的生命面前，家族的荣耀和耻辱都会退居次席，然而这种重与轻的关系，经常被人为的混淆和颠倒。

袁启馥沉默的当儿，摄像机仍在运转，声音很低，此刻却清晰可闻。另一位袁家人——随袁启馥一起从周口市赶过来录制节目的袁家琼（袁世凯六弟袁世彤的曾孙女）一直站在旁边流泪，这时候插话道："姓袁的人家，那些年日子真不好过呀！"袁家琼说，她家里有五个弟兄，都不敢姓袁，改姓了周、方之类的别姓。虽然不姓袁了，但多少与袁（圆）扯得上关系，暗寓与袁家有血缘之属。听上去似乎荒唐，却是袁家后代的真实生活。在幽暗的时间深处，袁家人不知用了多少这类的"机智计谋"才得以活下来——隔着岁月回望，那种屈辱的活，也许只能叫苟且偷生。

那天的情景，在我的记忆中留下了深刻的烙印。

类似的情景，在我后来与袁家人打交道时曾反复出现。

与袁家人断断续续接触了几年，对这个史称"民国第一家"的庞大家族群落了解渐多。有那么多悲欢离合的故事，那么多寓言式的江湖传说，那么多来自官方或民间捕风捉影的谣传，那么多袁家后代的生命——他们和民国以来的无数大小事件交织在一起，难割难舍，分离不开。写下他们的故事，记录袁家人在特殊历史时刻的心路历程，对于认识中国社会也许具有特殊的意义。

计划已定，却发生了一点意外。2011 年对我来说是个重要的年份。这一年里，先是小孙孙出生，第一声啼哭带给我的喜悦无以言表。此后不久，胞弟因患肝癌离开人世，在他生命最后的那些日子，我守候在病床前，反复咀嚼着绝望和无助。接连经受着生与死的冲击，生命的秩序犹如发生了一场地震，大滑坡和泥石流呼啸而过，我终于触碰到了"生死之外无大事"的人生境界。去世的弟弟使我警醒：一个人的谢幕竟然会来得那么突然，让人猝不及防，该做的事一定要尽快去做。

2012 年初夏，心灵中的余震渐渐平息，我开始动笔写这本书。

然而一旦真正做起来，才深感难度巨大。

首先是袁世凯这个人。在中国近代史上，无论你从哪一个入口走进来，都不可避免会与他相遇。袁世凯是座绕不过去的山峰，多少波谲云诡的史事围绕他而铺陈。但是由于意识形态的原因，这座山峰长时期被锁闭在云天雾海中，真实面目，识者甚少。围绕袁世凯的贬损和谩骂太多了，近世以来情况虽有改观，也只是融化了冰山一角。

有一次参加"袁世凯与辛亥革命"学术研讨会，中国社科院学者马勇先生说了句话，我深有同感。他说：以我等三流人物的识见去揣摩袁世凯这个民国一流大人物的胸襟，往往会差之毫厘谬以千里，距离真实的袁世凯相去太远。好在这本书以讲述袁氏后人的故事为经纬，并非专事解剖袁世凯，涉及袁世凯生平的并不多。仍要说明的是，本书中凡涉袁世凯，丑化和美化都是我所摒弃的，只求最大限度地接近历史真实，用齐邦媛《巨流河》中的一句话说就是："回应时代暴虐和历史无常的最好方法，就是以文学书写超越政治成败的人与事。"

其次是这本书时间跨度大，涉及人物众多，上溯袁世凯祖父辈的袁甲三，下连袁世凯曾孙一代。一个庞大家族六七代人近二百年的历史，要在一本书里一一道来，如果没有合理的构思与剪裁，将会如一团乱麻，读者读来也会如入云山雾海。大到如何谋篇布局，小到材料的取舍，无不费尽周折，斟酌再三。

为了写好这本书，我赴天津对袁家人又一次进行了补充采访。如果说二十世纪曾埋藏着巨大的悲伤，对一般的平民之家、官宦之家、商贾之家、知识分子之家如此，对帝王之家又何尝不是如此？当对面坐着的八句老人袁家楫自述身世声泪俱下时，我深深地体味到，生命对于任何人都具有同等珍贵的意义。

删繁就简千秋树，渐渐地，这本书的轮廓在我脑海里清晰起来。

袁世凯有一妻九妾，儿子十七人，女儿十五人。何不以他们的人生故事为线索逶迤展开，像一棵树，从根部向上生长，每到分杈处，各有枝条舒展，摇曳生姿，自成风景？事实上，在与袁家人接触的过程中，我也屡次体会到，血缘关系在这个家族中具有非同一般的意义，同母生下的儿女感情最浓，他们的后代走得近，人生观、价值观也大略相同。袁世凯儿女众多，后裔子孙数百，在袁氏家族整个大圈子内，他们因上述原因聚集成一个个小的家族群落，悄然发生着数不清的故事，那些故事繁若星辰，鲜为人知。

袁家的家族故事分为两类：一是向政治和威权聚拢，一是逃离政治和威权。最明显的分界线是巅峰上的那个大人物——袁世凯。

这本书，主要讲述的将是袁家子孙后代们逃离政治和威权的故事。

袁氏家族的根在何处

还是从袁阁村的袁氏陵园开始讲起吧。

前面说过，2007 年年底，我随长春电视台编导赴项城、郑州、安阳、天津、北京等地拍摄系列专题片《袁世凯家族》，第一站就是河南项城县袁阁村。

中原大地，绿油油的麦苗一眼望不到边。远处是杨树柳树柏树，再远处是影影绰绰的村庄、房屋以及一缕缕袅袅升起的炊烟。

进村时是早晨八九点钟。浓浓的雾霭笼罩着柳树林，此时正渐渐散去，模糊的景色变得清晰，大地透出盎然的生机。

忽然，远处响起了一阵鞭炮声。

循着鞭炮声朝村东北小跑过去，那儿就是颇具声名的袁氏陵园。

一眼看过去，迎面是一堵用白石灰粉刷的低矮土墙（有村民告诉我，那是袁氏宗族牌坊），牌坊上贴着花花绿绿的宣传标语，正中是比较醒目的标语："热烈庆祝袁氏陵园改造工程隆重开工！"牌坊前摆了一张桌子，桌上供着一只猪头，旁边散放着几个苹果、桃子和杏子。香炉里一束线香静静地燃着，给眼前的景色注入了一丝哀思祭祖的味道。

导演和摄像师很快投入了拍摄，我站在一旁，心头有些诧异。这么一个普通的坟墓群，就是传说中的袁氏陵园吗？

袁氏牌坊简陋得近乎潦草，墙背后是一座座低矮的坟包，使人想起"荒郊野岭"那个词。然而，这里埋葬着袁世凯家族的先祖。据记载，袁氏墓群原占地约五百平方米，采取集葬的形式，安放着袁家祖宗的四十三座坟茔。乾隆年间悄然下葬的袁耀东（袁世凯的曾祖父），是这块坟地里下葬的第一个袁家人。安葬在这里的其他袁家人有一品诰封郭太夫人、二品官员袁保龄以及袁世凯的生父袁保中等。四十三座坟一律坐北朝南，取南北至尊之义。

起初袁氏陵园规模并不大，清代同治年间，袁甲三之子袁保恒修缮坟茔，在墓地四周植满了柏树，这里开始热闹起来。袁世凯发迹后，袁氏陵园进入鼎盛时期，墓地四周建起了一米多高的围墙，除了培护那一片象征肃穆的柏树外，又在陵园里栽种了桃树、柳树、榆树、枣树、梅花、栀子花……每年清明节，前来扫墓的人络绎不绝，带着花束、鲜果、檀香以及各种祭品。

这样的日子没持续多久，袁氏陵园的热闹光景随着袁世凯的倒台而渐趋冷清。上世纪五十年代，"窃国大盗"的祖坟被列入铲除名单，围墙在一夜之间被拆毁，土改工作队动员村民们提高认识，继续去捣毁那些祖坟，村长迟疑不决地说了一句话："全村人都姓袁，只怕他们不愿意。"后来的情况果然如村长所说，袁阁村上千人，同一个袁姓，挖祖坟的事没有人去做。

那些坟茔虽然保住了，但是不再有人管理，年久不事修缮，任凭日晒雨淋，岁月侵蚀，到 2007 年我们来造访之时，坟茔规模已不复当日，坟包大多数坍塌沉陷，杂草丛生，一派荒芜破败的景象。

看着牌坊中央张贴的那幅标语：热烈庆祝袁氏陵园改造工程隆重开工！我心里有种说不出的滋味。眼前的景象既不"热烈"也不"隆重"，一台小型挖土机，十几个手拿挖锄、铁锨和扁担的村民，遍目凋零的荒草和树叶，一地鞭炮炸过的碎纸屑……唯一与"热烈"和"隆重"几个字沾得上边的，是陵园附近围观的数百名老人、妇女和孩子，眼睛里充满了期盼与憧憬。

在袁氏陵园，我与一个姓袁的老人随口聊了几句。

老人说，几十年来，总是会有人来这里祭祀，即使是在政治斗争最激烈的文革时期，仍然有人趁天黑偷偷来。那年头不敢放鞭，就点一把香，烧几张纸钱，敬供几个果子。地底下埋的是袁家先人，无论袁世凯是好是坏，祖宗的血脉无可替代，不能更改。

老人淳朴的话语，使我想起了福克纳《押沙龙，押沙龙》中的话：人的身体是一座殿堂，里头回荡着无数亡灵的名字，挤满了倔强、怀旧的鬼魂，直到生命的最后一刻，那些亡灵们仍会顽强活着。中国没有西方人的感恩节，但是每个中国人的骨子里，都深藏着一种叫"祖先崇拜"的东西，对列祖列宗的感恩，是维系我们精神血脉的扎实根基。

老人还告诉我，1984 年腊月，满天雪花纷飞，地上的积雪有一尺多厚，有一支袁家后裔回乡省亲，前来陵园里祭拜，当时出现了奇异的一幕。那天，鸣炮焚纸的仪式过后，从袁保中（袁世凯生父）的墓穴里爬出了一只金色的动物，头部像青蛙，身子像一条蛇，那只"青蛙蛇"停歇在一簇草丛里，探头探脑地张望了一会儿，然后不慌不忙地离开了。对这一异象，袁家人有各种猜测和解释。但是在祖宗的坟茔面前，气氛神圣肃穆，谁也不敢轻易乱动，仓促对"青蛙蛇"钻出的小口子进行掩埋，怕走漏了坟茔里的灵气。

我是谁？我从哪里来？我要到哪里去？这个困扰人类的千年一问，不知引发了多少人无穷尽的思考。家族史是一个家族的根，断垣残壁的祠堂，陈旧发黄的家谱，不仅记录了一个家族的记忆，也映照出社会变迁的斑驳画卷。

那么，袁氏家族这一路又是怎样走过来的？

据项城袁氏家族史记载，袁家的始迁祖是袁持衡，从汝南郡迁移而来。袁持衡只有一个独子，名叫袁膺举。从文献上看，袁膺举是个读书种子，两个儿子名字取得相当雅致，一个叫袁抱月，一个叫袁步月。人生最遗憾的事莫过于，诗意的抒情往往扛不过世俗的锻打，抱月、步月两兄弟长大成人后，遭逢一场百年难遇的大水灾，袁抱月跟随他人逃难去了南方，从此杳如黄鹤；袁步月带着妻子和两个儿子袁学诗和袁学礼，迁移到距永丰南13华里的秦波村，砍了几棵树，挨崖壁边搭了个窝棚，临时安顿下来。

项城袁氏家族史料上，有一段描述当年情景的文字：

当时秦波人烟稀少，周边十几里地没有村落，且地势湿洼，杂草丛生。袁氏一家，就在这里垦荒种粮。农闲之时，父子三人到野外蒿草中，捡取野鸭蛋补食用不足，生活十分艰难拮据。

从上述文字来看，这是一个再普通不过的农耕之家。

就这样又过了半个世纪，当年跟随父亲去野外蒿草中捡野鸭蛋的孩子也成了爷爷，其中一个名叫袁学诗的爷爷老死了。送葬那天，儿孙们扶灵出殡，一路上走走歇歇，往南行至秦波村与袁阁村交界处时，抬灵柩的绳子突然断了，棺木重重地落在地上，唢呐和锣鼓声戛然而止，送葬的队伍安静下来，族人们被眼前的一幕惊呆了。他们从四面围拢来，有的站着，有的蹲在地上，仔细琢磨棺木落地所隐含的各种寓意。

最后还是由家族中的老者一锤定音：学诗留恋这里的风光呢！

老者这句话，改变了项城袁氏家族后来的走向。

儿孙们在袁阁村找了块空地，就地挖坑，埋葬好棺木。当时是冬天，北风萧瑟，草木摇落而变衰，枯树枝上的乌鸦怪叫一声飞远了。人们举目所触皆是冷清凄楚，然而在冬季的沉静之美中，大地在悄然孕育来年的春天。

时光如漏斗中流失的沙子，不知不觉又过了若干年。每年清明节、鬼节以及元宵节前后，袁学诗的子孙后代都要来焚香祭祖。为了方便祭祀，后来他们索性举家从秦波村迁移到袁阁村，在这里修建陵园和祠堂，袁氏家族世系繁衍生息的传奇故事，从袁阁村开始了新的延伸。

铁牌家谱背后的故事

在袁阁村拍摄录制期间，那一天，我们扛着摄像机来到一个农家大院。

院子里围满了人，他们都是附近闻讯而来的袁姓村民，有的站着，有的蹲着，一个个神色庄重虔诚。冬日的阳光从树叶缝隙间投射下来，映照在他们脸上，令他们看上去恍若铜像。

地上铺了一地纸片。每张纸片都是同样大小，约摸一尺见方，上头拓印着不同的文字和花纹，一张张拼接起来，几乎占满了整个院子。

不用说，那些拓印的纸片就是传说中的《项城袁氏铁牌家谱》。

巨大无比的铁牌家谱重约一吨，高90公分，厚5公分，宽2.8米，文字是工笔楷体，四周铭刻"回"字型几何花纹，民间称为"富贵不断头"，是一种吉祥的纹饰，寓意诸事太平、绵长、恒久。这块铁牌家谱在中国乃至全世界都堪称独一无二，是项城袁家的镇宅之宝，早先镶嵌在袁氏家祠的墙壁上。

铁牌家谱毁于1958年大炼钢铁运动，如今已不复存在。但是关于那块天下无双的铁牌家谱背后的故事，袁家人仍然谙熟于心，江湖上也在广为流传。

铁牌家谱诞生于项城袁氏家族的第一个鼎盛时期。

同治十三年（1874），正值项城袁家郭老夫人一百岁生日，这对于袁家来说是一宗大事。郭老夫人嫁到袁家之前，袁门还是一户普通的耕读人家。自从袁耀东三十多岁病逝后，遗孀郭夫人独力支撑起了这个家，经过几十年栽培，袁家中进士、点翰林，到袁世凯出生时，袁家食一品俸禄的就有六人，食二品俸禄的有三人，成为中原远近闻名的大家族。忽略袁家兄弟各房拥有的金银财宝、房产细软不计，仅在项城购置土地就多达四五十公顷，是郭老夫人丧夫时拥有土地的五十倍。此时袁家兴盛至极，上上下下千余口人，本地和外省的袁姓，也纷纷到项城来"认祖归宗"。

这个大家族的精神维系核心，在外是袁甲三，在内是郭老夫人。

郭老夫人百岁寿诞时，袁甲三已病逝，袁家在外做官的人物中，最高官衔者是获一品顶戴的袁保恒，他成了家族新的顶梁柱。

袁保恒，字小午，少时随父亲袁甲三从军，文才武略兼备。上一年，他刚随左宗棠的西征军平定了宁夏马化龙部的回民起义，以后勤保障之功，被清廷授予一品顶戴。在西北军营中，袁保恒接到项城的家信，向左宗棠请了假，兴冲冲回故里省亲。

启程时是十二月的天气，西北边塞滴水成冰，沿途萧瑟的景色和刺骨的风，让他有步步惊心的感觉。一路车马劳顿赶回项城，已到二月上旬，农历腊月廿三，中原人过小年。远远地听见鞭炮、二踢脚噼里啪啦炸碎了一地纸屑，充满神秘色彩的祭灶仪式开始了。先是焚香燃表，满屋子里烟雾缭绕，一个身穿蓝布长袍的男人慢悠悠斟酒，然后下跪磕头，一个七八岁大小的孩子怀抱只大公鸡跟着男人下跪磕头。男人口中念念有词，只听祭灶主持高喊一声"领！"男人手提酒壶，将酒壶里的酒淋向鸡头，公鸡扑腾翅膀，拍起了一地灰尘，周围的人群兴奋地叫喊起来：看哪，灶王爷骑马上天啦——

衣锦还乡的袁保恒给这一年的袁阁村带来了前所未有的热闹气氛。腊月廿三的晚上，远远近近的袁家人打着火把而来，司仪派人给大家分发糕点、豆腐汤……几个壮汉不停地敲锣打鼓，整整闹了个通宵。

袁阁村一位七十六岁的老人说，同治十三年那年，赛龙灯、舞狮子从正月初一早晨就开始了，一直玩到元宵节，从袁阁村玩到项城，轰动邻近几个县，风光着呢！

袁保恒这次回乡，除了给祖母郭老夫人操办百岁喜宴外，还做了这么几件事：一是将袁门子弟袁世凯、袁世廉送到北京读书；二是计议分家（未成，半年后各房兄弟才正式分家）；三是带头捐了一百两银子倡修家庙；四是和当地县令一起整顿项城书院；五是募捐银两筹备修撰《项城县志》。

铸造铁牌家谱，是修建袁氏家庙计划中的一部分。袁保恒特意从河北泊头（我国三大铸造基地之一，另外两地是广东佛山和江苏无锡）请来了远近闻名的锻铸巧匠秦廷升，选择村东头桃树林前的一块空地，架起炼铁土炉，三个壮汉拉动风箱，刹那间火光忽闪，烟雾弥漫；与此同时，秦廷升亲手制作铁牌泥模，指挥徒弟将一堆胶质黄土和成泥，制作内范、外范，然后晾晒修整，巧匠拿着一根一尺多长的桑木棍，轻轻敲打新做好的模具，并侧耳聆听，"梆梆梆"的声音清脆悦耳。袁保恒上前去问怎么样，秦廷升信心爆满地说：就算是躺下一个活人，我也能做成模子，原样把他铸造出来！

铁块熔化成滚烫的铁水，在正式浇铸铁牌家谱前，秦廷升还表演了一场"打铁水"的节目。他将一勺铁水快速抛洒上夜空，铁水上天时犹如天女散花，往下落时又似泼金撒银，发出绚丽的光芒。簇拥在桃树林前的袁家人欢呼起来，他们一生中从未见过如此壮观的景象，而且这壮观景象专属袁氏家族，他们为自己是这个家族的一分子而倍感自豪。

项城袁氏家族向权力和荣誉的顶峰冲刺共有两次，第一次代表人物是袁甲三、袁保恒父子，第二次代表人物是袁世凯。而天下无双的袁氏铁牌家谱，则是袁家第一次冲刺以及崛起时期的最佳见证物。

遗憾的是这块重达一吨的铁牌家谱，却未能见证后来的历史。

1958 年，政府号召大炼钢铁，小土炉星罗棋布，火光冲天。人们疯狂地搜寻废铜旧铁，袁家祖墓群的铁栏杆拆除了，家祠里镶嵌的金属饰品砸毁了，厨灶上多余的铁锅端出来了，甚至连正用着的铜脸盆、铜汤钵、搪瓷茶杯、挂蚊帐的铜钩子等物什，也一股脑儿全都被搜寻出来，送进了怪兽一样蹲伏在路边的小土炉口中。

袁家人最揪心的还是那块铁牌家谱。眼看劫数难逃，袁家人谁也拿不出个办法。强顶硬扛肯定行不通，如果悄悄拖走隐藏起来，恐怕将会有更大的灾祸降临。袁世凯洪宪称帝失败后，袁家人集体成了政府和国民的公敌，即便不惹任何事，也摆脱不掉厄运的阴影，何况要隐藏一块如此硕大的铁牌家谱？

一个漆黑的夜晚，隐隐约约有个人影朝村头白玉阁方向走去。自从1951年袁氏家庙因年久失修坍塌后，铁牌家谱就被移放到了白玉阁。那个人推开阁楼大门，点亮拎在手上的马灯，一点点捻动灯芯，很快，越来越亮的灯光泻满了一地。

那个人叫袁家俊，是项城袁氏家族的第十五世孙。恐怕连他自己也没有想到，当天夜晚他的举动将在袁氏家史上留下浓墨重彩的一笔。袁家俊的腋下夹着一叠宣纸，他放在地上用水喷湿，小心贴放到铁牌上，拿一把小毛刷子轻轻敲打……静夜里的阁楼里，每个细微的声音都会被放大，隔一会儿，袁家俊就竖起耳朵听听村子里的动静，不急不缓的三两声狗叫，向他报告周围一切平安。

袁家俊走出白玉阁时已是下半夜了。他捻熄马灯，收拾起拓印了碑文的一摞宣纸，一路踏着虫鸣蛙叫往回走。那一刻袁家俊一定抬头看见了满天星斗，亘古黑暗的天穹，亿万颗银色微尘漫天闪耀，宇宙间那只巨大无朋的流沙漏斗慢悠悠地旋转着，不动声色地向世人昭示什么。

回望袁氏家族一百年多来的荣辱兴衰，袁家俊也许会想到"气运"二字。周朝八百年，气长；隋朝三十多年，气短。朝代如此，家族也一样，君子之泽，五世而斩；小人之泽，亦五世而斩。真的是气运吗？那么究竟是什么在主导气运？

兴亡周期率恐怕谁也不能摆脱，惟有德行、能力可以将周期延长，如同每个人都会死去，但是选择快乐生活方式的人，以及科学生活善于养生的人，却能够活得更长寿。个人如此，家族和国家也应是如此。

袁家俊那天夜晚拓印的袁氏铁牌家谱，后来成了家史中的珍稀文献。七十年代末，袁家俊年事已高，将那一叠家谱拓片传给了侄子袁启领。我们所见到并拍摄到的那个农家大院，就是袁启领的家。

离开那个农家大院若干年后，关于袁氏铁牌家谱的记忆仍然难以抹去，三幅画面经常在我脑海中叠化闪回：一会儿是同治十三年，郭老夫人百岁寿诞，村东头桃树林前火光忽闪，烟雾弥漫，袁氏铁牌家谱在众多袁家人的欢呼声中，镶嵌进家庙的墙壁；一会儿是 1958 年，袁家俊在白玉阁内独自拓印家谱铭文，灯光投射在他脸上，映照出袁家人常有的淡淡忧伤；一会儿是 2007 年，袁启领家的院子里遍地铺满了拓片，闻讯赶来的袁家人挤在院子里，或站或蹲，神情庄重虔诚。

一百五十年光阴就在这三幅画面的叠化闪回中静静流逝，袁家若干人物和故事在我脑海里交替闪现，既如梦如幻，又真实得让人心悸。在中国近代史上，一个家族的命运和几个时代如此紧密地纠缠在一起，真是罕见！

令袁家开始崛起的第一人

12 月，季节已进入初冬，气温却并不低。清早起床，推窗朝外望，太阳正在升起，大地上仍流淌着浓浓的秋韵。按照拍摄计划，这天要去淮阳县探访袁甲三的祠堂和墓地。

带我们驱车前往的是袁晓林。他的曾祖父袁世彤是袁世凯的六弟，袁晓林世居项城，曾任县政协副主席，分管文史，袁氏家族陈芝麻烂谷子的往事他烂熟于心。这些年来，随着世人重评袁世凯，袁家人慢慢浮出水面，各宗房后代像候鸟纷纷飞到项城访祖寻根。袁晓林在其间穿针引线，牵线搭桥，成为不可或缺的一个人。

一路上，袁晓林都在讲老祖宗袁甲三的故事。他说，袁甲三祠堂原来规模很大，有神道、照壁、牌楼、石像、雕栏、碑亭……还有曾国藩、李鸿章、张之洞、徐世昌等人的手书碑碣。毕竟是统领六省的将领，当年的风光无限和如今的没落不可同日而语。袁晓林说打从他记事起，袁甲三祠堂的大部分建筑物就已遭拆毁，墓地也被盗墓人多次光临，颓败得七零八落了。"这几年我也没去淮阳看老祖宗，香倒是没少烧，不晓得老祖宗的祠堂和墓地如今成了什么样子？"袁晓林望着车窗外的景色，像是在喃喃自语。

汽车缓缓地在路边停下来。从一片杨树林中穿过去，就是袁甲三墓了。

尽管事先想到过坟墓会很颓圮，但是亲眼见到衰败破落的墓园时，仍免不了暗暗惊讶。准确地说，这里已看不出任何墓园的痕迹了，一堆一人高的石堆，就是袁甲三墓的全部。石堆用糯米浆和石灰浇筑而成，经历了一百多年的风风雨雨，到处布满了坑坑点点，仿佛是个瘦骨嶙峋的历史老人。

袁晓林引导我们走到墓顶上，那里是一块直径两三米的平地，墓顶有个洞孔，从洞孔往下看，底下是一个空穴。袁晓林说，以前虽然遭遇了多次盗墓，但是老祖宗的棺椁还在，1968 年，淮阳县城的红卫兵听说这里埋着窃国大盗袁世凯的叔祖父，便带着钢钎锄头，把棺椁挖出来焚烧了。

史料记载，袁甲三墓园位于淮阳县城西 5 华里的小孟楼村，原墓地三百亩，有神道直达周口、商丘，神道两旁栽植杨树、柏树，置石人、石马，逶迤延绵，蔚为壮观。墓园于 1968 年被拆毁。

我后来慢慢知道，袁甲三墓遭拆毁是一段惨史，但远不是最惨的。

离开袁甲三墓地，一行人继续往前走。没多大一会儿，就到了袁甲三祠堂。祠堂已是徒有虚名，建国后这块地盘划属淮阳县公安局，原先那些古旧建筑物不复存在，只留了一间黑瓦平房，仅七八十平方米，显然经过了改造，木头圆柱和煤渣空心砖混杂砌在一起，像是一件刺眼的仿古工艺品。两扇大门是玻璃门，两边的金属拉手上缠着根链条锁。袁晓林说，这是袁甲三祠堂惟一幸存的房子，如今是淮阳县公安局健身房。隔着透明玻璃门朝里看，里头果然摆放着乒乓球台、桌球台和中国象棋棋盘。

这间房子前面立着块一人多高的石碑。碑文为袁甲三旧属崔廷桂撰写，记载了袁甲三剿灭捻军时期与部下同甘共苦的事迹。

其中有一段写道：有一年冬天，袁甲三部遭围困，粮草又未及时运到，士兵们饥寒交迫，却没有一人有怨言，也没有一人当逃兵。在军营前，袁甲三点燃篝火，让士兵们取暖；杀死战马，让士兵们吃肉。他在军前流着眼泪说：我和你们共同来为国家杀贼，没想到落到了今天这个地步，不知是时运，还是天命？与其坐以待毙，不如拼死一搏，还可立功。万一冲不出去，权当效命沙场，我袁甲三愿和弟兄们同死！慷慨激昂的一番话，使得将士们勇气倍增，誓师突围，"连破贼圩数十处，追击于正阳关，克之，毕胜，收复六安州。余贼狙逸，昼夜追奔，及草沟集歼焉，丑类殆尽"。

袁氏家族第一次能够崛起，主要靠的是袁甲三。

袁甲三幼时资质平常，他能成功，靠的是坚忍的意志和严厉的家风。

袁甲三一连参加了九次乡试，均与举人头衔擦肩而过，可是他并不气馁，愈挫愈勇，终于在道光十五年（1835）考中进士，获授官衔礼部主事。

袁甲三在京都做官，任过礼部主事、军机章京、监察御史、兵科给事中等。他是理学大师倭仁所赏识的弟子，同拜倭仁门下的还有赫赫有名的曾国藩。但晚清官场颟顸颓败，袁甲三身为一介普通平民子弟进入官场高层，没有背景和靠山，受到的排挤和打压可想而知。在围剿捻军的数年间，他先后与名宿周天爵、和春、福济、胜保等人共事，周旋其间，尤其需要生存智慧。

袁甲三在宦途生涯中，曾遭遇两次重挫。第一次是咸丰四年（1854），钦差大臣和春、安徽巡抚福济联名弹劾他，咸丰皇帝批劄：交部严加议处，来京候旨。第二次是咸丰八年（1858），被封疆大吏胜保弹劾，遭贬罢官。袁甲三一生军功卓著，声名显赫，看上去风光无限，实际上满肚子冤屈，先后两度坐冷板凳，内心之寂寞难与人言。

人生的关键时刻，是袁门家风中坚忍的秉性救了他。咸丰皇帝十多次召对，袁甲三慷慨陈词，详细表明豫南皖北的军事谋略，陈述他处处受人掣肘的处境，表达他的忠诚和苦衷。咸丰皇帝被打动了，最后网开一面，让袁甲三继续带兵打仗。

咸丰皇帝能够网开一面，当然并不仅仅是因为袁甲三的说辞。他带兵打仗确有勇猛过人之处，在中原老百姓中口碑甚佳。关于这位老祖宗，有一则故事在袁家后代中流传：

袁甲三第一次遭弹劾赴京候旨时，沿途成千上万军民跪在路边哭泣拦阻，以至于道路被堵塞，车马难于通行。他进京后，安徽怀远乡绅胡文忠，狠心卖掉自己的儿女，凑齐路费，徒步到京都，在都察院门前为袁甲三擂鼓喊冤。在投递状纸无门之际，胡文忠一头朝都察院坚石垒成的墙壁上撞去，当场气绝身亡。

同治二年（1863），袁甲三疽疮发作于背部，备受折磨，病逝在陈州防所，时年五十七岁。在生命的最后时刻，他强忍疼痛，支撑起身子披衣而坐，在病榻上与旧属将士商量防剿捻军事宜。

正是靠这种坚忍，他带领袁家子弟攀越到了一个新高度——如果说袁家数代人的宦途生涯是一场攀援接力，那么袁甲三无疑是第一棒的领跑者，此后袁世凯接过接力棒，在叔祖父开创的平台上再攀高峰，终于登临到了众山绝顶处。

不料，众山绝顶处既有绝妙的风光，又面临劫运绵绵的万丈深渊。袁家后来的遭遇路人皆知，从侯门王孙直线沦落成为寻常人家，因为头上有顶黑帽子，有的甚至连寻常人家都不如。

袁甲三之死，当时在清廷朝野轰动极大，同治皇帝赐谥号"端敏"，厚葬于淮阳城西小孟楼村，并在他曾率兵作战过的淮阳、陈州、淮安等地专门设立祭祀的祠堂，前来为他送行的人成千上万。

"大树飘零，爱志朝章于两字；丰碑巍焕，长留祠祀于千秋。"在袁甲三祠堂旧址附近，我寻找到了一块破损的断碑，上面铭刻着这两句话。然而仅仅才过了一百五十年，巍峨恢宏的祠堂和墓地早已荡然无存，曾经辉煌的一切已不复存在，袁晓林告诉我们，老祖宗袁甲三的祠堂如今只剩下淮阳这一处了，听说也已经列入拆迁计划，不知道什么时候就会完全消失……

祠堂这个名称最早出现于汉代，与墓园相依相伴，曰墓祠。千百年来，祠堂凝聚了家族文化中最典型、最具代表性的元素，成为一个家族的精神象征。这个圣地是族人们祭祀祖宗先贤的场所，也是族人们漂泊的灵魂之舟靠岸系桩之地。以前几乎每个村落都有祠堂，在那些大大小小的祠堂里，真实记录着各个家族的历史衍变。族亲们商议族内大事，各房子孙办理婚、丧、寿等红白大事，都要在神圣宽敞的祠堂里进行。我们经常看到改革开放后暴富起来的某个家族祠堂，香火缭绕，热闹非凡，可是曾经建立了卓越功勋的袁甲三的墓祠，却如此空寂冷清。两相对照，不由得让人感慨万千。

此刻，时间似乎停止，世界已然静默，喧嚣的尘世生活悄然隐退，只听见摄像机走带的声音嚓嚓嚓响着。放学了，附近学校的五六个少年笑着跑过来，像一群小鸟，停在一棵古槐树背后，探头探脑朝我们这边张望。那些写满生机的脸是这个世界的希望所在，他们对摄像机所拍摄的一切都充满好奇，一双双渴求真相的眼睛尽力往历史深处看，却怎么也看不懂那段历史。

我伫立在空荡荡的祠堂前，伫立在空旷无人的时间里，仿佛听见了来自岁月深处的声音：身披战袍的袁甲三立在云头轻轻叹息一声，在丝丝冷风中恍若一声呜咽。

流传在袁世凯出生地的传说

"喏，就是那幢房子——"袁晓林用一口标准的普通话向我们指点袁世凯的出生地。顺着他手指的方向，我的目光穿过一片飘荡着雾霭的柳树林，落在那幢蛰伏在袁寨围墙角落里的并不起眼的两层小洋楼上。心底有一个声音在悄悄问：备受非议的一代枭雄袁世凯，真的就出生在这么个地方？

这是一幢典型的地主庄园式的晚清建筑物，墙壁和门窗经过重新粉刷，到处都还飘散着刺鼻的油漆味儿。整个袁寨，数这幢楼房保存得还算完好。沿着七级台阶拾级而上，轻轻推开两扇微掩的朱红大门，"吱呀"一声响，刹那间一颗心收紧几分，耐人寻味的静寂中暗藏着肃穆。

楼房内空空如也，仅摆放了几件中原地方常见的生活小物件，一眼就能看出是民间仿品，显得不太真实。倒是墙壁上悬挂的那些旧照片，隐隐透露出了袁世凯时代曾存活过的人物、事件和生活场景。

袁世凯出生于袁氏大家族的鼎盛时期。

原是普通耕读人家的项城袁氏，经过郭老夫人几十年含辛茹苦的操持，已成为中原一带闻名遐迩的名门望族。

郭老夫人的儿子辈有四人，分别是澍三、甲三、凤三、重三；男孙辈十人，分别是澍三之子保中、保庆；甲三之子保恒、保龄、保诚；凤三之子保颐；重三之子保晋、保纯、保恬、保皖。

此时澍三已病故，郭老夫人的儿子辈中，甲三、凤三在外做官，重三在袁寨执掌家政；孙子辈中，也有保庆、保龄、保恒等五人在外做官，保中在家协助叔叔袁重三。

袁寨当年的风光，如今已成为江湖上的一个传说。少年时生活在项城、与袁家世交并有姻亲的当代作家蒋敬生，曾写文章回忆他儿时见到的袁寨：

> 进了袁寨西寨门，首先看到的是路边坐北朝南的一座大府门。这府门要比北京清代王府的门还气派得多，光那门前的两头大石狮子，曾经粉饰，虽颜色已渐褪，但也比项城县衙门的守门石狮子大得多，守卫着出厦长廊、朱漆大门、威武煊赫的"六王府"。

蒋敬生先生所述是上世纪三十年代末的情景，那时袁寨已经衰败没落。文章中所提及的"六王府"，是袁世凯六弟袁世彤的府邸，也只能算作袁寨宏大建筑群中的一个组成部分。瘦死的骆驼比马大，即便是残缺不全的断井颓垣，在少年蒋敬生的印象中已是人间仙境：

……穿宅过院，也不知道有多少门，什么月洞门、廊厦的鹿顶门等等，圆方美形不一，花木遮掩，迂环曲折，要是初来乍到，只几绕就会迷路，比电影《红楼梦》中的房舍也不会逊色。

最初修筑袁寨是在袁甲三发迹后的清咸丰年间。起因是一个传说：袁家有个奇怪的现象，男子寿命短，很难活过六十岁。从山东重金请来的风水先生，捣鼓一阵罗盘后掐指细算，说：袁家阴宅（袁阁村祖坟群）是龙凤之地，日后必定出大人物。只不过阳宅（袁寨）阴气太重，克袁家男子寿命，破除的方法是"迁宅分居"。

就这样，袁甲三一支迁往淮阳陈州府；袁凤三一支迁往河南禹州；袁重三一支仍留驻袁阁村；只有袁澍三一支搬到了新修的袁寨。

也就是说，生活在袁寨的袁氏后人，都是袁澍三这一脉的子孙。

袁寨占地二百七十亩，先后建成各式楼房二百四十八间，有三道护寨河、六座碉堡，还有高十米、厚两尺多、周长近两公里的护寨石墙。寨子内，院落幽曲相连，青瓦红砖，眩目耀眼。屋脊上有狮、虎、豹、马、猴等砖雕，四角挑檐高耸，饰有龙纹兽尖，直指苍穹。寨子当年是防捻军的，寨墙每隔一丈多有一垛口，用来观察寨外捻军动静，三十多名卫兵轮流站岗放哨，昼夜不歇。兵荒马乱的岁月，周围十里八村的乡亲们经常跑到袁寨里来避难。

采访中听到了这么一个故事，颇能说明袁寨当年的风光和显赫：

袁寨原来有一座祠堂，飞檐翘角的亭阁上挂着四只风铃，起风时，一串串清脆的音符就会像小鸟似的四处纷飞，最为奇特的是，风铃声竟能传到十几里外的另一个村子，且声大如雷，震得那个村子山摇地动，农家灶房里的锅碗瓢盆叮咚蹦跳。

这也太离奇了，像是马尔克斯笔下的小说细节，充满了拉美魔幻文学的神秘色彩。我摇头微笑，表示不相信。讲述者辩白：这事儿附近几个村的老人们都知道，不信你随便去问问，保证会有人讲给你听。

民间总是藏匿着若干秘密，大自然的神奇魔力谁能说得清呢？从那以后，风铃的传说成了我心头的一个存疑，我依稀看到时光漩涡中的袁寨色彩斑斓，在黑暗深处散发着幽幽微光。

看过《红楼梦》的人应该熟悉大家族的生活场景。不同的是，《红楼梦》所叙述的是一个封建大家族风雨飘摇的末世景象，而当时生活在袁寨的袁氏家族犹如朝阳，上升抛物线即将到达辉煌的顶端。另外，袁甲三靠显赫军功起家，因此，这个大家族除了迎来送往、杯光箸影之外，还笼罩着浓郁的军事色彩。

这一点，从袁世凯出生时的取名可见一斑。

咸丰九年（1859）农历八月二十，袁世凯出生，刚好在安徽与捻军作战的袁甲三打了个大胜仗，俘获捻军首领顾大陇，派专使骑快马到袁寨报捷。袁寨喜上添喜，给新生婴儿取名世凯，"世"是辈分，"凯"是高奏凯歌之意；又取字"慰亭"，意思是打胜仗、得贵子都足以告慰家庭。

关于袁世凯的童年时代，袁寨有个广为流传的故事：袁世凯四岁那年，捻军进攻袁寨，十五岁以上男丁全都拿起火枪登上寨墙，鸣枪放炮，抵御捻军。袁世凯猛地挣开奶娘的手，跟着众人磕磕绊绊登上寨墙，看见被击溃的捻军作鸟兽散，他拍掌大笑，面无惧色。

故事有夸张的成分，但初生牛犊不怕虎，是袁世凯整个少年以及青年时代的真实生活写照。

袁寨的鼎盛时期是在袁世凯就任中华民国第一任正式大总统前后。此后袁寨开始走下坡路，耀眼光环一圈圈剥落。1915 年，袁世凯称帝，举国一片骂声，纷飞的唾沫星如雨点一直延续至今。袁寨风光不再，一度被指认为罪恶渊薮——传说中的魔鬼城。

袁世凯时代的中国，举国是专制的土壤，长出民主之树谈何容易？将一切都归罪于袁世凯，于事无补，也太简单粗暴。袁世凯病死后，袁寨也跟着往下坠落，时空隧道中，这个曾经无限风光的中原寨子，如今已和豫东南平原上任何一个普通村庄没有多大区别了。

漫步在重新整修过的袁寨，空气中飘荡着油漆香蕉水的味道，触目是新粉刷过的墙壁、门窗。但表面的热闹繁华掩饰不了它的颓败与萧索，回望历史深处，令人万千感慨：如今的袁寨，仅剩下一个空架子。

抬起头来，看见几个老人坐在一棵大树下抽烟闲谈，西斜的阳光拉长了他们的影子，看上去有种"白头宫女在，闲坐说玄宗"的感觉。

她在族谱上没有名字

在过去，女性的名字是不能载入族谱的，顶多是附庸式记入，只记姓，不记名。比如说，一位郭姓女子嫁入袁家，族谱上，在她丈夫名字旁批注几个蚂蚁般大小的字：袁郭氏。

中国传统家庭只讲父权，女性处于从属地位。

那些在族谱上没有名字的女性，在艰苦卓绝的环境中往往比男性更能吃苦耐劳。她们忍辱负重的故事很少为外界知道，只是在家族内部流传，被子孙后代围着火塘追忆。那些女性若有人能熬到出头的一天，成为大家族中至高无上的老祖母，儿孙们又在外做了大官，就会风光无限，成为整个大家族的信仰中心和精神堡垒。

项城袁氏家族史中，那位连名字都没有留下的郭氏夫人是神一样的存在。老太太活了将近一百岁，一生堪称传奇，她身上具备传统中国女性的诸多优点：坚韧、吃苦耐劳、敢作敢为、善持家……

郭氏祖籍河南淮宁，娘家是殷实富户，父亲郭如珽有头脑，出钱办过私塾学堂，让女儿从小熟读《女儿经》。十七岁那年，郭氏嫁入声名鹊起的项城袁家。原因很简单，袁九芝、袁耀东父子是学堂里的塾师，人品学识都好，受到远近乡亲的敬重，也被郭如琚看重，于是父亲做主，为女儿挑了个前景看好的夫君和婆家。

没料到郭氏嫁入袁家不久，公爹袁九芝一病不起，没多少日子便去世了。办丧事的时候，夹杂着锣鼓声、唢呐声飘进年轻郭氏耳朵里的，竟是一枝枝舌头上的毒箭。那些零碎的嘀咕，伴随背后的指指点点，依稀都在说郭氏是给袁家带来了霉运的扫帚星。更加让人气愤的是，有人暗中支使做道场的法师在唱经文时塞进了影射郭氏的唱词，说《封神榜》上的丧门星张桂芳转世了，变成只红狐狸在附近柳树林中出没，只差没说那只红狐狸姓郭了。

十七岁的郭氏哪里受得了如此污辱？办完丧事后，她坚决要搬出袁家自立门户，夫君袁耀东选择了站在她这边，小两口走出了勇敢的一步，也是决定将来袁家命运的重要一步。

过惯了优裕生活的富家小姐现在知道清贫的滋味了。但她身上没有富家千金的娇纵慵懒，相反，贫寒的处境更加激发了她要帮扶袁家出人头地的勇气。

自从嫁到袁家后，郭氏一门心思要帮助夫君袁耀东参加科举考试。中国古代这类故事多如牛毛，"郭氏传奇"这部剧的闪光之处在于弦歌不断——四十岁时袁耀东染上痨病，咯血而亡，夫君的葬礼结束后，新寡的郭氏叫来四个身穿孝服的儿子，让他们跪在亡父的灵牌前发誓，郭氏手拿鸡毛掸，噙着眼泪，她的训词是："谁不发奋读书，就不是他爹的儿子，莫怪娘把他赶出袁家门！"

为了给儿子们请个好塾师，郭氏不仅自己辛勤劳作，还三番五次去娘家求援。在郭氏的操持下，几年后袁澍三、袁甲三相继考入县学成为秀才，并以优异成绩获得了"廪生"的荣誉称号，官方定期发"廪饩"，即"助学金"。

中原一带有句古谚语："一命二运三风水，四积阴德五读书。"在郭氏严厉而又温柔的督导下，项城袁氏家族好运连连，道光十四年（1834），袁甲三中了举人，次年赴京应试又中进士。红榜发出，报喜的人马排了一里多地，袁甲三身披大红绶带，骑着高头大马游乡串村，袁家初露崛起的征兆。十几年后再传捷报，道光三十年（1850），袁保恒考中进士。

一门两进士，消息传开，一时间在项城成为爆炸性新闻。在旧时官宦升迁制度的影响下，聚族而居的大家族，扶植聪颖子弟，读书上进，参加科举，是合族的事业。一人得道，鸡犬升天，短短一二十年时间，项城袁氏家族地位迅速上升，成了中原一带家喻户晓的显赫人家。

郭老太太活到了九十多岁还能够穿针引线、缝补衣裳，观者无不称奇。郭老太太生于乾隆四十三年（1778），卒于光绪元年（1875），按照中国的传统计岁方法，她活了将近一百岁，历经乾隆、嘉庆、道光、咸丰、同治五朝，从三十六岁丧夫守寡，到将近百岁时儿孙绕膝，她成了项城袁氏家族的精神支柱。

自从袁甲三考中进士，袁家犹如熬过严冬，看见了原野上绽放的第一朵金色的迎春花。这之后袁氏家族进入丰收的黄金时期，喜报频传，除了一门两进士外，还有两个举人、四个贡生以及八个知县以上级别的官员。无数羡慕的眼光投向中原这个新崛起的显贵之家，郭老太太也因此赢得了人们的尊崇。咸丰、同治两朝，朝廷曾经四次给她赏赐御书匾额、紫檀、玉如意、江南丝缎衣料等物件，并赐寿一次。到同治年间，项城袁家已是一个近百人的庞大家庭，郭老太太不仅有了儿子、孙子、曾孙，连曾孙都有了后代。提起项城五世同堂的袁家，方圆数百里没有人不伸大拇指夸赞的。

盛极而衰，生活的打击常常在人们猝不及防时遽然而至。道光二十四年（1844），大儿子袁澍三病逝，年仅四十四岁，白发人送黑发人，郭老太太扶棺恸哭不止。同治九年（1870），袁家最为荣耀的金字招牌和经济来源主要提供者袁甲三病逝，加速了这个庞大家族的崩溃。这之后死神成了袁家的常客，隔几年便扑腾翅膀飞来光顾，儿子袁凤三、袁重三先后去世，"保"字辈的孙子袁保庆、袁保中也相继走了，郭老太太只能向佛求得安慰。到了晚年，她经常伴着木鱼声度过漫漫长夜。

在项城袁氏故里，至今仍流传着郭老太太乐善好施的故事。家族兴旺发达以后，每年她都要施舍棉衣数百件，施粥施药若干。咸丰六年（1856），项城发生了一场百年不遇的灾荒，郭老太太令家人将族中无法举火的五十多户人家逐一登记，按月发放粮食、衣物，使他们不再受冻挨饿。又令袁保庆在南北村庄开设粥场，分发大米面粉，每天数千人排队，每人一盂，从冬天直到次年春夏之交，没有一天中断，从而使无数村民保住了性命。这样的例子在郭老太太的一生中有好几次，在乡民们心目中，晚年的她已经渐渐褪去了女强人的光环，转变成一个仁厚的大善人。

郭老太太生命中的最后几年，家族的颓势仍在延续，败相已露。在京城做官的袁保恒、袁保龄对潜伏在庞大家族内部的危机看得极真切。当时的真实情况是，近百口人居住袁寨，却没有相应的财政支撑，经济来源基本上依靠袁保恒、袁保龄做官积攒的银两。原来家中还有个理财高手袁重三，袁重三病逝后，接任他主持家政的是袁保中，虽说此人勤勉正派，在投资理财上却没有什么天赋，袁氏家境每况愈下，日见窘迫。更糟糕的是，袁家多年的显赫已经宠坏了一些后代，好几个儿子吸食鸦片成瘾，是不可救药的败家子，其他子孙有的嗜赌，有的爱嫖，有的逃学，没几个争气的。

权衡利弊，只有分家一条路可走。初定的分家方案是，效仿古代计口授田之制，将家中所有田地物产分为十二股，确保"保"字辈十个兄弟每人一股，剩余两股，作为郭老太太余年的供给和宗族公用。袁保恒、袁保龄二人还高姿态地将他们名下的两股自愿献出，交给郭老太太享用。

分家方案酝酿成熟了，却长时间没有人敢对郭老太太提出来，少时记忆中残留的对老祖母的一丝惧怕，使分家又推迟了几年。直到同治十三年（1874），这个分家方案才得以实施。

次年，郭老太太寿终正寝。

在清乾隆至同治的八十多年里，项城袁氏家族完成了第一次崛起以及没落的大循环。这个家族暂时沉寂了，但是并没有就此沉沦，而是在沉寂中积蓄力量。

❶ 将袁氏家族推向辉煌顶峰的袁世凯

❷ 袁氏家族首位清廷一品大员袁甲三

❸ 袁世凯和生母刘氏

❹ 袁世凯与子女们在一起

❶

❷

❹

❸

卷二 一枝一叶总关情

——袁世凯的五位兄弟

大哥地位不太高
——长门袁世昌

袁世凯兄弟六人，依次是袁世昌、袁世敦、袁世廉、袁世凯、袁世辅和袁世彤。他们的父亲袁保中娶了一妻一妾，都姓刘，袁世敦是正室所生，其余五人均为如夫人所生。对袁家六兄弟，外界习惯地称为"老六门"，家族内部也都爱这么称呼。

长门袁世昌，实际上在袁家没有太高的地位。

因为他在家中虽然年龄最长，却是如夫人所生，不是嫡子。依照旧式社会的老规矩，家族中只有嫡子才能继承家业，嫡子在家族中权力极大，几乎在所有方面都具有优先权，被称为家族正宗，至于其他子弟，都只能是别支。

袁世昌一生没做过官，一直在项城老家务农兼经商，算得上家境殷实。袁世凯在朝鲜任总理交涉通商大臣时，大哥袁世昌曾前往汉城（今首尔）探亲。说是探亲，实际上是想谋个差事。袁世凯办事有原则，不允许家人和亲属参与自己的政事，一口回绝了袁世昌。袁世昌不甘心，提出要一笔钱。袁世凯问他要多少，袁世昌说要一千八百元，在当时这不是一个小数目。袁世凯接着问，要那么多钱做什么？袁世昌回答，将来娶儿媳妇用。袁世凯一听火了，当时袁世昌的大儿子也才七八岁，谈婚论嫁还早得很，哪有这么早预备娶儿媳妇钱财的道理？当场狠狠说了大哥几句。袁世昌文化不高，脑子里塞满了长幼尊卑的旧思想，见四弟说话口气那么凶巴巴的，心里也没有好气，上来推了袁世凯一把。袁世凯是习过武的人，顺势还了一掌，袁世昌被推搡得坐到了地上。

这一场兄弟纠纷，本不是什么大不了的事，但为外人知悉后被人大肆渲染，增添了许多演义成分。事实上，袁世凯对大哥袁世昌还是挺好的。天津小站练兵时期，袁世凯各方面条件都还不错，专门请大哥到天津小站来住过一段时间。

有一个事例很能说明问题——

袁世凯一直将袁世昌的次子袁克暄留在身边历练，从赴朝鲜作战、见证中日甲午海战，到后来的天津小站练兵，袁克暄都曾亲身参与其间。袁世昌去世后，袁世凯又将袁克暄收为继子，精心栽培扶植，这一点，后面也会提到。

袁世昌的妻子张氏也出身名门。张氏的哥哥是张镇芳，清朝时中过进士，曾担任直隶总督，也是晚清、民国政坛上的知名人物。张镇芳的两个子女早逝，以胞弟张锦芳之子张伯驹为嗣子。

张镇芳一生与袁世凯关系很好。民国初年，他在袁世凯手下担任河南都督兼民政长。洪宪帝制时期，张是拥护派的积极分子，又与袁家私交很好，袁世凯遇事总爱与他商量。

张伯驹则与袁克定、袁克文是莫逆之交，位列民国四公子之一（其余三位分别是袁克文、张学良以及溥仪的族兄溥桐）。

袁门六兄弟中，袁世昌过世最早。

袁世昌留下了三个儿子：袁克明、袁克暄、袁克智。长子袁克明常年居住项城袁寨，守着祖业过日子，家境一般。他少年时爱习武，曾赴湖南衡阳拜一个叫龙佐才的人为师，学习剑术。洪宪帝制时期，袁克明到了京城，住在表哥张伯驹家中，想从四叔父袁世凯那儿谋得个一官半职。然而袁世凯此时自身难保，没能帮得上他，在京城住了一阵，他便回老家项城去了。

值得一提的是袁世昌的次子袁克暄。袁世昌病逝，袁世凯伤心落泪，将大哥次子袁克暄收为继子，留在身边，放在袁家学堂读书，请大学问家严修、方地山等人授课，与袁克文、袁克权等同等对待。后来，袁世凯将儿子们分别送到德、英、美留学，也将袁克暄送到美国，主攻社会学。为鼓励袁克暄勤奋学习，袁世凯将自己心爱的一方砚台赠予他，对"暄儿"临别赠言，谆谆教诲。

袁克暄也十分争气，学业结束后，先是留任清廷美国大使馆当参赞。辛亥革命后，清廷倒台，民国建立，袁世凯担任第一任正式大总统。袁克暄三十六岁，正当年富力强之时，回国后到民国外交部任职，担任外交部参事，后任次长。1915年1月18日，日本公使日置益觐见民国总统袁世凯，向袁提出了极其苛刻的"二十一条"要求，并威迫袁世凯"绝对保密，尽快答复"。俗话说"弱国无外交"，在此危急情形下，袁世凯一方面命外交部总长顾维钧同日本谈判，一方面暗中将"二十一条"内容泄露给英、美两国，希望获得英、美两国的支持。果不其然，英、美政府对日本进行外交抗议，从而引发了中国民众游行示威的浪潮，逼迫日本作出让步。在那场惊心动魄的外交风波中，袁克暄任外交部次长，因有留学美国的经历，与美国若干外交官员关系良好，在其中起到了推手作用。

袁克暄有三个儿子。长子袁家矩、次子袁家唐、三子袁家乐。袁家矩，娶妻李秀峰，是安徽省省长李兆珍的独生女儿。他定居天津，有二子：袁启林、袁启贤。袁启林早亡，袁启贤1948年在开封参加中国人民解放军，抗美援朝时期曾经赴朝鲜作战。归国后，被选送到南京军区武汉后勤军校读书，并晋升上尉军衔。文革期间，清除异己之风刮入部队，上级找他谈话，"动员"他主动转业，并推荐了南京、郑州、武汉等几个大城市供他挑选。袁启贤伤心至极，选择了妻子的老家——东北黑龙江省一个不起眼的小城双城市。

袁启贤育有一子，名袁文跃（伟东），现为中国辛亥革命研究会常务理事。他发起成立了项城袁氏家族联谊会（后改为慰亭袁氏家族联谊会），和项城袁晓林一样，在家族内部起到了穿针引线的作用。他对先祖袁世凯的生平事迹兴趣浓厚，写有《袁世凯与中国宪政》等系列文章，从近代史的角度探寻袁世凯与中国宪政的蛛丝马迹，难能可贵。

嫡出的儿子大过天
——二门袁世敦

二哥袁世敦，字厚甫。因他是袁保中的正室所生，所以虽非长子却是家族正宗。他参加科举考试不中，出钱捐了个"盐大使"的虚衔，按清制是正八品官员。

要说起来，袁世凯待这位二哥并不薄。任山东巡抚期间，袁世凯疏通关系，给二哥袁世敦谋了个小官职，兼管营务处事宜。山东闹义和团，给朝廷出了个大难题。洋人抗议后，清廷又拿义和团开刀，并处置了一批官员。袁世敦也被撤职，并遭驱逐回籍。据清史专家骆宝善考证，袁世敦实在是"代弟受过"。皆因袁世凯的政敌拿他没办法，就拿他二哥袁世敦开刀，安了个"纵勇扰民"的罪名赶回了老家。

袁世敦却据此迁怒于袁世凯，怪袁世凯在关键时刻没有帮忙说情。袁世凯后来与袁世敦的关系闹得极僵，以至于袁世凯指天发誓，死也不再回项城，皆起源于此。后来，兄弟间的矛盾继续升级，袁世凯因葬生母与袁世敦彻底闹翻，打那以后，袁世凯再也没有回过项城，甚至死后也不愿意葬在项城，而是在安阳修筑了世人瞩目的袁林（又称袁世凯墓）。

——这件事须从头说起。

袁世凯在山东担任巡抚后，将生母刘氏夫人、妻子于氏等家眷接到了济南。当时山东义和团闹得厉害，袁世凯怕母亲受惊吓，密令侍卫队严加防守。他是个有名的大孝子，一日三次到母亲房里请安，有空便陪母亲说话。母亲生病了，袁世凯更是日夜守护在旁，亲侍汤药，尽心照顾。

不久母亲病逝，袁世凯十分伤心，电奏朝廷要请假回籍守制。朝廷认为时局维艰，没有批准，谕令照常上班，不过放宽了政策，准许他在巡抚衙门内穿孝服。袁世凯郁闷焦虑，胸中装着个难解的心结：当年继母牛氏夫人（因袁保庆无子，遂将袁世凯过继予他，牛氏乃袁保庆正室）病逝后，他在朝鲜任职，未能回家处理后事，已成终身遗憾；如今亲生母亲去世，又不允许他回家安排，心头之痛再也无法隐忍。于是他又向朝廷写了一封信，再次恳请回项城安葬母亲。不料朝廷还是没批准，他只好将母亲的棺材暂时移到济南城外存放。

袁家兄弟几经协商，最后定在次年秋天将刘氏厚葬。到了第二年秋天，袁世凯给朝廷打报告奏请赏假两个月。这一次朝廷恩准了，慈禧太后还专门下了懿旨，赏予四十天丧假回籍葬母，并加恩赏给刘老夫人正一品封典，派河南巡抚专程前往项城致祭。

这是极高的待遇，袁世凯感到特别有面子。这时他已是直隶总督，官场春风得意，又善交际，人缘好。为了让母亲的安葬仪式更加隆重，他亲自带着仆从、护卫兵以及大群地方官员数百人，浩浩荡荡开赴河南项城。那场葬仪确实盛况空前，除慈禧太后的奖赏外，还由朝廷派大臣参加祭悼，两湖总督张之洞亲自撰写墓碑文，项城知县才有资格担任陪祭的知客先生（接待员），邻近的淮阳县令甚至连知客先生都当不上，只能在账房里打杂。袁世凯衣锦还乡，八面威风，本以为这趟回项城要风光一回，谁知事与愿违，二哥袁世敦竭力反对刘氏与先夫合葬。袁世凯气急败坏，与二哥大吵了一顿，闹到最后两个人差点动手。

袁世敦的理由也很充分：有资格与父亲袁保中同葬一个墓穴的，只有正室夫人刘氏；偏房刘氏，只能葬在旁边，另砌一座小坟。为这件事，从京城前来参加葬仪的徐世昌以及河南陈夔龙都出面进行调解，无奈袁世敦不听，还摆出一家之主的派头说："不要以为官大就能压我，袁家的事，还是我说了算！"

那场窝囊的葬仪让袁世凯刻骨铭心。他和同母兄弟世廉、世辅、世彤商量后，只好另择墓地，安葬了生母。

离开项城时袁世凯指天发誓，这个伤心地，他再也不会回来了。

与袁世凯最"哥俩好"
——三门袁世廉

袁家兄弟中，袁世凯与袁世廉的关系最好。

袁世廉少年时胆识过人，以素有才干享誉乡里。当地有个土匪头子张天罕，横行乡里，抢劫杀人，官府多次通缉，都没有办法捉到。袁世廉得知后，带着几个团练抓获了张天罕，交给衙门。这事在项城曾轰动一时。

袁世凯赴朝鲜后，陈州府家中留下继母牛氏等人，常年无人照顾，袁世廉从项城迁至陈州府，帮助四弟主持家务，侍奉饮食起居，像亲生儿子一样。牛氏深受感动，又不放心在朝鲜的嗣子，便叫袁世廉前往朝鲜汉城去辅佐四弟。袁世廉初到汉城时，袁世凯并没有给他安排什么差事，只是让帮忙管家。后来帮他在电报局谋了个职位，负责架设从汉城至釜山的电线，袁世廉风餐露宿，吃了不少苦。

架设电线，需经受日晒夜露之苦，和工人们同吃同住，这些都还好说，关键是如果饷银不能按时发放，还得忍受诸多辱骂——而饷银是由上头划拨的，经常拖欠，一拖欠就是一两个月。这让袁世廉两头受气，经常感叹自己里外不是人。

干了半年多，他深知虎口夺食不易，又请袁世凯帮他另谋差事，此时正好有湘人李兴锐被任命为出使日本大臣，李兴锐原是曾国藩的幕僚，委办粮台事务，后来当过两江总督，袁世凯通过周馥的关系说通了李兴锐，让袁世廉随同去日本任领事。谁知风云突变，李兴锐忽然患了一场大病，出任日本大臣的计划被取消了，袁世廉当领事的美梦自然也泡了汤。他只好打起精神，硬撑着干完了督修电线工程的苦差事。

在袁世廉任职电报局期间，他的妻子携女来到了朝鲜，居住在袁世凯府中。谁知这件家务小事，却差点引起了兄弟间的一场误会。袁世廉从朝鲜辞官回到河南老家后，听到一些莫名其妙的谣传，说他指使妻子女儿赴朝打秋风，让袁世凯很难堪，甚至有人说他是骗取了袁世凯的钱财后逃跑回了老家。这些谣传使袁世廉十分伤心，他对天发誓：今生再也不到朝鲜去了。

袁世凯从二姐的来信中得知了这些，也相当难受。在给二姐的家书中，袁世凯详尽剖白了自己的心迹，托二姐帮忙制止那些闲话，并亲自给袁世廉写信，让他释去心中的愤懑。很快，二人修好如故。

庚子年间，山东义和团闹腾得厉害，不巧母亲刘氏夫人又在济南病了，袁世廉得知消息后身着便衣潜行赶赴济南，一方面照顾母亲，一方面帮四弟袁世凯处理内外的一些杂事。袁世凯拿银子帮三哥捐了一个知府官衔，在山东设立"减成捐局"，为袁世凯剿灭义和团筹集资金。

母亲刘氏夫人去世后，袁世廉被河南巡抚委任为军队的翼长，正好赶上灾年，开封一带的民众想开垦荒地，地方官要征收租税，这一举动激怒了老百姓。灾民们联合起来抗拒，群情汹涌，差点酿成了一场大变。袁世廉出面调解，一方面说服官府缓征、减免租税，一方面说服灾民，平息了事态。

中日甲午战争后，袁世廉被调到武昌，办理淮盐总局的督销事务。不久又奉命出任徐州府兵备道。谁知刚刚上任，老毛病风痹症又犯了，整天躺在病榻上不能动弹。他请辞养病，这时候正好袁世凯被罢官后到洹上村休养生息，派袁克文专程赴徐州府，将他接到了洹上村。

在彰德洹上村，袁世廉的病情时好时坏。袁世凯特地花重金请了法国医生梅尼为他治疗。梅尼医术精湛，在中国行医十多年，屡次获得清廷颁赏的"宝星职衔"（清廷对有功洋人的一种奖赏，后来由洋人推及国人）。在梅尼极尽心力的治疗下，袁世廉病情有所好转。然而在梅尼赴哈尔滨防疫期间，袁世廉病情忽转恶化，痰气涌塞，呼吸困难。在袁世廉弥留之际，袁世凯携次子袁克文日夜守护在他的病榻前，极尽手足之情。对袁世廉之死，袁世凯异常悲痛，他亲自为三哥选定坟地，定于秋天下葬。后因辛亥革命爆发，等着要袁世凯办的事极多，此事便再无下文。

袁世廉遗有两子：长子袁克志，父亲病逝时尚在读书，后来情况不明；次子袁克成，民国时任河南军事稽查，顶头上司是赵倜。赵系河南汝阳人，北洋武备学堂毕业，曾被袁世凯封为德武将军，长期任河南督军兼省长。他对袁氏家族的这个后裔特别关注，打报

告要将袁克成提拔破格为少将，后因未获袁世凯批准而作罢。赵侗
又请授以二等勋章，袁世凯大笔一挥改成了三等。

匆匆并非烟云
——五门袁世辅

袁世辅是袁家老五，关于他的史料并不多见。

只知道袁世凯在朝鲜期间，袁世辅也曾前往汉城，并居住了一段时间。估计是临走时想找四哥要钱，被袁世凯狠狠训了几句。袁世凯在给项城二姐袁让的信中还在愤愤不平地说："人既无兄弟之情，我何必有手足之谊。不相闻问可也，可恨，可恨！"

清朝末年，袁世辅通过纳捐获得了一个小官，不过并没有上任，不久辛亥革命爆发，清朝换成民国，他便一直在项城老家赋闲，直到1927年去世。

袁世辅生前有一妻两妾，只生了一个儿子叫袁克庄，据说年轻时才华过人，很有希望通过科举考试进入仕途。正在他准备大展宏图时，清廷垮台了。袁克庄行走京津两地，通过四叔父袁世凯的关系认识了不少政坛要人，段祺瑞就是其中之一。

说起来是个长长的故事。

袁克庄认识段祺瑞后，两人称兄道弟，关系热络。当时二人的夫人都有了身孕，于是他们在一次酒宴上约定，如果生下的是一男一女，就结为夫妻。

不久，袁家生下了袁家骘，段家生下了段式巽，按照约定，段式巽嫁到了河南项城袁府，两家亲上加亲。

袁克庄死得很早，二十八岁就匆匆离开了人间。袁家骘与段式巽婚后搬到了天津，住在日租界须磨街的段府大院里。

段式巽从小被人娇惯，养成了大小姐脾气。她没有儿子，只生了个独生女儿，叫袁迪新。若干年后，这个袁迪新也成了个传奇色彩很浓的人物，后面再讲。先说段式巽喜欢上了她大姐的儿子李家晖，便不肯放手，提出要"借回家玩几天"。哪里有借人儿子玩玩的？大姐知道段式巽的火爆脾气，也没有多说什么，眼睁睁地看着自己的儿子被妹妹"借"走了。过了段时间，大姐要来接回儿子，段式巽却怎么也不肯放手。她叉腰站在院子里大声说："想把孩子抱回去，除非拿枪先把我打死！"大姐毫无办法，只好把儿子让给了段式巽。

这个李家晖，父亲是李鸿章家族的后裔李国源，也是名人之后。李家晖被段式巽强要过来之后，改名叫袁缉辉。袁缉辉后来读复旦大学，毕业后留校任教，退休后去了美国。

现在来说说段式巽与袁家骘的独生女儿袁迪新。这个小女孩从小跟在外公段祺瑞身边长大，天生丽质，冰雪聪明。段祺瑞执政北洋政府期间，北平学生抗议日本等八国的无理通牒，举行"三一八"请愿游行。有士兵悍然开枪，引发一场惨案。段祺瑞闻讯后赶到广场，低头向学生下跪。这场风波最后以段祺瑞下野收场，他从此隐居天津，成了个虔诚的佛教徒。

袁迪新说，外公每天早上起来，头件事便是念经诵佛。等到吃过早饭，他的老部下王揖唐就过来了，帮外公整理历年来的诗文，准备刊印一部《正道居集》。午睡过后，外公照例是下围棋，晚上偶尔也搓搓麻将。

1936 年，段祺瑞在上海病逝时，袁迪新只有十四岁。

随着年龄增长，她渐渐出落得亭亭玉立，貌美如花，学习成绩优异，英文尤佳，不少豪门子弟都倾心于她。

1946 年下半年，袁迪新来到了北平，在国共停战谈判的"军调处北平执行处"下属的新闻处当翻译。"军调处"由国共两党和美国代表三方面的人员组成（各方代表分别是周恩来、张治中和马歇尔将军），主要任务是调解国共关系。袁迪新从小受过良好的教育，英语基础非常好，周围又都是耀眼的政坛人物，顺理成章成了一颗瞩目的明星。

建国后，袁迪新当了几十年的中学英语教师，直到 1979 年退休了，仍然被聘请到上海大学、上海财经大学、中华职业学校等院校教授英语。

真隐士自风流
——六门袁世彤

项城袁氏家族"世"字辈的六兄弟中，最小的是袁世彤。

袁世彤，字孟昂，年轻时曾在袁甲三爱将周文炳幕下供职，深得周的器重。1893年10月，龚照瑗出任英、法、美、比大臣，袁世彤随行为参赞。三年期满，他随龚返国，被奏以道员保用。但是不知什么原因，袁世彤后来并没有去当官，而是在老家河南项城住下来，栽花种竹，写诗画画，以此为乐，大半辈子没再离开。在河南项城，袁世彤有不错的口碑。他不以贵显子弟自居，无论对何种身份之人，总是那么和气。

袁世凯全盛之时，项城人纷纷跑到北京去活动关系，以谋得一官半职。袁世彤不为所动，依然在老家过宁静的隐士生活，不做辎重京阙之想。即使有事必须去京城办理，也是来去匆匆，决不停留。

袁世彤平时最喜欢的是绘画和书法。台湾作家高拜石评价他的作品："向无师承，唯抚摹南田草衣的花卉，兼用着色勾勒，和没骨、渲染二法。"袁世彤绘画只为自娱自乐，从来不轻易示人，所以很少为外人所知。但是他的画作，颇有神韵，至今在台湾故宫博物馆里有收藏。

有一则传说波及很广。说的是袁世凯洪宪称帝期间，弟弟袁世彤和妹妹袁张氏公开登报声明，要与袁世凯断绝关系。

这则传说确有其事，却并不是事情的全貌。话说袁世凯洪宪称帝，反对的人不计其数，立场不同，角度不同，反对的理由也不同。有人反对，是因为中国好不容易走上了共和之路，复辟帝制无异于开历史倒车；还有人反对，是因为他们忠诚于清朝，是晚清遗老遗少。袁世彤和袁张氏属于后者。

家人对袁世凯"帝制自为"的看法，代表了晚清遗民的一种认识水平，本来不足为训，但是许多历史研究者据此认为袁世凯称帝连他的家人都反对，实际上是小看了袁世凯称帝这件事的复杂性。

袁世彤不仅口头上反对四哥称帝，还扯起旗帜，招募讨袁军，自任为大统领，罗列袁世凯罪状二十四款，印成传单四处散发。时河南都督张镇芳得到这个情报，也不大敢过问，于是密电袁世凯请示如何处置。袁世凯哈哈大笑："老六与我闹家庭革命了，无怪乎老张束手无策。"袁略作沉思后复电张镇芳，让其派兵勒令解散，如敢违抗格杀勿论。张镇芳捧着袁世凯的手谕，让袁世彤看了，袁世彤冷笑一声反问："张都督将如何处置我呢？"张镇芳说："你总不能让我为难。"过了几天，袁世彤率领所募军士数百人离开河南进入陕西，后为陕西都督陆建章所遣散。

关于袁世彤之死有多种说法，一般认为他老年病故于河南项城，也有说他在陕西死于陆建章刀下的，据说陆建章是遵从袁世凯的密嘱，此说证据不足，难以为信。

袁世彤有四个儿子：袁克正、袁克伦、袁克艮、袁克灵。

其中第三子袁克艮，字叔武，生于 1898 年，毕业于燕京大学。

袁克艮一生好善乐施，每逢饥荒年景，他必在袁寨设置粥棚，赈济灾民。逢年过节，为了不使受助人尴尬，常差人于夜半时分塞钱于穷人门缝里。乡邻有难，他也经常解囊相助。

袁克艮重教育，终生致力于办学，不仅使项城袁氏子女学有所成，也惠及乡邻。

袁克艮先后娶妻三人。发妻单氏病故后娶豆氏，与豆氏离异后娶付氏。三个妻子共生育有五子八女。

其中第三子是袁家玤。1945 年秋，袁家玤与祖籍浙江绍兴的徐淑贞结婚。建国后在河南开封、项城等地教书。袁家玤喜欢打篮球、乒乓球。1964 年的"四清"运动中，因管理学校食堂粮票错账46 斤，被开除公职，回袁寨劳动。十一届三中全会后平反，分配到项城某校任教，1987 年病故。

袁家玤有二子三女，次子袁晓林，原为项城县政协副主席。因为这一双重身份，近三十年来，袁晓林成了项城官方、项城故里与散居在世界各地的项城袁氏后人联系的一根纽带。袁家骝回国探亲访友期间，袁晓林是袁家骝与袁氏后裔牵线的主要联系人；前几年成立项城袁氏家族联谊会，袁晓林也是重要牵头人之一。他对袁氏家族的往昔熟悉，也亲眼见证并亲身经历了其中的某段历史。

最近几年，袁晓林先后撰写、编辑了不少与袁氏家族史有关的文字和画册。他编辑的《袁氏家族影像志》，搜集了大量珍贵的家族图片，如今坊间已难以找到了；他编辑的另一本《淡出豪门的逝水流年》，搜集了大量袁氏后人的回忆文章，如今也已成为研究项城袁氏家族史不可或缺的史料。

关于他自己的人生，其实也是一本书。他原名袁启义，那时候他还是学生，有人说，你取这个名字，难道是想造反起义不成？袁启义听了这话，吓得不行，第二天就改了名字，从此叫袁晓林。

那样的家庭背景下，他求学无门，感到前途渺茫。1964年，父亲袁家玎因管理学校食堂的粮票出了差错，卸职还乡，从开封到了项城。袁晓林和三个妹妹一起，也跟随父母回到了项城。

回到项城的第二年，发生了三件事，使他伤心和迷茫，以致告别项城，远走他乡。

第一件事：1964年11月，项城县民政局分配他到项城国营林场上班。说是林场，其实不过是培育苗圃的一个小单位。工作之余，袁晓林报考了北京林学院函授生院，被顺利录取。这样一来，他的情绪由苦闷变得愉快，工作也带劲。可是有一天，他帮农场一位老大爷牵一头牛，路上碰见农场的一位领导，随口搭了几句腔，谁知道那位领导事后编派他的瞎话，到处宣传"袁晓林牵牛打滚"，并且说，牛不打滚那个青年学生急得直哭。这事传到袁晓林的耳朵里，气得他脸红脖子粗。

第二件事：在林场劳动期间，袁晓林积极要求进步，参加了共青团。三个多月后，人民公社的一位女团干部找他谈话，问道："你家在袁寨？"袁晓林点点头。那位女团干部说："你入团的事就算了吧，只当没入过。"袁晓林不理解，申辩道："咋的啦？我都填了表，宣了誓，交了团费，你一句只当没入过，就一笔勾销啦？"女团干部轻声细气地劝他："好啦好啦，这事你也别生气，算了就算了，只当没入过，这事你也不要对外人说，啊？"谈话后，袁晓林回到宿舍里蒙头睡了一天，情绪大受影响。

　　第三件事：因为出身袁氏家族，袁晓林一直想找个贫下中农做干爹。听母亲说，他生下来后奶不够吃，找了个奶妈，吃了她一个多月的奶，认了干娘。那么自然而然，干娘的丈夫就成了干爹。有一天，袁晓林抽空去看望干爹干娘。他们家住的是两间旧草房，屋里光线昏暗。老两口见袁晓林提着礼品来看望，显得手足无措。他们坐下来聊天，老两口说话吞吞吐吐，看上去像是有什么心事。袁晓林一问，才明白了事情的原委。干爹说，土改那年，他才二十多岁，家庭出身好，当上了民兵，背支汉阳造步枪，挺神气的。一天，乡政府派他押送一个人到县城，他二话没说，背着汉阳造就上了路。刚走了几里路，老天就下起了瓢泼大雨，两个人都淋成了落汤鸡。两只鞋粘着两大坨泥巴，甩都甩不掉，干爹累得气喘吁吁，一气之下干下了糊涂事。干爹举起枪，将他押送的那个人一枪撂倒在泥地里。过了几天，县城里见押送的人始终没有来，不知发生了什么事，到乡下来一问，大为惊讶。县城里的人说："那人是个地下党员，你们怎么草菅人命？"于是干爹被关押起来，后来虽被释放，还是戴上了坏分子的帽子，一辈子接受贫下中农的监督。袁晓林本来是想拜个贫下中农干爹帮助自己减轻"罪孽"的，结果干爹也是坏分子，他对社会的失望又增加了一分。

　　有了这么三件伤心事，袁晓林心灰意冷，下决心要离开河南项城。正好那几天报纸上大张旗鼓在宣传周恩来到新疆兵团看望上海支边青年，号召青年人到广阔天地施展才华。袁晓林马上到县民劳科报名，要求去新疆建设兵团支边。

和袁晓林一起去县民劳科报名的还有一个人。这个人叫薛斌，项城李寨人，革命烈士子弟，父亲在淮海战役中牺牲了。薛斌当过兵，从部队转业后分配到项城林场。袁晓林记得他报到的那一天，左手拿着个半导体收音机，右手拿着本《毛选》，身后背着个方方正正的背包，黝黑的脸上洋溢着喜气。但是没过多久，薛斌就与林场场长闹翻了。场长叫张春枝，也是部队转业干部。薛斌自认为他与张场长都是从部队转业的，应该有共同语言，于是给张场长建议，林场要像部队那样，每周集中一次让全场干部职工学习《毛选》。张场长当时嘴上没说什么，心里却十分不耐烦，在一次学习结束后，张场长讲话了，他说："什么这个主义那个思想，有些年轻人成天空想，干活靠出劲，种田靠上粪，没有了劲，没有了粪，屁都不管用！"薛斌脸上挂不住了，当场与张场长大吵一顿。这件事过后，薛斌心里越想越不对劲，他跑到县委监察委员会去告状，说场长反对学习毛主席著作，监察委员会的同志作了记录，但是事情过了很久，也没见到有任何处理。薛斌心里有点后怕，他担心官官相护，说不定县委监察委员会的人将情报捅给林场场长，合伙来整他。于是，三十六计走为上，他跑到县民劳科报了名，坚持要求去新疆农场。

1965 年 9 月，袁晓林和薛斌揣着项城县政府民劳科的介绍信，来到新疆乌鲁木齐兵团司令部，换了介绍信，去农六师报到。

就这样，袁晓林在新疆建设兵团农六师干了几年，结识了一些战友。到了文革后期，1972 年 6 月，建设兵团师直属单位中的"黑五类子女"以及"站错队的人"，被一纸命令发配到遥远的大山深处——大黄山煤矿。

袁晓林是其中的一员。被发配的原因，是因为河南项城政府发来了一份公函：袁晓林系袁世凯的孙子，其母亲对抗群众运动，投井自杀未遂，云云。事后袁晓林弄清楚了，那份公函是他母亲所在学校的造反派头头伪造的，公章是用胡萝卜雕刻的。但是在那个特殊的年代，建设兵团接到了这么一份公函，必须得严肃对待。

袁晓林坐在大卡车上，咣当咣当去了大黄山煤矿。在煤矿上干了几年，终于有一位政策水平高、又有怜悯之心的领导提议，让袁晓林当教师。袁晓林在大黄山煤矿一直干到 1980 年，河南项城老家那边为他父母落实了政策，父母多次捎信让袁晓林回项城，他这才离开新疆，回到了项城老家。

袁晓林回项城后，历任中学教员、教导主任、校长等。1984 年进入政府部门工作，曾任项城政协副主席。如前所述，他不仅整理、撰写了许多袁氏家族的文字、图片和书籍，还是袁氏家族内外联系的一个牵线人。

卷 三 在大时代的漩涡中

——大公子袁克定及其子孙

一言难尽袁克定

有一天，我们几个朋友坐在茶馆里天南海北神吹胡侃。我提到了想写这本书的计划，顺便提到了袁克定。坐在一旁的黄波接口道："袁克定，近代史上的重量级人物，当时许多重大历史事件都牵涉到他，这个人，到如今连本传记都没有，即便有片言只语评价，也全是漫画式丑化，可见历史公正评说之难。"

黄波是我的小老乡，时在《南方都市报》供职，他读书甚多，思维新锐，对历史常有独到见解。黄波的几句话提醒了我，静心一想，也果真是这样。民国四公子之一的袁克文，若论在民国时期的影响，远远不如其长兄袁克定，如今袁克文的传记有了三四本，可是袁克定的传记依然是空白。

人物被漫画式丑化是一个原因，史料稀少是另一个原因。史料匮乏，并不是袁克定不重要，而是袁世凯太伟岸，袁克定始终被笼罩在父亲的影子下，他的史料也大都夹杂在袁世凯相关的史料中。另外，袁世凯去世后，因为洪宪称帝一事广受诟病，袁克定被认定为称帝的始作俑者，大量史料散失的散失，焚烧的焚烧，之后全国各路军阀忙于混战，哪里会把保存珍稀史料这样的议题提上议事日程？

倒是建国后有个机会让他保存一些史料。据张伯驹女儿张传綵回忆，建国后袁克定一度住在承泽园张伯驹家，那是个脾气有点古怪的老头，"干瘦，矮小，穿一身长袍，戴一小瓜皮帽，拄着拐杖，走路一脚高一脚低瘸得很厉害"。在周恩来的干预下，袁克定后来被安排到中央文史馆任文史馆员，有人劝他写点回忆文章，袁克定一口回绝，他那极富传奇色彩的一生也因此没有留下片言只语，直到1958年他在承泽园独自静悄悄离世。

曾经辉煌至极风光无限，顷刻间大厦坍塌，犹如一场虚幻的梦，不知袁克定晚年有过怎样的懊恼和悔恨？关于袁克定的晚年，我曾先后与他的两个孙子袁萌临（原名袁缉吴）、袁缉燕交谈过，他们都说，爷爷的晚年是在寂寞苍凉中度过的，现在回想，晚年爷爷的生活过得很不如意，但是他们丝毫感觉不到落魄，爷爷始终保持着他的独立和尊严，就像他走路的姿势那样，抬头挺胸，目不斜视，说话办事一丝不苟，晚年的袁克定在家人眼中仍然活得像是一尊神。

有一年袁克定过生日，好友张伯驹送来一幅寿联，夫人潘素现场泼墨作画，薄雾掩映青绿山水，意象无穷。可惜一场文革浩劫，张伯驹和潘素的墨宝都不知下落了，倒是寿联的内容流传下来："桑海几风云，英雄龙虎皆门下；蓬壶多岁月，家国河山半梦中。"

这幅寿联准确概括了袁克定丰富复杂、跌宕多艰的一生。

袁克定（1878—1958），字云台，是袁世凯正室于氏所出，乃嫡出的袁门长子，生下来时脑门上有块胎记，因此小名叫"记儿"。

袁克定四岁那年，袁世凯赴朝鲜平叛崭露头角，被清廷任命为"驻扎朝鲜总理交涉通商事宜大臣"，位同三品道员，左右朝鲜政局，位置坐稳之后从河南项城老家接来了妻室。从那时起，袁克定就一直跟在父亲袁世凯身边，走南闯北，历练人生，见了许多世面。

人们印象中的袁克定不苟言笑，为人处世严肃端庄，其实并不完全如此。

年轻时袁克定也曾风花雪月过。好友张伯驹回忆："克定有断袖癖，左右侍童，皆韶龄姣好。辛亥，先父（张镇芳）在彰德总办后路粮台，居室与克定室隔壁，有僮向克定撒娇。克定曰：'勿高声，隔壁五大人听见不好。'……但先父已闻之矣"。张伯驹为此还戏题一绝句："断袖分桃事果真，后庭花唱隔江春。撒娇慎勿高声语，隔壁须防五大人。"（张伯驹：《春游纪梦·续洪宪纪事诗补注》）

张伯驹叙述的这件事是真是假，无从考证。袁世凯洪宪称帝失败后，墙倒众人推，污水脏水一古脑儿泼向袁家父子，民国五年前后，袁家必须面对这种残酷的生态环境，张伯驹顺手推一推那堵坍塌的墙，也是一个政治表态。从纪事诗的本意看，不排除张伯驹有捕风捉影的可能性，但诗中绝对没有恶意，旧时公子哥儿爱玩相公，实在是个平常事儿，纨绔子弟们私下提起来，甚至称得上风雅。张伯驹写洪宪纪事诗，大量讲述旧时掌故，属于"白头宫女在，闲坐说玄宗"的闲情逸致，本意在于真实记录下那一段难堪的历史。

况且，人年轻时谁没有做过几件荒唐事儿？

袁克定在京城风月场上最让人咋舌的一件事，是在天仙戏院与李莲英的亲侄子大城李抢风头。大城李名叫李福堃，见袁克定在天仙戏院常年备包厢，每次进戏院都是人前人后吆五喝六，心里不服气，借故找岔子滋事，抓住袁克定手下一个跟班装大爷为理由，大打出手，从口角争执演变成一场轰动京城的群殴。

袁世凯得知后大发雷霆，吩咐人将袁克定叫来，提着鞭子狠狠抽打了一顿。又派人拿名片请来大城李，放下架子，一口一个贤侄叫得亲热，当庭叫袁克定给大城李赔礼道歉，奉大城李为上宾，摆酒设宴，好鱼好肉招待。此后不久，又让袁克定与大城李磕头烧香，结拜兄弟。经过这么几个来回，大城李心中的怨气早已烟消云散，逢人便说袁世凯了不起，肚子里能撑船，是做大事的人物。

父亲治人的手腕，让袁克定佩服得五体投地。大约在此前后，袁氏父子间有过几次推心置腹的谈话，对袁克定人生观的改变起了举足轻重的作用。袁世凯曾经也是心性浮躁一少年，当年多亏叔父袁保恒、袁保龄栽培，接到京城潜心读书，方成正果。如今，袁世凯用叔父教导他的那一套方法，激发调动长子内心蛰伏的另一种激情——对政治和权力的欲望。这一招果然奏效，袁克定告别花花世界，一门心思投入到权力游戏之中，成了父亲袁世凯的得力助手。

二十世纪初，经历了义和团、甲午海战、日俄战争等一系列灾难，清廷统治摇摇欲坠，朝野上下呼吁立宪的声浪日益高涨。随着清末新政改革的渐趋推进，晚清官员出国游历考察形成风气，考察外国政治（尤其是考察宪政）也被提上了议事日程。

最著名的是五大臣出洋，诏书一下，朝野震动。这次清廷十分慎重，派出考察的大臣人选几经变动，最初人选是庆亲王奕劻之子载振、军机大臣荣庆、户部尚书张百熙、湖南巡抚端方，后因荣庆、张百熙有事推托，改派军机大臣瞿鸿禨和户部大臣戴鸿慈。又因载振、瞿鸿禨公务在身，不能出洋，改派镇国公载泽、军机大臣徐世昌，不久又追加商部右丞绍英。

五大臣出洋考察还选调了大批随员，其中不乏政坛和外交界的风云人物，包括部分京官，如御史、内阁中书、翰林院编修、各部郎中、员外郎、主事等，也有地方官，如道员、知府、知县，又有海陆军官如参将、都司，以及地方督抚调派来的随员和留学生，有的是精通外语、熟悉欧美国情的归国精英。这批随员中，有后来名声鹊起的熊希龄、陆宗舆、章宗祥、施肇基等人，政治新星袁克定也名列其中。

1905 年 9 月 24 日，北京举行了一场隆重的欢送仪式，祭拜了祖先之后，五大臣（载泽、徐世昌、绍英、戴鸿慈、端方）在社会各界人士的簇拥下，在洋鼓洋号震天响的喧嚣声中，如同即将踏上征程的英雄，在北京正阳门火车站登车出发，大批随员也尾随其后。

火车还没有开动，忽然听见前边车厢传来了爆炸声，一时间人声喧嚷，不知道那边车厢发生了什么事。

这次事件史称"吴樾刺杀五大臣案"，是清末的一个著名案件。

吴樾这年春天写了一本《暗杀时代》，书名颇有象征意义。二十世纪初，无数热血青年发誓救国，却又不知该从何处救起。迷茫中，革命和暗杀成了主旋律，许多仁人志士壮烈殉国，既惊心动魄、可歌可泣，又成了后世人们心头的伤痛。

那次爆炸案，吴樾当场被炸身亡，五大臣中绍英受伤最重，载泽、徐世昌略受轻伤。这使得清廷不得不改变出洋人选和延缓出洋考察时间。直到这年年底，出洋考察的大臣才重新启程，人选则再次更换，他们是载泽、李盛铎、尚其亨、戴鸿慈和端方。

这次随员名单中没有袁克定。具体什么原因？不得而知。

1906 年，清廷将工部和商部合并，成立农工商部，这是清廷为促进发展实业而专门设立的中央机构，掌管全国农工商、森林、水产、河防、水利、商标、专利诸事。原商部右丞绍英在吴樾爆炸案中受重伤，空缺出的位置正好由袁克定顶上。

农工商部尚书是庆亲王奕劻之子载振。熟悉近代史的人应该都知道，袁世凯与庆亲王奕劻的关系非同一般，清廷允许满汉通婚之后，两家经常走动，袁克定还和贝勒载振结拜成了兄弟，此是后话。

袁克定先后结拜的异姓兄弟有载振、汪精卫、蔡锷、杨度等人，在晚清及民国初年无不具有举足轻重的影响，有的甚至直接影响到近代史的方向和进程，由此可见袁克定在近代史中的重要性。遗憾的是，我们一直把他当作一个简单的反面角色对待，要还原一个有血有肉的袁克定，任重道远！

父亲政治棋局中的重要棋子

1909年，袁世凯年满五十岁，人生面临一个关键时刻。

此前的袁世凯，靠出征朝鲜起家，以小站练兵为发迹，受到晚清重臣李鸿章的赏识和推举，青云直上。在二十世纪的头八九年间，袁世凯无论是任地方督抚还是进入中央枢纽，都大力推进新政，废科举，建学校，办新军，筑铁路，成效卓著，成为汉人高官中的一个标志性人物。在这个过程中，袁世凯的政治势力也日益扩大，尤其是他掌控的北洋军事集团，成为能左右清廷政局的中坚力量，同时也成了清廷最高统治层的一块心病。

1909年，是中国大变革的前夜。

这一年，表面上风平浪静，实际上潜流汹涌。上一年，慈禧太后和光绪皇帝在两天内相继去世，三岁的小皇帝溥仪在哭闹中登基，背后真正执掌皇权的是摄政王——溥仪的生父、醇亲王载沣。

载沣一直与袁世凯政见不合，加之那场戊戌政变，在江湖传说中是袁世凯出卖了载沣的亲哥哥载湉（光绪皇帝），于是怨恨像疯长的野草，爬满了摄政王的心田。

　　从现实利益的角度分析，进入二十世纪后，呼吁宪政的声音日趋高涨，清廷内部也出现了宪政派。1905年7月2日，地方实力派的三名重要总督袁世凯、张之洞、周馥联名上奏，提出在十二年之内立宪，这份奏折说动了慈禧太后，铁娘子打算在宪政问题上迈出试探性的一步。据上海立宪派重要人物张謇说，在立宪这件事情上对慈禧太后影响较大的还有四个人，他们是当时的兵部侍郎铁良、闽浙总督端方、商部尚书载振和军机大臣徐世昌。清廷内部呼吁宪政的这支力量，无论从哪个角度看，袁世凯都是其中的灵魂人物。因此打掉袁世凯，也就成了摄政王载沣的当务之急。

　　残酷的政治斗争，充满了惊心动魄的较量。有一则野史传闻是这样说的：在清廷内部的一次会议上，双方激烈争执，互不相让，形成了僵局。载沣竟拔出手枪，直抵袁世凯胸前，幸亏有庆亲王奕劻等老臣从中调和，才勉强收场。

　　载沣要除掉袁世凯是迟早的事，慈禧和光绪相继去世后，载沣当上了摄政王，悬在头顶上的达摩克利斯之剑终于落下来了。一天，袁世凯上早朝的时候，有人在他耳边低语："谕旨马上到，恐怕对袁宫保不利。"袁世凯脸一沉，冷冽的寒风迎面打来，有几分刺骨。正在忐忑不安之时，内阁值日官捧诏前来宣读："内阁军机大臣外务部袁世凯，夙承先朝屡加擢用，朕御极复予懋赏，正以其才可用，俾效驱驰。不意袁世凯现患足疾，步履艰难，难胜职任。袁世凯着即开缺回籍养疴，以示体恤之至意。"袁世凯跪在地上，后背上早已冒出了一层冷汗。诏书宣读完毕，袁世凯连连磕头，颤声呼道："天恩高厚，天恩高厚！"

据说，在杀袁与不杀袁之间有过一番激烈的争论。载沣拿这事询问庆亲王奕劻，奕劻的回答是："杀袁世凯不难，不过北洋军如果造起反来怎么办？"资格最老的大学士孙家鼐，满蒙大学士那桐、荣庆以及汉人大学士鹿传霖，都反对杀袁。反对杀袁的还有张之洞和军机大臣世续。载沣召张之洞、世续入内廷议决此事，张之洞反复陈述，为朝局计，务请放袁世凯一马。世续也赞同张之洞的主张。正是这些大臣的意见左右了摄政王载沣，一封暗伏杀机的诏书内容改成了"开缺回籍"，袁世凯保住了一条命。

位高权重的袁世凯突然被清廷解除了所有职务，这是 1909 年中国政坛的一次大地震。不但中国人感到意外，国外媒体也"深感震惊"。《纽约时报》评论说，袁世凯失去职务，古老东方那艘神秘的大船有可能会迷失航向；《芝加哥每日论坛报》认为，袁世凯被解职，标志着中国的新政改革将就此停滞……

袁世凯带着家眷，急匆匆逃奔河南，先赴汲县，后到安阳，买地造楼修建洹上村，并在上海的报纸上发照片放风，说愿意当一名身披簑衣垂钓的隐士。而袁克定仍留在京城农工商部做小京官，实际上做京官只是幌子，真实身份是袁世凯在京城的联络员和办事员，负责搜集情报，在父亲织就的关系网中穿针引线，把一盘处于劣势的棋下活。

那段时期，袁氏父子的电文往来异常密集，袁克定也在残酷的权力较量中得到了历练。不过，无论胸襟、识见还是谋略，儿子都要逊色于父亲，这里举两个例子就能一目了然。

据传闻，袁世凯跪接诏书后，当天便乘坐火车至天津。正好同车的英国人海鲁目睹了这一幕，他回忆道：袁世凯穿一身素衣，神情严肃，目光炯炯有神，在几个随从的簇拥下进入头等车厢，从京城到天津的两个多小时，袁世凯没有说一句话，随从小心翼翼给他倒茶，也未见他吭声。

袁世凯到天津后，住进了一家德国饭店。吩咐随从给其旧属、代理他出任直隶总督的杨士骧传信，然后静静等候杨士骧的到来。谁知一直等到晚上十点多钟，还是没见杨士骧的影子。第二天上午，德国饭店里来了一个人，是杨士骧的儿子杨梧川，他悄悄溜进了袁世凯的房间，递上一张支票，神情有几分不自然。不需要多说，识人无数的袁世凯已经明白是怎么回事了。果然，杨梧川吞吞吐吐地说他父亲有难处，乞求世伯鉴谅。袁世凯一拍桌案，想骂一句"混蛋"，又一想还是忍下了。世态炎凉，落水的凤凰不如鸡，当年一手保荐的心腹尚且如此，遑论他者？

心灰意冷的袁世凯当机立断：回到京城！值此紧急特殊时刻，不能指望任何人帮自己。

——有知情者透露，当时建议袁世凯去天津找杨士骧寻求政治避难的，就是大公子袁克定。按照袁克定的建议，先去天津躲一阵，万一形势不妙，可从天津乘海轮逃往日本。

如果说上例只能证明在识见上子不如父，那么下面这个事例，则能证明无论在胸襟上还是在谋略上，袁克定都要远逊于袁世凯。

袁世凯在洹上村垂钓当隐士期间，武昌起义爆发，身居京城的袁克定在第一时间得到消息，乘车匆匆赶赴安阳，将这个消息报告给父亲。听过情况汇报，袁世凯表情依然沉稳，袁克定耐不住了，几番欲言又止。袁世凯见状小声问道：你什么意见？袁克定果断地表达观点：当年清廷欲置父亲于死地，如今报仇的机会来了，清廷气数已尽，趁此机会树起旗帜与清廷分庭抗礼，联合革命党人打进京城，掀翻太和殿里的那张龙椅！

袁世凯鼻孔里哼了一声，没有再搭理袁克定。

武昌起义后的第三天，清廷派陆军大臣荫昌统率北洋军两镇南下讨伐。几乎与此同时，洹上村来了个秘密客人。此人是袁的旧属冯国璋，也是被清廷派往南下作战的北洋军首要统领。冯国璋是来向袁世凯请示机宜的，袁世凯没有正面回答，用手指头蘸着一碗水，在桌上写了六个字："慢慢走，等等看。"这六个字道出了袁世凯内心里的韬略。

直到庆亲王奕劻、军机大臣徐世昌说服了清廷，建议起用袁世凯"讨伐叛军"，并表示"要收拾这个混乱的局面，非袁不可！"清廷无奈，任命袁世凯为湖广总督兼办剿抚叛军事宜。袁世凯提出了复出的条件，一共六条：明年召开国会，组织责任内阁，开放党禁，宽容武汉起义人物，授予指挥前线军事的全权，保证粮饷充分供给。

此时清政府已成骑虎之势，继武昌起义后，湖南、陕西、山西、云南、上海、浙江、安徽、广东、福建、广西等地纷纷扯旗响应，宣布脱离清廷独立。南下征讨的北洋军，全部停留在信阳与孝感之间，兵车阻塞不通，荫昌下达的军令常常被莫名其妙地推诿不执行。革命党乘虚而入，在汉口发动了新一轮攻势，兵力推进到三道桥，势不可挡。清廷高层终于知道那句"非袁不可"的含义了，赶忙下令解除荫昌总指挥的职务，任命袁世凯为钦差大臣，节制冯国璋的第一军、段祺瑞的第二军以及水陆各军。

命令下达的当天，北洋军露了一手，奉袁世凯的秘密指示向汉口革命军发动了猛烈进攻，打了个大胜仗。就这样打打停停，进进退退，袁世凯于不动声色中慢慢动摇了大清王朝的根基。

袁世凯把他这套方法比喻为"拔大树"。在同幕僚杨度的谈话中，他说："专用猛力去拔，是无法把树根拔出来的；过分去扭，树一定会折断。只有一个办法，就是左右摇撼不已，才能把树根上的泥土松动，不必用大力一拔而起。清朝是棵大树，还是二三百年的老树，要想拔起这棵又大又老的树，不是一件容易的事。闹革命的，都是些年轻人，有力气却不懂得拔树；闹君主立宪的人懂得拔树，却又没有力气。我今天的忽进忽退就是在摇撼大树，现在泥土已经松动，大树不久也就会拔出来。"袁世凯这番夫子自道，即使在今天看来也充满了哲学辩证的味道。能说出这番话，说明袁世凯在政治的磨砺中已经非常成熟和老练。到后来兵不血刃逼迫清帝退位，从而结束了清廷二百多年的统治，也从形式上结束了中国几千年的帝制，袁世凯的政治手腕更是发挥得淋漓尽致。

而与此同时，袁克定的头等大事仍是"报仇"。他预谋在北洋军内部发动武装政变，私下与北洋军中的革命党人吴禄贞密谋，准备趁乱打进紫禁城，推翻清廷，活捉摄政王载沣。袁克定还和四川的几个革命党人联手，弄了一批炸弹，计划放进清廷宫殿里。

这两件事，其胞弟袁克文在晚清民国掌故集《辛丙秘苑》中均有记载。据袁克文在"大兄酿祸"一节中说，辛亥八月廿日，家中正为袁世凯祝寿，京津的亲故们咸集洹上村，第二天准备继续演戏，武昌起义的电报传到了，座上客人相顾失色。袁世凯咕哝，这次起义非洪杨起义可比。过了几天，命袁世凯督师南下的军令下达，袁世凯准备行装，召集部属，临行前，将张士钰、袁乃宽、袁克定、袁克文四人叫来，一一吩咐。对袁克定说："你跟我去出征。"又对袁克文说："你留守，如果我和你大兄以身许国，家事你便作主。"接着吩咐："士钰统守兵，乃宽掌军需，助克文守护洹上村。各敬职守，我方能心安于外。"

袁世凯为什么会要袁克定跟他去出征？袁克文绘声绘色叙述道，武昌起义后，袁克定曾游说袁世凯趁乱反戈北指，推翻清廷，遭致袁世凯叱责。此时暗藏的革命党人吴禄贞新被清廷任命为山西巡抚，袁克定知其有异志，拜为兄弟，每夜吴禄贞以巨幅覆首，轻车过锡拉胡同，直抵袁克定寓宅，深室密谈。旧仆田鸿恩感觉可疑，于是潜在暗处偷听，当他听到"夺彰德，断后路"等语，大惊失色，急忙将消息报告给了袁克文。当袁世凯从袁克文处知道这一消息后，并不声张，表面上风平浪静，挥师南下时让袁克定跟随身边，如同另一种形式的软禁，实为高妙之举。

关于炸弹放进清廷宫殿一事，据袁克文叙述：

袁克定采纳某川人献计，广招亡命之徒，购置炸弹，拟掷入清宫。恰逢袁世凯拜总理内阁之诏，袁克定力阻袁世凯北上，日与唐天喜（袁世凯的亲信卫兵头目）及某川人密议克日举事。又邀来袁世凯旧属倪嗣冲，告诉他说："已招炸弹队数百人，以唐天喜统之，约定明日之夜行动。"袁克定交给倪嗣冲的任务是保护主座袁世凯，一旦爆炸事成后，袁世凯在天津即位。倪嗣冲听完这番话后，预感事态严重，急忙找到段祺瑞，一起去见徐世昌。时夜色已深，徐世昌已入睡，倪、段告知事情紧急，务请徐中堂赐见。徐世昌听倪、段讲完事情经过，深夜去袁府叩门。睡眼惺忪的袁世凯拥衾而坐，听闻大公子袁克定将有如此举动，却不动声色。

次日一早，袁克定来见袁世凯，袁世凯说："你母亲病了，病中想念你，你速回彰德去看看她。"袁克定支吾说："今日有事，明日再归。"袁世凯说："不可！车已备好，在门口等你。"袁克定探头一看，果然袁府门前停着一辆车，他不敢违抗，只得怅怅而行。袁克定走后，袁世凯叫来唐天喜，厉声询问今夜将有何事，唐天喜伏地不敢仰视；再问，唐天喜跪下磕头不止，说，大爷之命，天喜焉敢违拒。袁世凯说，他叫你去死，你死不死？既然你不敢违抗，为何不来告诉我？停了一会又说，今天免你一死，速以资遣散所招徒众，炸弹立即销毁。此事若对外走漏半点风声，斩头！

袁克文讲述的两则掌故都事涉袁克定干政。事实上，自从袁世凯赴朝鲜率兵作战，袁克定就始终跟随在父亲身边历练。要说袁克定介入他父亲的政治，从那个时候就开始了。

有一个故事颇能说明袁克定在袁世凯政治棋局中的作用。

冯国璋被清廷封为一等男爵后，意欲一鼓作气，渡过长江拿下武汉三镇，袁世凯急电冯国璋切勿打过长江。冯国璋莫名其妙，搞不懂袁世凯葫芦里卖的什么药。有一天，一个不明身份的人从武昌渡江北上，被前沿哨所截获，以为是革命党的间谍，要拉去枪决。那人急忙称自己名叫朱芾煌，是奉袁克定的密令来与黎元洪接洽和谈的，并从内裤里摸出了一张龙票，上头果然有"钦差大臣袁"五个字。冯国璋致电袁世凯询问此事，很快老袁的回电来了："此事须问克定。"不久，袁克定的电报也来了："朱即是我，我即是朱，若对朱加以危害，愿来汉与之拼命。"冯国璋只好放人。袁克定玩政治还是嫩了点，字里行间透出的霸道，难免会让冯国璋感到很不舒服。

　　在袁世凯的政治棋局中，袁克定始终是一枚重要的棋子。这枚棋子后来一步走错，导致棋局满盘皆输，这是谁也没有想到的。

袁克定"欺父误国"?

　　1912 年是民国元年。这年春天，袁世凯宣誓就任民国第二任临时大总统，正在安置举家由河南洹上村迁居京城之时，家族内部发生了一件事。这件事不大也不小，若干年以后，中国人面对曲折复杂的立宪史，回头看那件事，才发现那是个隐含象征寓意的转折点。对历史来说，这件事成为后来洪宪帝制的前奏曲，历史在这里改变了行程，一步步将中国引入泥淖；对袁氏家族来说，更是由此步入厄运，到最后竟满门陷入灭顶之灾。

　　纵然袁世凯是个念国而忘家的人，但是一旦家中有什么难处，心也未必能安。民国初创时期，北方多次发生兵变，洹上村虽好，却也并非久留之地。袁世凯当上民国大总统后，想将家眷迁往天津。按照计划，搬迁分三批次进行，袁世凯的正室夫人于氏以及大公子袁克定等人殿后，拟最后一批撤离洹上村。

　　二月初的这一天，是袁克文等又一批袁家人离开洹上村前往天津的日子，天气晴朗，风呼呼刮着，仿佛带有情绪，仔细去听，明明是被扯断了的一声呜咽。

袁克定赶来送行，表情一如既往的严肃。见家族侍卫队长张士钰一手提着包裹，另一只手拎着手枪，带着几个卫兵也在往火车上挤，遂不悦地吼叫："张士钰，你给我下来！"张士钰不敢违抗，提着包裹下了火车。袁克定的气还没消，指着火车上乱成一团的家眷们骂："不就是搬个家吗，谁先走谁后走，早已安排好了，现在弄得像逃难，乱糟糟的，成什么体统？也不嫌丢人！"袁克定又指着张士钰斥责道："还有你，身为袁家侍卫队长，不留下来守家，也跟在人堆里去挤，袁家的粮食真是白养你了。"张士钰满脸委屈，想申辩，被火车上的袁克文用眼色止住了。

袁克文慌忙从火车上跳下来劝阻："请大兄不必动怒，也不必等火车启程，先回洹上村，这里有小弟照应。"袁克定是袁家大公子，平素颇有威严，一旦发起脾气来，连袁家的几个长辈姨太太也怕他几分。这会儿，火车上下没有一个敢吱声，眼睛都盯着袁克定。

袁克定鼻孔里哼了一声，解开拴在树上的一匹马，翻身跨上，沿着林边崎岖的小路扬长而去。据袁克文在《辛丙秘苑》中讲，袁克定来火车站时乘坐的是马车，拴在树上的那匹马，原是袁克文骑来的。袁克定刚刚学会骑马不久，马术不佳，袁克文等人劝他仍乘坐马车返回洹上村，袁克定摆摆手，脸上的表情极不耐烦。结果那匹马没行多远，火车启程了，山摇地动的汽笛声，使得马儿受惊，一撅后蹄发了疯似的狂奔起来，马背上的袁克定被重重地摔在地上，很快不省人事。

袁克定受重伤，家人和远在北京的袁世凯都大为震惊。袁世凯在给家人的信中，多次提及这件事。比如，在给五弟袁世辅的一封信中他写道："克定伤在脑部，甚重，如不求良医诊治，恐甚危险，或成残废。法医哈沙来述，彰宅医多乱治，且甚嚣杂，极不相宜。宜移往天津医院调理，途中缓行，由诸医随同照料，必可无险。"又说，"查经络硬伤一门，断非草根树皮所能治，尤非中医所能得其原委。用杂治之法，必至误人性命。必须专信西医诊治，方可望痊。且乡间久居，亦不相宜。本有移天津之议，不如速往调理。汝四嫂等可同往，时常由寓前往医院，探看照顾，亦可放心。万不可再乱治。兄年已逾五旬。当如此乱世，只此一子可支门户。讵不爱念，但为救其性命起见，不得不靠名医调治也。京津名医甚多，可延请十位八位共同诊酌，必有完善之法……"

字里行间，无不流露出深沉而浓烈的舐犊之情。

袁克定在国内治疗一段时间后，第二年转赴德国继续治疗。袁世凯一生最恨日本，最信赖德国。早在山东任巡抚期间，他与德国人打交道留下了这个好印象，终生未变。当时中国驻德国大使梁敦彦，是清政府派往美国留学的首批幼童之一，一生富有传奇色彩，也是袁世凯手下的一个重要幕僚。在梁敦彦的精心关照下，一切都十分顺利，德国方面派出最好的医生，提供最优厚的医疗条件，很快，袁克定的病情也逐渐好转。

袁克定在德国边治病边留学，他的德语和英语底子，主要就是在那个特殊时期打下的。

中华民国大总统的大公子来到德国治病，德国皇帝威廉二世极其重视，约好了时间，安排了隆重的欢迎仪式，在皇宫设宴款待袁克定。据传闻，宾主二人边吃边聊，从世界大势谈到中国局势，纵横开阖，海阔天空。威廉二世一时兴起，附在袁克定耳边小声说道："中国的东边邻居日本，奉天皇为神权；西边邻居俄国，也以帝国为根本制度。如今中国的共和制度初衷是以美国社会制度为蓝本，但是中国离合众共和的美国太远，美国人也断然不能远渡重洋来作中国的奥援。加之共和制度刚刚建立，执掌权柄者多是清廷旧臣，而革命分子势力脆弱，且破坏性大于建设性。以袁大总统的威望，如果一变民国为帝国，变总统为皇帝，中国的复兴必定成功。希望阁下归国转告令尊，中国如改行帝制，德国将全力赞助。"此后威廉二世还专门写了封长信，请袁克定带回国交给了袁世凯。

辛亥时期最擅长写掌故的刘成禺，在专门记述袁世凯称帝的《洪宪纪事诗本事簿注》一书中写道：

> 帝制议起，德正强横，大有席卷全欧之势。项城更倾心德制，谕蓝某进《德皇威廉本纪》一纸，又谕严复日译《欧洲战纪》，关于德方胜略详细录呈，编入《居仁日览》。建国制度，以德为师，先由家庭改革，教导诸子，制德国亲王陆军制服，分赐克定以次有差。

袁克定对德国皇帝威廉二世的说教深信不疑。在具有几千年帝制传统的中国，帝王文化与中国民众有密不可分的血亲关系，尊卑分明、等级森严的社会制度以及由此而形成的一系列社会伦理规范，其根本特征是一切以帝王为中心而号令天下自律。天下者，帝王之天下；民众者，帝王之臣民。在中国，共和之路行不通，民国初创后的种种乱象也无不说明——老百姓需要一个权威！

回国后的一件事，更是坚定了袁克定的信心。他要勇敢地站出来，辅助父亲完成由共和到帝制的转变，为这个国家造福，稳住袁家的宏伟基业。

袁克定遇到的那件事，是星相学家张宗长与他的一次密谈。

张宗长的父亲原来是袁世凯的老师，而他本人与袁克定是发小。张宗长爱鼓捣占星术，口称能据星象变化预卜人世间的吉凶祸福。他掐指一算，作神秘状，压低了声音对刚从德国归来的袁克定说："推算台兄之命，有二十年太平太子可做，望务必珍惜。"

袁克定本来就有改共和为帝制的计划，经张宗长这么一说，更是心动。袁克定将威廉二世劝告中国变更国体的话向袁世凯进行了汇报，又顺带说了他自己的想法，袁世凯听了未置可否。

袁克定心想，这事自己先做起来再说。于是他向袁世凯提出要先到北京西郊小汤山暂住一段时间，继续疗养伤病。

小汤山素有"温泉古镇"之美称，风景优美，但是袁克定的心思并不在欣赏美景上，他以京畿拱卫军的三个分队为警卫，网罗各种政治势力，筹划于密室，全部心思都用在了变更国体上。

以袁克定为中心的"太子党"主要有：杨度、梁士诒、段芝贵、杨士琦、雷震春、陈宦、龙济光、汤芗铭、夏寿田、薛大可、袁乃宽、张士钰等。

洪宪帝制是一场剧情简单、内涵丰富的政治闹剧。纵观其间人和事，绝大多数都让人可笑可气，闹哄哄的剧情像是无数人追打着在哄抢一顶破帽子。可是筹安会的核心人物杨度却坚持认为，洪宪帝制是一个崇高神圣的悲剧性事件，只是由于袁世凯的摇摆不定才演砸了，由此导致了中国后来一系列更大的悲剧。

杨度为什么会这么认为？来剖析一下杨度的心路历程，对我们认识洪宪帝制不无裨益。

杨度（1874—1931），字皙子，湖南湘潭人。早年曾参与公车上书，当过满清四品官员。与康有为、梁启超、黄兴是好友，与汪精卫、蔡锷、齐白石是同学，是中国近代史上一个奇特的政治家。

传说中的故事场景是这样的：杨度二十一岁那年，湖南名士王闿运亲自到湘潭杨家招杨度为学生。一天傍晚，师生促膝长谈，王闿运问杨度："我这里有三门学问，功名之学、诗文之学、帝王之学，你想学哪一种？"杨度想了想，坚定地回答："帝王之学。"

他跟着王闿运学了三年帝王之学，一生深受影响，始终醉心于此。他结识袁克定，就是希冀通过袁大公子这块跳板来实现自己的政治抱负。

武昌起义前杨度是一个坚定的君主立宪派，晚清预备立宪整个过程中，杨度始终在为立宪呼吁和奔走，五大臣出洋考察宪政的几份报告，就出自杨度的手笔。杨度和他那一代的许多知识分子一样，相信君主立宪是救中国的良方，只要清廷愿意改革，就应该支持清廷构建君主立宪的框架，阻止暴力革命发生。但是晚清政府太让人失望了。武昌起义爆发后，中华民国建立，随后几年的社会乱象，使杨度清楚地看到，热闹一时的共和政体并不适合这个国家。

1915 年 3 月，杨度写出了著名的长篇政论文章《君宪救国论》，托同学夏寿田密呈给民国大总统袁世凯。《君宪救国论》分上中下三篇，以对话形式阐述"非立宪不足以救中国，非君主不足以成立宪"。杨度认为民众的觉悟程度尚低，还不知共和为何物，更不知法律、自由、平等是什么东西，贸然由专制进入共和，只能是富国无望，强国无望，立宪也无望。他将民国以来的政局混乱统统归结为共和的弊端，认为当务之急是要重新建立君主权威，强制推行君主立宪体制，以强有力的中央集权推动政治进步。

即便是在洪宪帝制失败后，杨度的政治立场也并没有改变。1916 年 3 月，袁世凯宣布废止帝制，重回民国。一个多月后，杨度在接受《京津泰晤士报》记者采访时仍态度执拗，他说："洪宪帝制虽然失败，但我杨某人的政治主张绝无变更，兄弟我仍是彻头彻尾主张'君宪救国'的一个人，一个字不能增，一个字不能减。共和是病象，君主乃药石，民众讳疾忌医，实乃国家之大不幸。中国的未来，除了君主立宪外，别无解纷医乱之方。"

杨度在接受记者采访时态度安闲，并没有当时报界竞相传闻的畏罪潜逃的迹象，他侃侃而谈，并无多少悔意，也不推卸责任。杨度说，国体问题这两年闹得纷纷攘攘，我杨某人应该负主要责任，既不诿过于人，亦不逃罪于远方。报纸上说我畏罪逃亡，你们亲眼看到我跑了吗？兄弟等新政府正式成立后，必将前往法庭躬身受审。不过，有句话还是得说，政见不同，也是共和国民应有的基本权利，有人硬要说十恶不赦，兄弟我也无话可说。

不久，袁世凯在众叛亲离的凄凉中病逝。杨度前往袁府吊唁，他带来了一幅意味深长的挽联：

共和误民国，民国误共和？百世而后，再平是狱；

君宪负明公，明公负君宪？九泉之下，三复斯言。

挽联的上句说的是，共和制度不适合中国国情，勉强实行，误了中国，同时共和后的中国也误了共和的名声，百世之后，世人再来评说；下句是责怪袁世凯在洪宪帝制中摇摆不定，不知道是君主立宪负了袁世凯，还是袁世凯负了君主立宪？就算是到了九泉之下，他杨度也还是要长叹一问。

袁克定死心塌地要恢复帝制，甚至对父亲袁世凯也采取瞒天过海的欺骗手段，最著名的案例是《顺天时报》事件。

《顺天时报》案是袁世凯的三女儿袁静雪在建国后所写回忆录《我的父亲袁世凯》中捅出来的。据袁静雪回忆，袁世凯在帝制问题上举棋不定，情绪也波动得十分厉害。"他有的时候似乎很高兴，有的时候又非常不高兴"，比如说，袁静雪和二姐仲祯晚上去看父亲，父亲如果心情好，会有说有笑。"有一次，我俩在叫了他一声'爸爸'以后，他温和地对我俩说：'你们要好好念书，好好学习规矩礼法，将来要当公主啦！'"有时候父亲心情不好，俩姐妹叫过"爸爸"后，袁世凯只简单地"嗯"一声，说上一句："去玩去吧！"从楼梯上走下来时，她们听见女佣人在暗处嘀咕："总统今天又有气，大家小心点。"

在袁家，对这篇回忆录和袁静雪这个人，也有不同的声音。他们认为：回忆录写于1963年，斯时仍是袁家蒙难时期，许多袁姓人都在凌辱和迫害中苟且偷生，袁静雪写作此文有卖父求荣之嫌。尽管如此，从袁静雪的回忆中，人们第一次近距离接触到了民国首任大总统的家务私事。袁家人自述的原始史料真实细腻，十分难得。从这一点上说，无论如何也该感谢袁静雪。

据袁静雪回忆录载，《顺天时报》是当时北京销量比较多的日本人所办的汉文报纸，袁世凯在公余之暇总是看它。有一天，袁静雪的一个丫环回家探望家人，返回袁府时买了一大包袁静雪最爱吃的五香酥蚕豆，用整张《顺天时报》包着。袁静雪吃完蚕豆，无意中扫了几眼报纸，发现报纸上的论调和平时不同，赶忙对照日期找来那天的《顺天时报》，一看傻眼了：除了日期相同外，其他内容一概不同。袁静雪将这事儿悄悄告诉了二哥袁克文，袁克文说，他在外边早已看见和府里不同的《顺天时报》了，只是不敢对父亲说。袁克文问袁静雪："你敢不敢说？"袁静雪说："我敢！"

当天晚上，袁静雪将一张真版《顺天时报》拿给父亲看。袁世凯看过神情疑惑，问袁静雪报纸是从哪里来的，袁静雪如实说了，袁世凯眉头紧皱，没有任何表示，只说了一句："去玩去吧。"

第二天早晨，袁世凯叫来袁克定，简单问了几句，气愤至极。袁静雪回忆说："就在大哥跪着求饶的声音中，（父亲）用皮鞭子把大哥打了一顿。一边打，一边骂他欺父误国。"

袁世凯称帝年号为"洪宪"，而朱元璋推翻元朝建立明朝，年号"洪武"，袁世凯"洪宪"的"洪"字寓意颠覆清朝、复兴汉室；"宪"字表明袁世凯追求的政体有别于中国历史上的所有王朝，是现代的君主立宪制。

"洪宪"年号的选择确实煞费苦心。君主立宪制又称"虚君共和"，是相对于君主独裁制的一种国家体制。君主立宪要求在保留君主制的前提下，通过立宪，树立人民主权，限制君主权力，实现事实上的共和政体。

如前所述，那一代中国知识分子如杨度等人，都曾相信君主立宪是救中国的良方。他们认为在几千年帝制传统的影响下，民众觉悟程度尚低，贸然由专制进入共和，不仅富国无望，而且将造成社会动荡不安；需要树立新的君主权威，以强有力的中央集权推动中国的政治进步。

换一种思维来看袁世凯的洪宪称帝，也许会有新的发现。

让我们从历史深处的一个细节着手。史料载，袁世凯洪宪登基之前，"瑞蚨祥"绸缎店的裁缝们为袁家众多子女做好了"皇子服"和"皇女服"。据袁静雪回忆录中说，"皇子服"又叫"金花服"，是仿照英国宫廷内的式样用黑色呢子缝制的。上身采用了西洋大礼服的样式，前身仅及腹部以上胸部以下，后身长过臀部，胸襟上满是一横排一横排凸起的金绣，既不开缝也不系钮扣。下身是西装裤，两侧各绣一条金线。帽子扁扁的，样式和土耳其式帽子相仿佛，上面饰有一大绺黄色的绒毛。

十分蹊跷的是，袁世凯有十七个儿子，"皇子服"却有不同。其中长子袁克定、二子袁克文、五子袁克权的"皇子服"，胸前金花是麦穗形的，其他弟兄的则是牡丹花形。还有帽子上的黄色绒毛，袁克定、袁克文、袁克权的帽子上从前到后长长一大绺，其他弟兄则没有那么多那么长。

依照社会上的传闻以及洪宪帝制时的种种迹象，袁世凯拟在这三个儿子中立一个太子。这一细节，也从侧面证实了袁世凯在确定皇储时的徘徊不定。中国古代，皇储作为国家未来的君主和皇权的继承人，它的确立对于维持江山社稷的延续以及国家稳定有着巨大影响，历朝历代都视之为头等大事。三子之中，袁克定作为长子最有资格，事实上袁世凯历来都是把袁克定作为接班人培养的，这从后来处理北洋事务中可以看出端倪。而二公子袁克文是众所周知的风流才子，写写诗文可以，要他去处理国家大事，恐怕会扮演李后主的悲情角色。五公子袁克权年轻有为，倒是皇储的一块好料子。但是无论袁克权还是袁克文，处理大事的才干都不及袁克定，何况袁克定是袁家嫡长子，最符合皇权嫡长子的继承制度。

那么，历来处事精明的袁世凯为什么会作出如此选择？如果考虑到洪宪帝制的君主立宪性质，不妨对此安排作一合理猜想：能否说袁世凯有为将来的帝国做虚君的安排呢？所谓"虚君"，只是一个名分，并不一定要铁腕人物。

尽管洪宪帝制打出的旗号是君主立宪，但是刚刚从清朝帝制步入共和国的民众，根本不会允许任何形式的帝制复辟。就连袁世凯一手扶植起来的北洋集团诸多将领，绝对也分不清传统帝制与君主立宪的关系，一时间分崩离析，许多北洋集团重要成员如段祺瑞、冯国璋等也公开站到了袁世凯的对立面。袁世凯被孤立了，死前遭到讨伐，死后百余年骂声不断：清廷的遗老遗少骂他毁了大清王朝；清末读书人也骂，因为袁世凯、张之洞力主废除了科举考试制度，断送了读书人的仕途；国民党是袁世凯的对立面，更是要骂他；共产党讲阶级斗争，自然也容不下他。

　　在袁氏家族内部，也都认为袁世凯不该做那个令袁家坠入深渊的皇帝梦。追究起来，袁克定脱不了干系。袁家兄弟姐妹将父亲称帝的错误迁怒在大哥袁克定身上。2011 年冬在天津采访，我还听到了这么一个故事：

　　袁世凯去世后，袁克定从京城赶赴天津袁府吊孝，险遭捕杀。计划捕杀袁克定的是"三公主"袁静雪。她是一名敢作敢为的侠女，入了洪门，是分支舵把子。为父亲守灵时，袁静雪设法让家人退到后堂，由洪门弟兄在前厅守候，只等袁克定一到，就以摔茶碗为号捉人。袁克定下了火车，直奔位于天津地纬路的袁府老房子，刚进屋在灵牌前跪下烧了三炷香，猛地听到有人摔碎了一只茶碗，残余的茶水溅湿了他的蓝布长衫，袁克定正待抬头，忽然感觉到后颈被几双大手紧紧按住了……正在这危急时刻，从后堂出来了一个人。来人是袁克文的原配夫人刘梅真，见此情景，刘梅真果敢地问了一句："三妹，你今天唱的是哪一出戏呀？"刘梅真在袁府颇有威信，号称侠女的袁静雪也怕她几分。这个故事的结局，是刘梅真出面劝散了洪门诸多来人，又从地上扶起了袁克定，让他赶紧回了北京。

袁克定的暮年疑云

在我接触到的袁家史料中，有这么一个细节——

1916 年 6 月 6 日，袁世凯因患尿毒病不治身亡。前来奔丧的袁克定跪在父亲的灵柩前，大放悲声："爸爸，我对不起您……"他摸索着跪行上前，攥起父亲的手，但是父亲的手已经冰凉。

那一句"爸爸，我对不起您"，应该饱含了太多太复杂的感情。这个后来被贴上"欺父误国"标签的人，对父亲的那份愧疚，终其一生都无法释怀。

袁世凯去世后，袁家的厄运正式开始。袁克定从极度悲痛中振作起来，尽力去履行他作为嫡长子的责任。他主持了家族的大分家，每个庶出的儿子各分十二万元，除了现金外，还有折合银元数字的股票等，每个弟兄还各分到了十根金条。袁家的女儿们每人分给嫁妆费八千元，各房姨太太不另外分钱，各随他们所生的儿子一同过日子。袁克定还间接参与了父亲的安葬事宜。袁世凯去世后，北洋政府专门成立了"恭办丧礼处"，由曹汝霖、王揖唐、周自齐具体负责。从查勘墓地到招商修筑坟墓，这一场葬仪历时两年多才完成。袁世凯的丧葬费用最初由北洋政府拨款五十万来承办，后来费用不够，袁克定四处奔走呼号，由袁世凯的旧属徐世昌、段祺瑞、王士珍等人联名发出公启，请求当时的各界要人解囊相助，才总算让民国第一任大总统"入土为安"了。

袁世凯葬在河南安阳。这些年我曾多次前往探访，还幸运地寻找到了早年看守袁墓的几个老人。有一位姓李的老人说他亲眼见到过袁克定，老人说，当年看守袁林的是一排带枪的士兵，站在牌楼门前，昂着头，腰杆挺得笔直。有一回袁克定来祭拜，他披了件黄呢子大衣，走路一拐一瘸，神情像冰一样冷，有种不怒自威的气派……老人们还告诉我，他们这些看守袁墓的人都是外乡人，老辈从故乡要饭而来，流落到了这里，袁克定托人找到他们，请他们帮忙照看陵墓，交换条件是袁林界内有闲地，守墓人可以自由种植，不需要另外给钱。老人们说，管理袁林的原先有个董理社在负责，北洋政府垮台后，董理社不复存在，袁家只好自想办法，找来了几家流浪来的农户帮忙看护。

前些年《三联生活周刊》发表过一篇写袁克定晚年的文章，口述者是张伯驹的女儿张传綵，标题是《袁克定的残烛之年》。不知为什么，看到这个标题我总是会不由自主地想起那首《风中残烛》的世界名曲："如今你魂归天堂，繁星排列出你的名字，你的一生，就像是风中之烛……"

张传綵的那篇回忆文章说，父亲张伯驹平时不爱谈论张家和袁家的关系，后来有一次，章伯钧向张伯驹问起袁克定的情况，张伯驹才断断续续讲了一些片断。抗战时期，袁克定的家境日渐败落，他原想找关系，求蒋介石归还袁氏家族在河南被没收的财产，但是遭到拒绝。袁克定只好以典当旧物谋生，日子过得虽然还不算拮据，但是与呼风唤雨的当年已经相形见绌。如果想生活过得好一点，凭借袁氏大公子的名头他完全能做到。华北沦陷后，日本情报头子土肥原贤二想笼络袁克定，要他参加华北伪政权，只须挂名，就会有固定的薪酬。袁克定一口回绝了。他对张伯驹说，父亲生前最恨日本人，现在他如果为了钱财去当汉奸，一则对不起父亲，二则自己良心上也不允许。后来不知怎么回事，他听说伪政权还是将他挂名了，便亲自跑到报馆，刊载了一份声明，表示自己因身体有病，不参加任何组织，所有挂他名字的东西均为不实之词。

到建国前夕，袁克定已经穷困潦倒了，家里的所有佣人已全部辞退，只剩下忠心耿耿的秦姓老仆人，实在揭不开锅盖了，这位老仆人就会上街去转悠，想方设法弄点吃的东西回来。即使到了这个地步，袁克定依然保持着"太子"遗风，进餐时胸戴餐巾，正襟危坐，用刀叉将窝头切成薄片，蘸着咸菜就餐。后来老仆人也去世了，只剩下袁克定和姨太太马彩云相依为命。

关于袁克定的这段光阴，曾经陪伴爷爷生活过两年的袁缉燕说：

> 四十年代他生活在颐和园清华轩。我曾在该处住过将近两年，爷爷的屋子里除了书之外还有许多古董字画。当时爷爷家中有男仆、女仆、按摩医生、厨师多人。建国后他被逐出颐和园，古董字画以及书籍全部没收。爷爷无处可去，只好搬

到张伯驹居住的承泽园去居住。北京文史馆馆长章士钊得知情况后，向周恩来总理汇报，周总理同意聘爷爷为北京文史馆馆员，每月领取薪水 60 元，挂空衔不坐班。这份薪水有专人按月送到爷爷家中。另外，父亲袁家融每月给爷爷寄生活费，上海的二姑家庭条件比较好，也经常汇款接济二位老人。

袁缉燕提到的"上海二姑"，是袁克定的二女儿袁家第，她嫁给苏州费家，夫君名叫费巩，被国民党暗杀失踪，建国后政府追认他为烈士，每月有补助。袁家第是全国人大委员和政协委员。

袁克定晚年曾在张伯驹家借住了一段时间。据张传彩回忆："1958 年袁克定八十大寿，是在我家过的，也是在我家去世的。"张传彩说，夏天时经常看见他在空阔的大门楼子里纳凉，总是一个人孤单单地坐在那儿，透过树林望着天边的晚霞，像一尊陈旧的雕像。"袁克定不爱说话，给人感觉脾气有些怪，没事时他爱钻进书房里看书，他看的是那种线装书，他的另一个爱好是看棋谱。"

1958 年，袁克定病逝在张伯驹家中，终年八十岁。

而高伐林采访袁克定孙子袁缉燕时的记录，与张传彩的回忆略有出入。袁缉燕说："我记得我爷爷是 1957 年去世的，我祖母晚一年，1958 年去世。我爷爷没有活到八十，是七十九岁时死的。而且，他是在自己家里死的。"

——这又是历史烟云中的一个小疑团。细细一想，多少也有点悲哀。像袁克定那么有名的一个人物，去世的具体时间都难以确定，袁氏家族在跌落之后的艰难际遇可想而知。

"还是让我当个山中野民吧"
——袁克定之子袁家融

袁克定有一子二女，儿子袁家融，女儿袁家锦、袁家第。

这里讲述袁家融的故事。

1920 年，十六岁的袁家融赴美国留学，留学缘起，还得从庚子赔款说起。是啊，随便扯一段袁家往事，都与近代史密切相关。

1901 年（辛丑年）9 月，中国和英国、美国、日本等国家签订了一份屈辱的《辛丑条约》，规定中国从海关银两等关税中拿出四亿五千万两白银赔偿给英美等十一个国家。从 1909 年起，美国主动提出要退还部分赔款，作为中国学生留学美国的教育文化基金。按照《辛丑条约》规定，中国应向美国赔款 2444 万两白银，美国将当时还未付足的 1078 万两退还给中国，建立海外留学教育系统——留美预备学校，最初名称为"清华学堂"，即清华大学的前身。据统计，此后十年左右，由清华学堂派出的留美学生达一千余人。

袁家融留学美国，就是在这个背景下展开的人生故事。

和袁家融一起留学美国的还有他的两个叔叔：十叔袁克坚、十二叔袁克度。虽然辈分是叔侄，年龄却差不多。袁克坚与袁家融同年，这一年也是十六岁；袁克度只有十四岁，比侄子还要小。

1920 年，袁世凯已病故，袁家失势已是不争的事实。但这一年民国总统是徐世昌，徐与袁家的关系众所周知，想必在其中起了作用。另一个起穿针引线作用的人应是袁克定。民国初年，袁克定在社会上还有一定的影响力，经济上也还富裕。举例来说，袁克定在天津德国租界司艮德街的欧洲风格小洋楼，就是在这一年修建的。

清华留美预备学堂贵族化气息浓厚，据当年留美学生回忆，宿舍里都装有暖气，室内有钢丝床、沐浴房、抽水马桶……这些如今已司空见惯的设施，在上世纪一二十年代是稀有之物。

临行前的几天袁家融高兴得不得了，夜以继日地去跑马厅、电影院、游艺场等地方逛，一向严肃的父亲袁克定也没有多管。

启程的日子到了，叔侄三人从天津辗转到上海，搭乘海轮一路向美国新大陆驶行。第一次乘海轮，虽然有头晕想呕吐的感觉，袁家融还是跑到了甲板上，和两位叔叔凭栏远眺，舒心畅谈。

到达美国后，三人先是进入马萨诸塞州的一所私立中学念了一段时间的书，然后袁家融到位于宾夕法尼亚州的拉法叶学院攻读地质学，袁克坚进入哈佛大学攻读政治经济学，袁克度读化学。

袁家融在拉法叶学院获得学士学位后，又进入位于纽约曼哈顿的哥伦比亚大学继续深造。在哥伦比亚大学，他获得了地质学博士学位。

哥伦比亚大学是一所具有世界声誉的高等学府，校训是"借汝之光，得见光明"。这句话来自《圣经》，有浓烈的宗教气息，强调每个学生都是生命之源，在你的光中我们将看到光。

在哥伦比亚大学，袁家融享受了一段美好时光。他出生在一个传统守旧的大家族里，父亲袁克定对他的管束又很严厉，到美国留学之后，蛰伏在他身体内的自由天性开始一点点释放出来。课余时间，袁家融和同学们一起在哈德逊河畔散步，有时候相约骑自行车去中央公园，或者去看自由女神……

有迹象表明，风华正茂的袁家融那时候已掉入爱河。采访袁缉燕时，袁缉燕是这么说的："传说父亲在美国有女朋友了，家里数次发电报催他回中国结婚，父亲都是把时间往后推。"至于袁家融在美国时的女朋友是个什么人，袁缉燕也语焉不详。父亲将情爱秘密沉入心底，儿子了解父亲的永远只是刚强的一面。

袁家融在美国留学十年，习惯并且接受了美国的生活方式，随着年龄增长，也有了独立的思考和判断。一般的中国父母在为子女的婚姻大事作决定时，考虑最多的是家族利益，很少站在儿女们的角度想问题，往往导致婚姻悲剧，豪门世家尤其如此。如果年轻人在结婚之前就有机会彼此了解，婚后相依为伴的生活会更加甜蜜。袁家融十分赞赏美国年轻人的独立精神，他们通常是有了经济能力后才建立家庭，婚后很少和父母住在一起。而在中国，这样的青年往往被人视作大逆不道的不肖子孙。

祖父袁世凯去世之后，袁家融经历了家族从巅峰跌入深渊的痛苦过程，但是那时候他还小，是十二岁的孩子，一切重压都有父亲袁克定在顶着。现在袁家融长大了，所有事情全得靠自己去想办法解决。从哥伦比亚大学毕业后，袁家融试着去找了几次工作，效果都不太理想。当时美国正是经济大萧条时期，所有的公司和企业都在大裁员，即使他是博士，要找到一份合适的工作也并不容易。更让他感到苦闷的是，父亲隔三差五发来电报催促他回国。袁家融给父亲回信，不敢直接反抗，总是以各种理由推诿。袁克定的回电，语气一次比一次严厉。终于，1930 年，袁家融回国了。

袁缉燕评价父亲的这一举动时说："这有点像胡适，别的方面思想再新、再反传统，在婚姻大事上却恪守旧训，遵循父命。"

胡适年幼时由父母做主订亲，后来去美国留学，一去就是十几年。在美国自由气氛的感染下，胡适和一位名叫韦莲司的大学教授女儿恋爱了，月下谈心，湖滨散步，两年间写了一百多封情书。但是胡适受旧礼教传统束缚太深，最终没能跨过那一步。回国任北大教授后不久，胡适便回到安徽绩溪老家与江冬秀女士完婚了。

这种例子在留美学生中间有不少。同是哥伦比亚大学校友的顾维钧，在读大学三年级时收到父亲的信，让他回家完婚。顾维钧看信后感到"十分惶恐"，回信说，自己必须先完成学业，待有了经济实力再考虑结婚。父亲坚决不同意，顾维钧无可奈何，只得同意结婚，但是提出了条件：女方必须放足、学英文。两个条件都得到应允后，顾维钧方才回到上海完婚。在婚礼上，顾维钧觉得自己像个傀儡，一切都是父亲说了算，而且新娘既没有放足，也没有上过新式学校，更不会说英文。在那场婚礼骗局面前顾维钧十分愤怒，婚礼结束后就提出要返回美国继续留学。父亲则明确表示，要走可以，必须带上妻子。顾维钧不得不再次屈从。到美国后，顾维钧把妻子安顿在费城的一个美国人家，独自回到纽约求学。幸运的是，在那个美国家庭的帮助下，妻子很顺利地适应了当地的生活，顾维钩在日记里欣慰地写道："她很快理解了美国的社会人情。"

当时的留美学生中，解除父母之命、媒妁之言的包办婚姻者也不乏其人。但是袁家融的家庭背景不可能允许他那么做，他经历了痛苦的纠结之后，还是回归了传统。

1930年，袁家融回到了中国，但是十年的留学生活在他身上留下了洗不掉的痕迹。我曾看到过一张旧照片：留着稀疏山羊胡子的袁家融似笑非笑，看样子六七十岁了，拍摄时间是六七十年代。他那件淡黄条纹的西服上装，粗纺呢绒织成，是那个年代的稀罕之物；整洁的衬衣领口上系着条花纹领带，一眼看上去，和他的留洋经历十分相符。

袁家融的妻子王惠，是北洋督军王占元的侄女。这门亲事原是他祖母、袁世凯的元配于氏夫人订下的。她虽然是王占元的侄女，却被王视作己出，从小收留在身边抚养。王占元在天津租界各大马路上有店铺和房产无数，王惠成长在天津旧奥租界一带，受过良好的教育，聪颖善悟，能诗能文，遇事通情达理。自从与袁家订下婚事后，王惠一直在家等候。

关于袁家融回国后的经历，只能查询到履历表似的大致梗概。一个人走了，会带走多少历史啊！那些活生生的生活画面和心灵史，史料上不会有。那么，通过他履历表似的简历以及儿子袁缉燕的回忆碎片，让我们试着来还原他回国后走过的人生路程。

袁缉燕说，父母虽然是旧式婚姻，但是两人的感情很好，每隔一两年生育一个子女。袁缉燕有兄弟姐妹七个，大哥袁萌临生于

1933 年，接下来是四个姐姐袁缉徽、袁缉明、袁缉星、袁缉慎，袁缉燕是家中老六，最小的妹妹是袁缉姮。

袁家融回国后谋得的第一份差事是在开滦煤矿担任工程师。说起开滦煤矿，与袁世凯有着深远的渊源。开滦矿务局创建于 1878 年，创办人唐廷枢，是袁世凯在朝鲜任通商大臣期间共过事的好友。唐廷枢去世后，开滦矿务局几经变迁，也接纳过外商投资，后来由袁世凯儿女亲家周馥之子周学熙接手。袁世凯家族与开滦煤矿有千丝万缕的联系，袁克定曾担任过开滦矿务总局督办，袁世凯六子袁克桓也在开滦煤矿里担任过要职。

袁家融在开滦煤矿工作不久就离开了，去国立北京师范大学任教。袁缉燕解释说："他不愿意在袁克定手下任职，让别人觉得自己没本事，是在大树底下乘凉。"

袁缉燕讲述道——

上个世纪四十年代，国民党统治后期，经济一团糟，物价飞涨，大学里开不出工资了。母亲王惠又一直没有工作，在家带孩子。家庭生活维持不下去，父亲袁家融只好离开了北京师范大学。我有两个舅舅是天津知名的实业家，是启新水泥公司、东亚毛纺厂的大股东——东亚毛纺厂听说过吗？解放初期，他们的"抵羊牌"毛线很有名，商标图案是羊犄角对犄角，民族资本家用这个牌子谐音"抵制洋货"。大舅舅在天津有家贸易公司，我父亲就去那儿当了副经理。但是他这个人对做生意毫无兴趣，好歹在贸易公司里干了两年。

有一次，父亲去参加华北物资交流大会，绥远省长在会上认识了他，得知他的美国留学背景，请他去绥远主持地质勘探。他很高兴能回到本行，就去了。

关于袁缉燕的这一段讲述，我特地去查询了相关资料。绥远省是民国时期的塞北四省之一（其他三省为热河省、察哈尔省、宁夏省），全省辖境包括今天的蒙古巴彦淖尔市、鄂尔多斯市、呼和浩特市、包头市、乌海市的海勃湾区和海南区以及乌兰察布市的大部区域。原在清朝属归绥道，属山西省。1914 年袁世凯当总统期间，北洋政府将之分出山西，与兴和道合并，建立绥远特别区，1928 年改称绥远省，省会归绥（今呼和浩特）。1954 年，绥远省撤销。

查《民国职官年表》：1933 年至 1946 年，绥远省政府主席一直是傅作义；1947 年至 1949 年是董其武；建国后，绥远省政府主席一职由乌兰夫担任，直到撤销绥远省为止。

那么，当年请袁家融去绥远主持地质勘探的应该是乌兰夫。

可以想像，当年袁家融接到乌兰夫伸来的橄榄枝时，心情之愉悦难以言表。1930 年回国以来，一晃就是二十几年，他从二十多岁的小伙子变成了四十多岁的中年人，辗转干过多种职业，但是没有一样是他真正热爱的，能够回归地质本行，实是如愿以偿。

整整半个多世纪前的往事，在袁缉燕的脑海里恍若昨日：

那年父亲从归绥回家，给家里人带回了内蒙古的大块黄油。父亲给我们几个孩子讲述绥远省那边的趣事：他住在老乡们的家中，绥远省属边远地区，乡亲们的生活很穷，主妇把棉裤腿卷起来，皮肤全是黑黑的，只有膝盖上面露出一点皮肤本色。没水洗澡嘛，也怪不着她们。她们做面的方式很特殊，捋起裤管，拿面在腿那儿一搓，就成了一个卷儿，然后下锅去煮熟。老乡们把那种卷儿叫作"油面卷"，是给地质勘探人员做的最好的饭。父亲说，看了"油面卷"做成的方式，压根儿没法吃，但还是得硬着头皮吃。

袁缉燕说，父亲要离开天津去边地绥远省探矿，所有的亲友都反对，唯独他自己高兴得不得了。这个灵魂像风一样自由的人，终于摆脱了俗务的桎梏，可以按照自己的内心去生活了。他渴望的生活并没有充满诗意，甚至可以说非常艰苦，但是他以苦为乐，在地质勘探中找到了属于他的幸福。

五十年代初，袁家融和他的同伴们在白云鄂博、大青山勘探出了铁矿矿苗，这一贡献的直接结果是诞生了包头钢铁基地。

他由于长年累月做勘探工作，历尽艰辛，致使双膝关节炎加重，走起路来也有点磕磕绊绊了。袁家融后来被调到武汉地质学院当教授，1958年又调到贵州工学院当教授，直到1964年退休。

在这之前，袁家融有机会调回北京工作。袁家融的留美同学中有个人叫蔡方荫，江西南昌人，建国后是中科院院士，任建筑科学设计院副院长。因为工作关系，蔡方荫经常能见到周恩来总理，他想建议周总理将袁家融调回北京工作，袁家融得知消息后一口回绝，他说，还是让我当个山中野民吧，一辈子自由惯了，回到北京城，我怕成为笼子里的金丝鸟。

　　袁家融退休后，一直在北京家中赋闲。七十年代以后，张伯驹、裴伯弓等旧人从"五七干校"回京，相约聚餐会，张伯驹为召集人。双周一次（偶尔也每周一次），自愿参加，有事可以不来。参加聚餐会的，有张伯驹、潘素夫妇，裴伯弓、裴英夫妇，恽宝惠，袁行云，罗继祖，周汝昌以及袁家融、王惠夫妇等。他们经常去的餐馆有东来顺、森隆、灶温、莫斯科餐厅、鸿宾楼等。聚餐采取 AA制，由裴英女士负责管账。

　　这一干人都是老派知识分子，雅聚清谈也别有一种情致。张伯驹曾经根据他们聚餐时雅谈的内容编写了一本《春游琐谈》，其序言道："旧雨新雨，相见并欢。爰集议每周一会，谈笑之外，无论金石、书画、考证、词章、掌故、轶闻、风俗、游览，各随书一则，录之于册，则积日成书。他年或有聚散，回觅鸿迹，如更面睹。此非惟为一时趣事，不亦多后人之闻知乎！"

　　1999 年 9 月 20 日，袁家融在北京青山敬老院辞世，时年九十五岁。

从活泼开朗到"神神叨叨"
——袁克定长孙袁萌临

袁萌临原名袁缉吴，字梦麟，是袁家融的长子，生于 1933 年。

我第一次见到他是在 2007 年 12 月，地点河南安阳。这个人你只要见上一面，就会终身留下难以磨灭的印象。他的身材干瘦，上身穿着件羽绒服，头上戴顶旅游帽，看上去似乎有点滑稽。他说话有点神神叨叨，情绪好的时候话比较多，天南海北什么都爱谈；如果一不留神触碰到他不愿意谈论的话题，脸色便会阴沉下来，沉默得像是一面深不可测的湖。后来接触的次数多了，特别是听他弟弟袁缉燕讲述了他的身世经历之后，我对他的理解才逐渐深了起来。

袁萌临比袁缉燕大八岁，他常常在弟弟面前摆出长兄如父的派头，吩咐这指派那，不过袁缉燕一直对哥哥都很敬重，哥哥的"颐指气使"在袁缉燕看来，也是一种特别有本事的表现。1953 年，袁萌临毕业于北京育英中学，同年考入中央民族大学。

年轻时代的袁萌临是一个多才多艺的人，他喜欢溜冰、打篮球、骑自行车、跳舞等等，经常和一群男女同学跑到北海公园湖边的柳树下，领头拉手风琴，其他同学齐声合唱。弟弟袁缉燕总是跟在后面，用羡慕的眼光看着哥哥。袁缉燕依稀还记得，当年哥哥拉的手风琴曲大多数是苏联歌曲，如《灯光》、《玛丽诺之歌》及《飞翔吧，和平鸽》等等。那些快乐而又略带忧伤的旋律镌刻在他的记忆里，和哥哥年轻的身影纠缠在一起，始终不会消散。

袁缉燕清晰地记得，哥哥读大学时有个女朋友叫王兰花，是印尼归国华侨。王兰花的穿着打扮十分得体，薄纱的花纹衣服透着飘逸，镶钻石的钮扣显现出异国情调，一双精美的绣花鞋让人过目难忘。有一次，他看到哥哥和王兰花手臂挽着手臂从一座天桥上走下来，像是从天上走下来的神仙眷侣。上世纪五十年代，一大批印尼青年华侨离开印尼"投入祖国的怀抱"，王兰花就是其中之一。他们起初犹如三四十年代奔赴延安的热血青年，结局却与文革后期上山下乡的知识青年相类似，甚至更加惨烈。有一句话生动描述了他们的心路历程：五十年代含着激动的泪水踏上祖国的土地，七十年代洒下苦涩辛酸的泪水偷渡跨出罗湖铁桥。但王兰花后来的遭遇如何，袁缉燕也不太清楚。

袁缉燕说，哥哥袁萌临后来娶的妻子叫王玉珠，也是他大妹夫的妹妹。文革中袁萌临与王玉珠离婚了，后来始终没有再婚。

袁萌临是袁世凯的长门长曾孙，这一身份决定了他的心理状态，同时也决定了他后来与众不同的人生际遇。袁世凯去世后袁家的经济状况直线下落，但是袁萌临的童年时代还是幸福的，凭借祖父袁克定的荫护，加上父亲袁家融不算低的工资收入，虽然谈不上锦衣玉食，但比起一般人家还是要好许多。建国后袁家的生活质量进一步下降，"袁世凯孝子贤孙"这个特殊的身份，更使得他在精神上遭受到了沉重的打击。而这种打击对一个在蜜糖罐中长大的"少爷"来说，往往意味着灭顶之灾。

1957 年，袁萌临以优异的学习成绩毕业于中央民族大学。次年，他被分配到四川省甘孜藏族自治州。袁缉燕说，袁萌临差一点在学校里被打成右派，作为惩罚，他被分到甘孜藏族自治州最边远的地方，地名也很巧合，叫黄连乡。袁萌临在那里干了两年，回城时他说："黄连乡名符其实，那里的生活真的比黄连还要苦啊！"

分配给袁萌临的工作是从粪坑里取粪，然后送到指定的地点集中，统一交给社员们使用。对一个从小在城里长大的"公子哥儿"来说，这样的劳动无异于体罚。最让他难受的，是当村里人知道他是袁世凯的曾孙之后，一群孩子始终跟随在身后编唱着民谣俚曲污辱他。袁萌临木讷地站在那儿，孩子们就围上来吐口水，用树枝往他身上抽打，袁萌临一动不动，泪水默默地流着。

袁萌临在村子里很孤单，没有人同他说话，他就学会了和鸟说话。那些年，西北的土地沙化得很厉害，乡亲们非常穷，有的农户全家人共一条裤子，谁出门谁穿。那里特别缺水，一盆水全家人洗完澡后还不能倒掉，要拿去喂牛喂猪。有一次，袁萌临提着个水罐上山取水，下山时，有只杂色山雀一路上跟着他飞。袁萌临觉得奇怪，他停下来，站在一棵槐树下等待。那只山雀也停住不飞了，歇在树枝上远远地看着他。不一会儿，山雀突然扑腾着翅膀飞来了，它直接瞄准袁萌临手中的水罐，一个猛子扎下来，在水罐边沿上猛力啄击，原来那只山雀实在干渴得受不了了。喝了几口水之后，山雀拍打翅膀飞向蓝天，叫声也变得明亮欢快了许多。

在黄莲乡呆了两年，袁萌临变了个人似的，原来活泼开朗的他变得有点神神叨叨了，唯一没有变的是那种永不妥协的气质，他说话时语气十分坚定，不容许留任何回转的余地。但如果仔细观察他的眼睛，会发现那目光中常常流露出的是柔和的慈爱之光。

因此，在袁萌临的追悼会上，项城人对他的评语是耿直、睿智、慈祥、风趣和乐于助人。

从甘孜黄莲乡回到北京后，袁萌临先后任教于西南民族大学、北京大学、清华大学、北方工业大学、北方交通大学、北京医学院、北京理工学院、中国科学软件研究所、中国科学院遗传研究所、中国科学院高能研究所、中国科学院微生物研究所、中国农业科学院、中央民族大学等。他晚年移居美国，居美期间曾任教于美国加州大学伯克利分校。

袁萌临曾多次到项城去寻根谒祖。2009年中秋节，袁萌临是在项城莲花宾馆度过的。那一天，袁氏亲人和朋友给他送来了鲜花、水果和月饼，袁萌临将鲜花摆放在窗台上，水果和月饼分送给宾馆服务员。服务员推辞不要，袁萌临坚决不依，一定要人家答应收下才肯罢手。这年中秋节过后，袁萌临回到了北京，没过多久，袁氏亲人们收到一则消息：袁萌临脑溢血晕倒在一间公厕里，送到海淀医院抢救无效去世。袁缉燕告诉我，那一天他正在加拿大家中画一幅油画，浓墨重彩的红与黑，阴阳二界的意象，油画标题是《梦回袁寨》。袁缉燕说，一切都是冥冥中事，老天似乎早已安排好了的。

从"末等公民"到留美画家
——袁克定次孙袁缉燕

按照约定的时间，越洋电话终于接通了，声音清晰，像是面对面在谈话。我把电话机放到免提位置上，一边听一边作记录。

以前和袁缉燕见过几次面，都没有深入交谈，深以为憾。有一天，我说想写一本记录袁氏家族集体记忆的书，要采访他，与他通过几次电子邮件。袁缉燕说，电话我打给你吧，加拿大打电话费用不高。我为他的细心感动。

是上午十点钟。袁缉燕说，他所在的加拿大埃德蒙顿市此时已经入夜，从窗前放眼看过去，霓虹灯闪闪烁烁，像是一个个诡异而夸张的音符在跳荡。这样的夜晚，不知为什么让他想起了故乡北京。幼年时，母亲病了，安静地躺在床上，袁缉燕陪护在病榻前。院子外边有口池塘，池塘里开满了莲花。埃德蒙顿市的霓虹灯，让他想起了故乡池塘里那些吐着红焰的莲花。

袁缉燕出生于1941年，地点是宝钞胡同的一所四合院。那是一座具有浓郁中国文化气息的北方院落，青砖灰瓦的房子，古色古香的装饰，斑驳的木门，四周幽静得让人心里发颤。影壁、屏门、抄手廊、南山墙、后罩楼……老式四合院的那些如今已变得陌生的物件，一旦重新提起，袁缉燕仍然觉得亲切，像是提起一个个熟悉的老朋友。

为袁缉燕接生的是个法国人，年岁已经很大了，说一口夹生的中国话，似乎是怕别人听不懂，总喜欢一边说一边用手比划。袁缉燕小时候见过那位法国老人，他爱穿一件米黄色西服，领带系得松松垮垮，尽显法国人的浪漫不羁。老人那时应该是袁家的私人医生，经常背着个简易的医药箱，在袁家四合院里进进出出。他蹲在地上抚摸袁缉燕的头，笑眯眯地从口袋里掏出糖果，不是直接给他，而是让他蹦着去夺，这个印象袁缉燕一直保持了若干年。袁缉燕说，那是个非常风趣快乐、也非常有教养的法国老头，可是后来被驱逐出了中国，听说驱逐的原因是怀疑他是文化特务，谁知道呢？

袁缉燕四五岁时，搬到颐和园清华轩和爷爷袁克定住了一年多。现在回忆起来，与爷爷作伴的只有他的影子。爷爷爱在屋子里弹古琴，悠扬的琴声在天地间飘荡，那时候袁缉燕只是觉得好听，感觉爷爷恍若是在一片天籁之音中行走。多年后回想起来，那琴声中真是蕴含着说不出的凄凉与孤单。除了弹古琴外，袁克定还喜欢沿着颐和园的长廊溜圈儿，或者到昆明湖边散步。袁克定的大部分时间都在读书，他有很多藏书，还有许多古玩和字画，在袁缉燕童年的印象里，爷爷是一个老学究。

袁克定十分讲规矩。每天早晨，袁缉燕要做的第一件事是必须到爷爷房间里去请安。袁缉燕从小有点调皮，并不是每次都规规矩矩鞠躬问候，有时候站在门口喊声"爷爷，我来了——"里屋袁克定咕哝着答应一下，过场也就算走完了。袁缉燕说，爷爷表面上看起来很严厉，实际上藏着一片慈爱之心。上中学的时候，袁缉燕有一次骑自行车摔伤了，伤得很严重，躺在家里睡了几天。袁克定特地从张伯驹家赶来看他，还捎了一提袋水果。他摸摸袁缉燕的额头，向来严肃的脸上浮起了一丝笑容："大难不死，必有后福。""爷爷说得那么肯定，可是爷爷的话并没有应验，我后来经历了许多苦难。"缉燕说。

袁缉燕刚刚懂事的时候，最害怕上历史课。同学们知道了有"窃国大盗"袁世凯这么个人，而且袁世凯的"亲孙子"就在他们班上（学生们分不清袁缉燕是袁世凯的曾孙还是孙子），袁缉燕受到的侮辱可想而知。经常上着课教室外就围满了人，指着他嚷嚷个不休，像开斗争会似的。袁缉燕是在嘲笑和讥讽中长大的，幼小的心灵遭受过极大的创伤。

讲起爷爷袁克定，袁缉燕是这样说的：

> 推动袁世凯称帝，这件事情他肯定是负有责任的。在我成年之后，我所看到、所收集到的一些史料，尤其是我定居海外以后，看到更多的辛亥革命那一段的史料，还有一些是历史学家、作家们的介绍，我觉得袁克定在袁世凯称帝这件事情上负有责任。他作为推动者，可能有私心。……但是，日本人请他出来做事，他拒绝了，是蛮有骨气的。还有就是解放以后，请他做文史馆的馆员，据长辈们说，就是为

了让他写那一代的回忆录。因为当时政府把袁世凯作为负面人物，解放初期也是跟国民党对待袁世凯的评价是一致的，所以他抵制住了这个。他说我不能把我长辈的一些事情谈出来，给他脸上抹黑。当时他在北京的生活也是很困难的，文史馆每月还要给他几十块钱的生活费，他不上班的。多少次拿着那种大的录音机，拴着带子到他家，说你随便说，说什么都行，（比如）辛亥革命那段事。去了两个人，打开录音机让他讲，他什么也不讲，他就看书。他不愿意出卖他的父亲。我听老人说，有许多辛亥革命时期的事，尤其是南北和谈的事，好多都是他经手的。如果他能把那段历史说出来，辛亥革命的真相就会更完整一些。但是由于共产党把袁世凯作为负面人物，所以他就不说。那段历史很可惜，随着他进入棺材了。

生活在这么一个特殊的家庭里，袁缉燕从小见识并体会了种种外部世界的伤害，他蜷缩起来，向自己的内心寻找一个筑梦之境。这个梦是艺术之梦。他选择了用绘画来表达自己的情感。

为什么当初选择了画画？袁缉燕是这样回答的："绘画主要是受我母亲影响。她是一名旧式妇女，受的是四书五经的教育和私塾教育，她琴棋书画都很好，尤其是国画。其次，是从小生活环境的熏陶。家里头包括爷爷袁克定那儿，房间里挂满了名人字画，有很多是大写意的水墨画。我经常独自一人待在屋子里看那些画看得出神。那些画中不经意间流露出的意境让我难以忘怀。"

使袁缉燕坚定绘画信念的还有一个人，那是他的曾祖父袁世凯。倒不是袁世凯支持他绘画，他出生时曾祖父已经去世，不可能从坟墓里跑出来支持。袁缉燕说，是因为曾祖父头上那顶窃国大盗的帽子，让他意识到自己是末等公民，只能用绘画来发泄心中的压抑、忧伤和愤懑。

童年时代，袁缉燕的生活条件还是很优裕的。"我们袁家，每个孩子从小都有自己的奶妈，每个人都有自己的玩伴。每天到开饭了，有人站在院子门口大声一叫，大伙围上大圆桌，每个孩子坐在自己的座位上安静地吃饭。奶妈站在身后，等吃完了她把你抱下来，想干什么就干什么去。"

后来袁家的日子一天天变得糟糕了，父亲袁家融在外漂泊的那些年，袁缉燕的日子也不安定，连上的学校也经常变换。父亲在绥远勘探时他读北京七中，父亲在武汉任教时他读武汉五中；母亲在南方住不习惯，搬到了天津，袁缉燕又跟随到天津去读书。

1959 年，袁缉燕考入河北美术学院专攻油画。五十年代中国深受苏联"老大哥"影响，看的电影是《夏伯阳》、《真正的人》、《侦察员的功勋》、《乡村女教师》；看的小说是《钢铁是怎样炼成的》、《日日夜夜》、《红色保险箱》、《寻找幸福》；听的歌曲是《莫斯科郊外的晚上》、《喀秋莎》、《红莓花儿开》、《红衣裳》……那时候画油画的人谁都可以随口说出一长串俄罗斯画家的名字：列宾、苏里柯夫、谢洛夫、列维坦、莫伊辛科、马克西莫夫、特卡乔夫兄弟、梅尔尼科夫等等。当时整个美术教育体系全都是苏联的那一套，苏联的油画家马克西莫夫还到中国来举办了油画班。对于初踏上美术之路的袁缉燕来说，影响巨大的是俄罗斯十九世纪巡回展览画派的画风，那种色彩、构图以及用笔技巧，在他的艺术风格上打下了深深的烙印。

1963 年，袁缉燕被分配到中国科学技术协会展览部，在那儿成天按照上级的要求画科普宣传画，那种枯燥无味的模仿，对于旺盛的创造力来说简直是扼杀。袁缉燕实在呆不下去了，找人想办法调到北京第二轻工业局的装潢设计室，虽然仍是不能画油画，但那些产品的包装和封面设计毕竟需要有创造性。

"文革"爆发之后，袁家再次遭遇抄家，袁缉燕也成了"黑五类"，有风声传出，他要被遣送回原籍——河南项城。在那以前，河南项城只是他记忆中的一个地名，现在却要与他的生活联系在一起了，那意味着他将失去北京户口和城市生活，戴着草帽拿着锄头去战天斗地。袁缉燕当时年轻气盛，再也不到单位去上班了，遣送回原籍之事这才不了了之。

袁缉燕来到街道居委会，想申请一份工作。居委会的大妈对他说，你这种情况属于自动离职，不可能再介绍工作。你想想，北京人口那么多，如果人人都像你这样，工作稍不如意就离职了再找工作，再多的单位也不够你们就业的。居委会大妈郑重建议：你还是回原单位上班吧，有了工作又不珍惜，这样的年轻人不会有前途的。回原单位意味着将被遣送到河南项城，袁缉燕不知该如何回答。

后来袁缉燕又去了好几次居委会，居委会大妈瞧他可怜，对他说："那你干临时工吧。"从那以后，袁缉燕进了临时工的队伍，回忆那些苦役犯似的日子，他说："嗨呀，北京城里所有的苦活累活脏活我差不多都干过。搬过米包，抬过油桶，跟着汽车去装卸，夏天在建筑工地上搭建脚手架，冬天到各个单位烧锅炉……"最轻松的活路是到各个单位去画领袖像。什么《毛主席去安源》、《毛主席在北戴河》，袁缉燕不知画过多少幅。干这个活路虽然比其他体力活轻松，但经常提心吊胆，生怕哪儿出了纰漏。那个年代，像袁缉燕这种家庭背景的人，在画领袖像上若是出了问题，极可能是灭顶之灾。他印象最深刻的是在车间里烧锅炉，当他把一铲铲乌黑的煤投入炉膛的瞬间，光和热迎面扑来，像一万条金瀑布在眼前流泻奔腾，激发起了他的创作灵感。

整个世界全都崩溃了，像是掉进了一个疯狂的漩涡，无休止地往下旋落、旋落……袁缉燕没有抱怨，他说抱怨了也没用，反而会祸及自身。他唯一能做的就是在社会集体理性沦丧的时候，保持自己的冷静和理智，以此来抵抗周围的粗暴和残忍。

袁缉燕说，上世纪六七十年代，北京有一批民间画家活跃在地下，不按官方指定的方向去绘画，而是悄悄聚成沙龙进行艺术探索。袁缉燕和那些民间画家在一起喝酒聊天，谈论历史、哲学与文学艺术，大声朗读普希金、莱蒙托夫的诗，讨论美术的流派、风格和技巧，扩展生活的维度，在粗糙的世界里模仿一种优雅的生活方式，力图让自己成为一个有教养、有思想深度而又情感丰富的人。

运交华盖的岁月，有一个女性毅然来到了他的身边。她叫罗蕴华，是袁缉燕以前在天津生活时认识的，她从天津师范学院中文系毕业后一直在教书。袁缉燕说，我现在是临时工，养活不了你。罗蕴华笑笑，说道："我有工作呀，哪里要靠你养活？"他们四处找熟人托关系，好不容易弄到了一个进京指标，罗蕴华来到了北京，降格当了一名小学老师。

夫妇二人每个月收入百来块钱，生活节省到最低限度，最大宗支出是买画笔、画布、颜料调色油。回忆那段生活时袁缉燕说：

> 白天我劳动流汗，晚上我就在灯下画素描——那时反正也没有电视。到了周末，天刚刚亮，骑上自行车，带着画箱画布、一天的饭，还有一军用水壶的水，就出门写生了。十渡、香山、沙河、圆明园……每次出去都是一整天，风雨无阻。有时候下雨下雪，景色和平时不一样，别具情调，更是要出去，心情像孩子一样快乐。那些日子可算是找到自我了。

那一个时期，袁缉燕的绘画风格也悄然发生了变化。他原来喜欢的俄罗斯画风本来就是在印象派基础上发展起来的，袁缉燕追根溯源，直接从欧美印象派、抽象派画家那儿汲取营养，构图上从写实向虚化过渡，用色上大胆突破，用大块原色作画，色彩清晰、明亮，无浑浊之感。袁缉燕说："我青年时代开始接触西方绘画，觉得这种用具象表达的形式更完善一些，就喜欢上了契斯恰柯夫的学院派。后来又逐渐喜欢上了法国印象派，觉得这种流派光和色的运用更到位，表现出来的东西更活泼、更明朗、更有生气。"他的偶像从张大千变成利维坦，再由利维坦变成梵高、莫奈。

到了 1968 年，这个小家庭的天使快要来了。到底要不要这个孩子，袁缉燕和罗蕴华思想斗争了很久，动荡的时代，屈辱的身份，不安定的生活，如何能保证一个孩子未来的幸福生活？在袁缉燕岳母的再三催促下，他们终于还是迎来了那个小天使——他叫袁仿吾，长大后去了美国。

"文革"结束后，国防科工委创办了一个"神州文学艺术学会"，定期出版文学月刊《神剑》。经一位好心的朋友推荐，袁缉燕调入这家杂志社担任美术编辑，妻子罗蕴华也进杂志社当了编辑。

1982年，袁缉燕与妻子罗蕴华在杂志社办理了停薪留职手续，成立了"原始装潢设计室"。八十年代初这被称作"下海"，"下海"是需要勇气的，失而复得的铁饭碗为何放弃？袁缉燕是这么回答的："我一直对铁饭碗不留恋。除了社会主义国家，世界上哪有几个搞铁饭碗的？中国没有端铁饭碗的也是多少亿人呢！"从那一天起，袁缉燕改了个名字叫袁始。他把"袁缉燕"留在了昨天，一切都从今天开始吧。

君子爱财，取之有道。袁缉燕虽然下海经商，却对钱财并不那么看重。他的家庭出身决定了他的素养和视野，他说，见多了世事无常，富丽堂皇转眼成空，这样的事在他们家族史上太多了。袁世凯死后，袁氏家族分崩离析，从巅峰沦为社会最底层，还不够生动有力吗？他在天津有位实业家舅舅，建国后搬到北京，住在天安门近侧南池子缎库胡同的大宅门里，称得上富贵逼人吧？可是又怎么样？——"文革"时期他一人回了天津，死在一个地下室里，惨景让人能哭一场。舅舅在北京缎库胡同的旧居，成了高官罗瑞卿的住宅。但是罗瑞卿也没讨到什么好，后来被打成反革命集团成员，自杀摔断了腿。

　　袁缉燕说："与其追求金钱、权柄，不如追求有永恒生命力的艺术。我画画探索的就是如何融入永恒，尽管我生活的这个世纪充满了忧伤，但我还是要把美好的东西尽可能地画下来留给后人。"

　　1989 年秋天，袁缉燕、罗蕴华夫妇申请去了美国。关于这一经历，他在采访中是这样说的：

　　那年发生了很多事。到了秋天的时候，我通过朋友联系到去曼哈顿办个人画展。当时材料没有备齐，是请父亲在拉法叶学院的一个校友、退休将军做经济担保。申请签证时，领事特别爽快，问我是做什么的，我说是画家，他马上说：欢迎你到美国来。

　　哦，为什么会选择出国？这可以追溯到更早，就是西单□□墙的时候，那时候有一帮离经叛道的画家，在□□□那儿搞了个美展。都是一帮年轻人，我在他们当中算是岁数大一点的。他们来邀我参加那次美展，我考虑了很久，内心真想参加。搞艺术的嘛，碰到有展览的机会谁不想？但是我知道自己头上悬着一把达摩克利斯之剑，随时都有可能掉下来。□□□□□随时都是有可能收网的。你别看他现在不理你，你随便贴大字报，随便弄画展，他不理你，他一收网的时候，一夜之间你就全进去了。如果到了那一天，要揪出"幕后的黑手"，必定是我袁缉燕。

　　而且这个事发生前后，我就受到了公安局的警告。他们把我叫到西城区公安局政治处，一个副处长跟我说，你每天都去□□□□□那儿，这事我们知道。你要明白自己的处境，不要瞎起哄。那个副处长对我的印象好像还不错，他拍拍我的肩膀说："小袁啊，你在这个社会生活，不买账不行。"这句话后来一直跟在我的耳边飞，我走到哪儿这句话就跟到哪儿。

袁缉燕说，我们夫妇俩在社会上做了几十年末等公民、专政对象，我们在这个社会里的生存空间十分狭小。世界那么大，好吧，我们到别的地方去生活吧。出国时袁缉燕流泪了，他说，我内心里还是舍不得离开中国的。

我的朋友、原在共青团中央任职，后来移居美国的诗人高伐林，写过一篇袁缉燕的采访录：《百年迈不出这一步》。文章结尾处高伐林说，旧时王谢堂前燕，飞入寻常百姓家，写那篇采访录时他心里无时不浮起这两行诗句。是的，袁缉燕这样一只"燕"，在王孙贵族世家与寻常百姓人家之间翩翩飞行，看尽了世事沧桑，唯愿岁月静好，中国多福。

❶ 袁克定从德国留学归来时的留影

❷ 袁克定的姨太太马彩云（袁缉燕提供）

❸ 袁家融与妻子王惠结婚时的留影，摄于 1932 年。

　　（袁缉燕提供）

4 袁克定夫人吴本娴（左）与女儿袁家第（右）及袁家第小女儿费莹如（中），摄于 1938 年，北平。

5 袁缉燕与妻子罗蕴华年轻时的照片（袁缉燕提供）

6 袁家融与妻子王惠，摄于 1964 年。（袁缉燕提供）

7 袁家融的妻子王惠与孙子、外孙女在一起，摄于 1973 年。（袁缉燕提供）

4
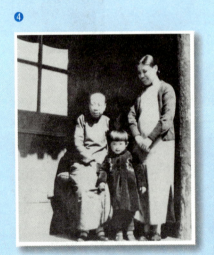

5

7

6

卷四 游子与浮云
——二公子袁克文及其子

尤怜荒草没残碑
——袁克文的寂寞身后事

第一次见到袁家楫老先生是在 2008 年元旦，地点天津。

袁家楫是袁克文之子、袁世凯之孙。他生于 1928 年 6 月 11 日，农历四月二十四，属龙，那一年他正好满八十岁。

八十岁的老人独自一人住在天津地纬路。他有个孝顺儿子，每天中午和下午都来帮助做饭，照料老人的基本生活。袁家楫一生的故事如果写出来，会是一本非常精彩的书。三年后（2011 年）我再次到袁老家去采访，曾经与他谈过这个计划，老人也同意，后来还是因我这方面的时间问题而放弃了，是个遗憾。不过下面的章节将谈及他的生平经历，这是后话。

袁家楫精神健旺，说话中气很足。我和电视台几个朋友打车赶到他家时，老人正提着个拖把在拖地，见我们到来，笑眯眯地将我们让进客厅："随便坐，随便坐。家里没个人收拾，挺乱的。"边说着，边坐在一张宽敞的沙发上，跷起二郎腿，又点起了一支烟，把自己藏进了烟雾缭绕中。我观察了一下他的神情：像是在回忆，又像是在沉思。沙发背后那面墙壁上挂着幅油画，画面是伫立在海河边的一栋美丽幽静的别墅。袁家楫说，那座别墅是"袁世凯官邸"，如今还在海河边，通常人们说它是袁世凯的故居，其实袁世凯从来都没有在那儿住过。

关于海河边的"袁世凯官邸"，袁家楫的说法是这样的：1915年袁世凯称帝，想在天津建个府邸，于是吩咐管家袁乃宽去修建。这栋官邸1918年才竣工，那时候袁世凯已去世，袁氏家族势力烟消云散，官邸所有权不知怎么就归属了袁乃宽。"袁世凯官邸"最引人注目的是四周墙身托起的又高又陡的双坡顶，以及屋顶上建造的那座采光亭。这种造型起源于意大利文艺复兴早期，在德国建筑风格中逐渐演化，变为外棱的"扣钟"形状。这座官邸的内部结构体现了中世纪遗风，改革开放后被一商家看中，在那里开了家餐馆，取名"首府酒楼"。

袁家楫是袁克文之子，话题自然聊到了袁克文。民国四公子中袁克文居首位，他一生经历曲折，来往于京、津、沪等地，在收藏、书画、诗词、文章、金石、京剧等领域均有不凡建树。我在写作鸳鸯蝴蝶派浮世绘的系列文章时，从史料中得知袁克文与沪上旧派文人毕倚虹、包天笑、张丹斧等均有密切联系，也曾经接触到不少袁克文诗文，心里隐约有种遗憾：袁克文一生虽说著述甚丰，却大多是随写随扔，至今仍没有整理出版他的文集。我将心头的遗憾对袁家楫老先生说了，他淡淡一笑，没有直接回答，却说起了一件往事。

袁家楫说，1939年天津发了一次大水，城市变成了一片汪洋，许多楼房都被淹没了。那年袁家楫十一岁，在天津西安道皇家花园附近的志达小学念书。洪水淹过来时，袁家派佣人到学校里接他，背着他蹚过一条条河流似的街道，沿途到处都是逃难的人。洪水退后，袁家将遭水淹的物品搬到外面晒，院子里摆满了各种古玩、字画和线装书籍，"可真多啊，连院子里的假山上也晒的是书。"袁家楫回忆当时的情景，至今还历历在目。

说到这里，我想起了有关袁克文收藏的一些传说。袁克文嗜好古玩和藏书是有名的，他的收藏纯粹是兴趣所致，是贵公子的一种消遣，一旦移情别恋就会将收藏之物视若浮云。袁克文收藏宋版书达百种之多，他把藏书楼取名为"百宋书藏"，又因为清代著名藏书家黄丕烈的藏书阁名为"百宋一廛"，便重新将藏书阁命名为"后百宋一廛"，似有与黄丕烈一比高低的雄心。宋版书流传到明代就已经按页论价了，要收藏一百种宋版书，没有雄厚的经济后盾不可能实现。但是袁克文的藏书阁，硬是将宋版书收藏了二百部，楼阁改名"皕宋楼"，可见袁克文当年玩藏书玩得有多疯。

"父亲袁克文一辈子爱玩，在这点上我继承了他的秉性。"袁家楫一边说着一边走进内室，拿出了两样物品让我们欣赏。一是袁克文留下的一把折扇，扇面上画了一朵写意牡丹，富贵逼人的气息迎面扑来。折扇上有梅兰芳、程砚秋、杨小楼、尚小云、王凤卿等十六位京剧名角的题画题字，用"价值连城"来形容并不为过。另一件物品是一枚和田玉印章，象牙似的淡黄色一看就让人喜爱。袁家楫说，印章上的字原来是"袁克文印"，后来他把字磨掉了，自己镌刻上"袁家楫印"四个字。"笔划倒是多了，价值却小了。"袁家楫自嘲地笑着说。

　　约定了后天——也就是元月三号，袁家楫老人带我们去看袁克文墓。袁家楫说，父亲死后最初葬在天津西沽，后来迁至赵庄子，"前两年去看过，现在不知怎么样了，心里也一直很惦念的"。

　　三号早晨我们起得很早。来到袁家楫家，一起包了一辆出租车，从天津外环线 26 公里处上津榆桥，走 205 国道朝唐山方向行驶。一路上，袁家楫看着车窗外瑟瑟的景色，没有说多少话，心情似乎比两天前沉重了些。出租车开着开着，老人忽然开口了："好像不对，是不是开过了？父亲的墓地离第二回民公墓不远，人老了，记不大清了。"我们到路边去打听天津第二回民公墓，一番周折，终于弄清了大致方位。还好，并没有错太多，出租车掉头行驶了七八公里，总算到了那个地方。

　　四周荒凉的景象是我完全没有想到的。袁克文的名气那么大，要是在我的家乡出了这么个名人，地方政府再怎么穷都要大肆渲染，墓地必定选择在好山好水之处，说不定还会开通专门的公交线路。可是眼前的一切太让我失望了，除了几排简陋的房子、稀疏的树林、一片片庄稼地之外，就是满目凄凉的荒草了。那天北风呼呼刮着，扬起了很大的风沙，我们跟在袁家楫身后，在田埂小路上穿行，再往前走了一百多米，面前是一片开阔的空地，麦苗刚露出嫩芽，不仔细看地里似乎什么也没有。田埂上的杂草有一人多高，一丛丛地竖立在那儿，随着风的吹动前后摇摆着，几只麻雀惊慌地从草丛中飞过，给这幅苍凉的画面更是增加了动感。

　　袁家楫老人带着我们往前走，拨开一簇簇荒草，终于看见了一块石碑，上面有几个模糊的大字。

袁家楫说，父亲石碑上的几个字，原来是他的好友方地山写的，后来那块碑被人盗走了，他在当地找了个石匠，刻了现在这块碑。石碑已经风化，上面的字迹变得模糊不清了，不过稍加辨认还是能认出来的，碑上的五个大字是：袁克文之墓。

北风呼呼吹着，正午的太阳投射到这片荒地上，仍然令人感到寒气逼人。袁家楫说，早先这里还有几块碑，一块是沈氏的碑，一块是金氏的碑，还有一块是袁家颐的碑。沈氏、金氏分别是袁克文的养母和生母，袁家颐是袁克文的大女儿——也就是袁家楫的大姐。可是如今那些碑都已不知去向，只剩下这一块"袁克文之墓"的残碑，孤零零地立在荒草中，接受冬天阳光的抚慰。

我忽然想起了袁克文临死前的一则故事。1931年春节期间，他的女儿袁家颐病逝，白发人送黑发人，袁克文十分伤心。他来到好友方地山家里喝酒，与方地山商量葬女之事。袁克文说，小女家颐生前尤爱桃花，把她埋在一个桃花盛开的地方吧。方地山说，西沽义地，就是桃花盛开之地。袁克文点头应承。席间，袁克文莫名其妙又冒出一句：何不多购些地？方地山不解，问他，多购地做什么用？袁克文半天不答。方地山感觉此非吉兆，果然，不过一个多月，袁克文因患猩红热，发起了高烧，医生打针后高烧有所减退。病刚好了一两天，忽又急转直下，就在那一年的早春时节，袁克文撒手离开人世，享年四十二岁。

伫立在荒草遮掩的袁克文墓前，我正与袁家楫老人谈论着这段往事，只听旁边的人说："那边有人来了——"声音紧张而急促。急忙抬头朝远方看，只见七八个人快步流星正朝我们这边走来，有的扛着锄头，有的提着铁锹，一个个神情凝重。等那群人走到了跟前，有人拉住了袁家楫老人的衣服，催逼他要钱的时候，我们才略微明白了究竟是怎么回事。

那群人是当地农民，他们说，那个姓袁的（指袁克文）占了我们的土地不说，我们每年还要给他看墓、锄草，年关了还在坟前点灯（其实墓前并没有点灯的痕迹），总得支付几个辛苦费吧？袁家楫说今天身上没带钱，但是钱一定会给的，当场留了个电话号码，说你们以后到天津去找我，今天只是带记者来拍摄的，云云。

纠缠了好一会儿，那群人才渐渐散去。看着那群人远去的背影，袁家楫说，他们要八百元也并不算多。只是每年来墓地里看望父亲，都会有人来要钱，还推推搡搡的，闹得整个人心情不爽快。"不过，父亲的坟占了他们的地，他们这么做也是应当的。"袁家楫笑了笑，又弯下腰去拾掇父亲坟墓前的几块残石和杂草。

无可奈何唯有死

——袁克文的终生逃亡

如果说袁克定的一生是个悲剧的话，袁克文的一生同样是个悲剧。

袁克文去世后，亦师亦友的亲家方地山写了一副挽联："聪明一世，糊涂一时，无可奈何唯有死；生在天堂，能入地狱，为三太息欲无言。"这副挽联包含了太丰富的内涵，这里只能择其一生的要点作些叙述。

表面看上去无限风光的民国公子袁克文，实际上大半生都在逃亡中。一是身体的逃亡，一是精神的逃亡。他有点像白先勇笔下的那个"孽子"，在父亲洪宪称帝那幕剧的高潮中被逐出家门，踏上了逃亡的征途。这只鸟儿"只能是一直飞，不能停"。他在流浪中寻找，在漂泊中收获生命的体验；他是一个"在最深最深的黑夜里，犹自彷徨在街头的无所依归的孩子"，在逃亡的过程中经受磨砺、救赎自我。虽然他的前景是一片黑暗，但是他的内心始终是光明的。

提及袁克文内心的光明，不能不说到他的身世。

袁克文的母亲金氏，是袁世凯在朝鲜所娶的三个姨太太之一。

金氏的身世至今仍是个谜，当年由袁世凯的密友金允植、唐绍仪等人做媒，嫁入袁府时才十六岁。与金氏同时嫁入袁府的还有季氏和白氏。关于这段轶事，袁静雪在《我的父亲袁世凯》中是这样讲述的：

> 　　我父亲在朝鲜原定娶金氏一人为妾，可是金氏本人却认为是嫁过来做我父亲的"正室"的。不料过门以后，她不但不是"正室"，她的陪嫁来的两个姑娘反倒被我父亲一并收为姨太太……她当时才是一个十六岁的女孩子，在那样的环境里，她除了逆来顺受以外，不可能有什么其他出路，因此心情是痛苦的。由于精神苦闷的重压，使她成为一个性格古怪的人——一方面，似乎脾气很好，对家里所有的人都很和气，也从不和人争长论短；另一方面，在不高兴的时候，却会因为偶然的原因，一语不合就闹起气来，甚至闹到了难以收拾的地步……

> 　　她皮肤很白，浓黑的头发长长地从头顶一直披拂到脚下，看上去是很美丽的。但是，她神情木然，似乎永远没有高兴的时候。她不但对待儿女没有什么亲热的表示，就是我父亲有时候到她屋里去，她也是板板地对坐在那里。有的时候，我父亲说到高兴的事，她虽然也陪着一笑，但是笑过之后，立即把笑容敛住，于是她的脸上再也看不到丝毫笑意。她在过年、过节和她自己生日的时候，总要暗暗地哭一场。她嫁到我家以后，从没有回过娘家，娘家的人也从来没有来看过她……对于娘家过去的情况，她更不愿意多说……

　　她在死前的头一天里，对我二哥说了两件事：一件是，在她过门以后不久，大姨太太借对她的管束教导的名义，对她进行虐待。有一次，大姨太太把她绑在桌子腿上毒打。由于她的左腿被打得过分厉害，受了内伤，以至于临死的时候还经常疼痛，并且还不能伸直。另一件是，她的父母原来也以为是嫁给我父亲做"正室"的，及至过门以后，才知道她不但是一个姨太太，并且还把她和两个陪嫁的姑娘排在一起，成了三个姨太太，自然已经十分痛心。后来，她又要随着父亲离开朝鲜，更是加倍的伤感。特别是她的母亲看到自己的爱女千里迢迢到一个陌生异地去，今后自然很少再有见面的机会，因此悲痛和思念的情感，就交织在这个老人的心中。有一天，她母亲在精神恍惚的情况下，仿佛在井中的水纹里，看见了她的面影，就怀疑自己的女儿一定是死在他乡了，因此也就投井自杀了。她父亲既痛心于女儿的遭遇，又看到老妻因为女儿的缘故竟至自寻短见，当时悲痛得吐了很多血，三天后也就身死了。她在说完第二个故事以后，又对我二哥说，她之所以不愿意在这以前说起这件事，是为了免得暴露我父亲生前所做的错事。由这一点看，她算是"用心亦良苦矣"。

　　按照袁静雪的讲述，金氏的身世经历确实很悲惨。一个十六岁的女子嫁到异国他乡，父母亲因为她的婚事陷入一场悲剧，母亲投井自杀，父亲吐血身亡。难怪金氏随袁世凯逃难到安阳洹上村后，成天少言寡笑，安静地坐在河边，抱着一把古琵琶弹。写到这里，我仿佛听见了从洹河岸边传来的幽怨的琵琶声。

袁克文的出生地是在朝鲜。传说中的情景是这样的：那天中午，袁世凯正在睡午觉，恍恍惚惚间，看见朝鲜国王牵着一只颈项上套着金黄色锁链的花斑豹笑眯眯地走来，快到门口时，那只豹子挣脱锁链，跳跃踉跄，直奔内室而去。袁世凯从梦中惊醒，披衣而坐，听见内室传来婴儿的啼哭声。不一会儿，接生的老妈子笑眯眯地跑进来，跪在地下报喜：恭喜老爷添了二公子。

因为这个梦，袁克文被父亲赐字"豹岑"。

袁克文虽然是金氏所生，但是由于大姨太太沈氏没有生育，于是将克文过继给沈氏当了嗣子。沈氏对袁克文百般宠爱，袁克文身上出众的才情与沈氏良好的早期教育不无关系。同时，也正是由于百般宠爱，袁克文身上多少沾了些脂粉气，这对他的一生影响深远，使他近似俄罗斯文学长廊中的"多余人"形象：出身贵族家庭，生活在优裕的环境中，也接受过良好的教育，但是在现实中却缺乏行动，身陷空虚无聊的生活环境却又无法摆脱，始终苦闷彷徨，玩世不恭。他的才情越是出众，其人生悲剧性就越是深刻。

袁世凯对袁克文也是疼爱有加。父亲的疼爱，体现在一个"严"字上。袁世凯有许多写给家人的书信，其中有封《示次儿书》是专门写给袁克文的。那一年袁克文才十岁，父亲在信中写道："近闻你行事喜效名士，此非具有真才实学者……安得将所读之经史子集，尽记头脑，以充腹笥，惟有勤动笔多思一法。于读书时，将典故分门别类，摘录于日记簿，积久汇成大观。"袁世凯还为袁克文拟定了一份立身课程——

早起：黎明即起，醒后勿贪恋衾裯；

习字：早餐后习字五百，行楷各半；

读经：刚日读经，一书未完，勿易他书；

读史：柔日读史，日以十页为限，见有典故及佳句，随手分类摘出，以资引用；

作文：以五十为作文期，以史论时务命题，兼作诗词；

静坐：每日须静坐一小时，于薄暮时行之，兼养目力；

慎言：言多必败，慎言，即所以免祸；

运动：早起临睡，须行柔软体操；

省身：每日临睡时须自省，一日作事可有过失，有则勿惮改，无则加勉；

日记：逐日记载毋间断，将每日自早至夜，所见所闻所作之事，一一记出。

课程表列得如此细致，可见严父的一片慈爱之情。即使这样他仍不放心，在山东巡抚任上时，索性将袁克文接到济南，放在身边亲自督促。

袁世凯任直隶总督时，在天津创办了北洋客籍学堂，招收顺天、直隶两省客籍官员及幕僚的子弟，袁家子弟更是学堂里的主角。聘请的老师中，有名噪津门的方地山、董宾古、张寿甫等人。袁克文在这所学堂里读书，进步神速。方地山尤其欣赏他的才华，教导他说："五经、二十一史藏十二部，句句都读便是书呆子；汉、魏六朝三唐二宋诗人，家家都学便是蠢才。"袁克文心领神会，懂得了读书也有很深的学问，分寸掌握得当，方是真才学。

纵观袁克文的一生，除了喝酒吟诗、醉卧花丛、当名士四处云游外，好像并没有做过什么正事。其实在他年轻的时候，还是有过从政念头的。袁世凯为袁克文谋了个职位：法部员外郎。袁克文去上班，外出侦查案情时，所见不是尸体横陈，就是鲜血淋漓。袁克文说他神经衰弱，碰到那样的场面会睡不好觉，即便睡了也是恶梦连绵，干了不多久就辞职了。袁克文唯一的一次仕途生涯，就这么草草收场了。

解析袁克文的婚姻与爱情，也充满了逃亡的意味。

有一次，袁世凯进紫禁城觐见慈禧太后，正经事谈完，老太婆随口拉起了家常，问到袁世凯子女们的情况，袁世凯一惊，强打起精神回话："长子克定已经完婚，娶江苏进士吴大澂的女儿。"老太婆又问："次子呢？"袁世凯答："次子克文，年方十七。"老太婆自说自话："我家有个侄女，待字闺中，要不给他们撮合撮合？"袁世凯已吓出一身冷汗，仍然沉稳回答："回老佛爷的话，此子驽骀之躯，能够与金枝玉叶婚配求之不得。只是小儿已订亲了……"老太婆"哦"了一声，结束了这个话题。

袁世凯推托了慈禧太后的指婚，担心落个欺君之罪，赶紧为二儿子克文物色亲事。袁世凯相中的是天津大盐商刘家。刘瑞芬，安徽贵池人，晚清外交英才，曾担任英、俄、法、意、比等国公使，为淮军办理军火事宜建功累累，后任广东巡抚。其子刘尚文是天津著名盐商，也能作一手好诗文。

　　刘尚文的女儿刘梅真，后成为袁克文的正室，她能填词，会赋诗，绘画文章，样样能来，还能弹一手好筝，称得上是标准的才女。刘梅真有《倦绣词》行世。

　　其作《清明》云：

> 柳荫深处尽桥横，水自潺潺草自青；
> 春尽吹残桃李色，和风微雨酿清明。

《残月》云：

> 惊回残梦五更鸡，风送蛙声向斗篷；
> 寒月一弯钓不起，吟魂吹旁碧帘低。

《修禊》云：

> 曲水流觞对夕阳，踏青时节落花香；
> 残晖斜映人归处，转棹兰舟过短塘。

《次子韫三妹分袂韵》云：

> 数载于归两地迟，津门才得共栖依；
> 无端匝月君言去，使我临歧笑语稀。

> 哽咽临歧对酒歌，人间只是别离多；
> 明朝君向都门去，哪有心怀赋绮罗。

　　纵观以上诗词，刘梅真的才华可见一斑。据说袁克文第一次见到《倦绣词》，大为赞叹，有知音之感。他精心挑出一把朝鲜国王赠予的折扇，题上刘梅真的诗句，寥寥几笔配了梅花写意画，送给她作为定情之礼。

袁克文的真性情，后来也体现在他所娶的一长串姨太太身上。袁克文一生究竟纳过多少妾？这是一笔糊涂账。据知情人讲，袁克文娶进袁府的姨太太有五人，她们是唐志君、薛丽清、于佩文、小桃红、亚仙。没有娶进袁府的女子不计其数，能考据出姓名的有苏栖琼、小莺莺、花之春、眉云、无尘、苏台春、高齐云、朱月真、花小楼、曹金宝、富春六娘、圣婉等。

袁克文的一部猎艳史，品味起来像是一个意味深长的隐喻。他风流却不放荡，选择女子讲求"色、才、艺、德"四全，凡是与他有过交往的女子，可谓个个是百里挑一，不是才女就是名媛。即便在青楼也是温婉有礼，从无轻薄之态。这是一种天性，也是一种修养。袁克文仿佛始终在追寻着什么，又逃避着什么。对他而言，精神渴求的意义远远大过肉体占有的意义。

在解释与那些女子分手的原因时，袁克文这样说："或不甘居妾媵，或不甘处澹泊，或过纵而不羁，或过骄而无礼，故皆不能永以为好焉。"把责任一股脑推到那些女子身上，固然与封建残余大男子主义有关，也有理想主义在作祟。他有点像贾宝玉，心底认为女儿是水做的骨肉，一沾俗世凡尘，就变浑浊了。

袁克文移情别恋，最伤心的是妻子刘梅真。当袁克文第一次把别的女人带进袁府时，刘梅真大哭大闹，向于氏夫人、沈氏夫人等长辈诉苦，事情闹到袁世凯处，袁世凯听了刘梅真的哭诉，压根不当一回事，摆摆手说："有作为的人才三妻四妾，女人吃醋是不对的。"刘梅真目瞪口呆。后来袁克文娶妾多了，她也麻木了，对袁克文的那些风流韵事不再理会，埋首于青灯黄卷间，在佛经中寻找精神家园。

袁克文的精神逃亡还在继续。

对于身处权力漩涡的袁克文来说，即便是他想逃避，想躲进宁静的伊甸园里去做桃花梦，也是树欲静而风不止。最典型的例子是洪宪帝制时期，袁克文与"皇太子"袁克定之间的尖锐矛盾。

袁克文是个近乎透明的文人，他既不懂、也不喜欢政治斗争。洪宪帝制闹得风生水起，袁府内部的平静被打破了，各种风声、传说和谣言纷至沓来。在袁克文的沙龙聚会上，各种各样的说法也传到了他的耳朵里：同室操戈，烛影斧声，王室帷幕掩映下的自相残杀无比激烈而又无比残酷，潜伏在袁克文身体内的血性被激发出来，但他的名士天性里，又永远藏着一丝淡淡的忧伤。

一天，袁克文携爱姬薛丽清在颐和园昆明湖上游玩。适值深秋，正是伤感的季节，他触景生情，提笔写下了七律二首，题为《分明》，前有小序云："乙卯秋，携雪姬游颐和园，泛舟昆池，浮御沟出，夕止玉泉精舍。"

其一：

乍著微棉强自胜，古台荒槛一凭陵。

波飞太液心无住，云起魔崖梦欲腾。

偶向远林闻怨笛，独临灵室转明灯。

绝怜高处多风雨，莫到琼楼最上层。

其二：

小院西风送晚晴，嚣嚣欢怨未分明。

南回寒雁掩孤月，东去骄风黯九城。

驹隙留身争一瞬，蛩声催梦欲三更。

山泉绕屋知清浅，微念沧浪感不平。

这两首诗从中南海传出，在一次名士的筵会上，赢得了满堂彩。行世豪放不羁、人称易疯子的易顺鼎，是袁克文的生平好友，他将这两首诗略作修改，合二为一，拿到沪上一家报纸上发表了。

易顺鼎改的诗题名为《感遇》，诗云：

乍著微棉强自胜，阴晴向晚未分明。

南回寒雁掩孤月，西去骄风黯九城。

驹隙留身争一瞬，蛩声催梦欲三更。

绝怜高处多风雨，莫到琼楼最上层。

很快这诗在社会上流传开来，并被反对帝制的政治势力和舆论所利用，成为反对袁世凯称帝的一颗重磅炸弹。

要解读袁克文的诗句，首先需要弄清他写诗的时间背景。

众所周知，辛亥革命时期的政治形势是"非袁不可"。按照历史学家唐德刚先生的观点，简单说来，当时清廷已经腐朽，面临崩溃的边缘，袁世凯的政治实力迅速窜升，他有歼灭清廷的实力，也有时机。而以孙中山为代表的革命党则无此实力，只能"虚位以待"，推举袁世凯担任中华民国首任大总统，包括立宪派的社会各界也发出了拥护袁世凯的声音。

袁世凯就任大总统后，各种社会乱象并没有由此而减弱，反而有愈演愈烈之势。"内阁制"大大限制了总统的权力，袁世凯无可奈何，只能眼睁睁地看着部分权力分割给处处捣乱的革命党人。这是双方多次谈判、政治妥协的结果，袁世凯有些无可奈何。但是，权力太分散了又不利于治理当时面临分裂的中国。袁世凯反复权衡，决定解散国会，实行"总统制"。按照袁世凯的计划，权力倒是集中了，但人心却渐渐失去了。后来袁世凯推行洪宪帝制，人心更是丧失殆尽，从原来的"非袁不可"变成了"非去袁不可"。

袁克文的诗句，正产生于这种背景之下。

试解读七律《分明》其一。首句"乍著微棉强自胜，古台荒槛一凭陵"，写的是在秋天渐渐转凉的天气里，穿着南方的丝棉衣裳，勉强可以抵御秋日的凉意。这时候登高望远，元、明、清三个朝代修建的皇宫尽收眼底，古台荒槛依旧，人事全非，昔日的繁华早已消失在时间的尘埃中了。接下来的诗句中，袁克文借用道家神仙境界中的清凉池水，说明要保持一颗清净平和的心。而世间纷争"云起魔崖"，像疯狂的大漩涡，各种各样的怪梦竞相升腾，此处隐喻了对父亲称帝一事的担忧。"偶向远林闻怨笛，独临灵室转明灯"一句，暗指远处暗潮汹涌，反对称帝的声音连绵不断涌来，此时需要潜入心室，进行内心省视，从黑暗处转入明灯照耀处。末句"绝怜高处多风雨，莫到琼楼最上层"被人们引用得最多，诗取苏东坡"琼楼玉宇，高处不胜寒"之意，表达了袁克文对父亲此时危机四伏处境的深深担忧。

七律《分明》其二也颇有深意，此处不赘述。

名士心迹在诗中坦诚剖白，分明是两首饶有晚唐苍凉雄骏之韵的纪游诗，却被解读成"反诗"。这既不符合诗意，也不合乎人之常情。

抛开袁世凯对袁克文的"老牛舐犊"之情不说，袁克文对父亲的感情也是十分深厚的。袁克文《洹上私乘》一书中有"先公纪"，后收入《辛亥人物碑传集》，文章中对袁世凯称帝一事曲笔辩白，他写道："开基之始，政尔有为。不幸悖乱之徒，安冀大位，群奸肆逐，众小比朋，如朱启钤、梁士诒、杨度、夏寿田、张镇芳辈，诪张扰攘，共济宄谋。先公日理万机，几未遑察，及患之伏于眉睫也。大难既作，已莫成遏制。先公一愤而殂，呜呼！"认为父亲称帝，出自小人的唆使，他的情感天平百分百倒向父亲一边。

袁克文对父亲的感情，还有民国年间的一则掌故能证明。民国时有个文人叫陶寒翠，写了本《民国艳史》，请袁克文题写封面书名。袁克文正躺在床上抽鸦片烟，遂一挥而就。后来这本书出版了，陶寒翠赠送一册，一览之下，方见书中大骂袁世凯，袁克文十分懊悔。之后，袁克文再也不轻易为他人题书名和写序言了。

回到那首诗，虽然袁世凯称帝不得人心是事实，但硬说袁克文极力反对，实在是一种历史的误会。袁克文有名士风范，在文人雅集的筵席上说几句痛快话，写点附庸潮流的诗，并不能太当真。

至于他那首牢骚诗后来转化成政治斗争的工具，则与他的初衷相去甚远。

更加让袁克文没有想到的是，他随手写下又随手扔掉的那首诗，后来竟酿成了一场大祸，差点让他丢了性命。

原来，洪宪帝制兴起之初，袁克定与袁克文的关系就已很紧张了。野史笔记中记载，他们二人经常是这个住京城，另一个去了彰德；这一个到了天津，另一个去了沪上。两个人如参商二星，互不往来。袁克定闻知袁克文写了那首"反诗"之后，报告给袁世凯，袁世凯很生气，下令将袁克文软禁在中南海。

在袁府家族内部，也流传着大公子与二公子意见不合的各种版本。袁静雪在《我的父亲袁世凯》一书中说，洪宪称帝的那段时期，袁克定到处扬言："如果大爷（袁世凯）要立二弟（袁克文），我就把二弟杀了！"

2011 年，我在天津采访时，袁氏后裔袁家诚也讲了这么一则掌故："当时大伯父（袁克定）非常痛恨二伯父（袁克文）。有一次，大伯父送来了吃的，二伯父拿起筷子就要吃，被三姑（袁静雪）拦住了。三姑说，先别吃，用这根银筷子试一下。结果用银筷子一试，颜色果然变黑了。"根据史料记载来看，袁家诚讲的这则掌故真实性颇值得怀疑。但其中透露的信息是，袁氏家族内部也有刀光剑影，袁家人对袁克定的排斥始终暗潮汹涌，他们将袁世凯称帝及惨败的责任都推到了袁克定头上，认为袁克定是家族的罪人。

袁克文被软禁在中南海的日子里，百无聊赖，只有小桃红等红颜知己陪在身边，穿行林中，泛舟湖上，伴他打发寂寞。即使不介入政治，政治角斗依然会主动找上门来。"不幸生在帝王家"，这辛酸滋味他总算品尝到了。

为了消释大公子袁克定的疑心，袁克文特意镌刻了一枚"皇二子"的印章，无论藏书、字画还是扇面，他都会毕恭毕敬盖下这枚印章，不为炫耀，只为避祸。

1912年前后，袁克文来到上海，与包天笑、毕倚虹、余大雄等民国旧式文人举杯投箸，诗酒唱和。

那几年他为文的兴趣大增，写诗填词数百首，编印成《寒云诗集》，收入诗词一百余首。袁克文生性疏懒，诗文总是随写随扔，他去世后，好友张伯驹为之搜集整理，油印了一部诗词集《洹上词》，收录诗词一百九十六首，书前有张伯驹、夏仁虎写的序言。

袁克文先后发表的小说有白话短篇小说《枕》，文言短篇小说《夷雉》、《侠隐豪飞记》，侦探小说《万丈魔》等。这些作品后由大东书局以《袁寒云小说集》结集出版，小说中的插图是丁聪的父亲丁悚所绘，封面有袁克文的亲笔题字，一旁还有他的半身照，四周用花卉装饰，颇有鸳鸯蝴蝶派的风格。

袁克文还出版有《寒云日记》以及《辛丙秘苑》、《新华秘记》、《洹上私乘》、《三十年闻见行录》等笔记杂著。他的文字练达，较详细地记录了袁世凯洪宪称帝前后的史实，记录了袁氏家族的种种内幕，有丰富的史料意义。

前面说过，2011年我赴天津采访袁家后人袁家楫，提到如今许多人出版文集，位列民国四公子之首的袁克文却没有，是一个遗憾；而以袁克文诗文的数量，出版几部文集都绰绰有余。袁家楫老人听后沉默了许久。那天从袁克文墓地驱车回天津市区的途中，袁家楫对我说，都看到了吧，连块坟地都快要保不住了，哪里还能谈出版文集？

关于袁克文1912年冬天南下远赴上海的原因，民国掌故中是这样说的：

袁克定当时正躲在京郊小汤山，执著于洪宪帝制。他担心住在京城里的袁克文坏了大事，于是向父亲告了一状。这一状告的是袁克文的桃色绯闻，内容竟涉及袁世凯的六姨太叶氏。野史中说，六姨太叶氏是袁克文下江南时从江南苏州钓鱼巷物色到的一个艺妓，原本想自己享用，回到京城后，给父亲鞠躬时怀中的叶氏照片掉在地上，被袁世凯发现了，袁克文改口说是为父亲物色的小妾。后来袁克定告状说，据老三（袁克良）讲，叶氏与二弟藕断丝连，不知是真是假？袁世凯大怒，吩咐人将袁克文逐出家门。

袁克文惶惶如丧家之犬，乘火车连夜出京，躲过了这一场灾祸。据掌故大王郑逸梅在《"皇二子"袁克文的一生》中说："袁克文到上海后，先是居霞飞路宝康里过对二百七十号，又迁至爱多亚路九如里口一千四百三十二号，还住过白克路宝隆医院隔壁侯在里。他白昼高卧，一到晚上，吸足鸦片，兴致勃然，许多友好及弟子们纷纷到他寓所，把晤谈天，真是群贤毕至，长少咸集。"

袁克文参加青帮，并成为帮派中的龙头大哥，是十分耐人寻味的一件事。笔者在研究袁世凯家族的过程中，也经常琢磨这件事，觉得按常理难以说通。袁克文是民国大总统之子，参加这种三教九流混杂的帮派组织，不仅不能给他脸上贴金，反而只会抹黑。弄清了洪宪称帝前后袁克文仓皇逃命的那段经历，我这才对袁克文借助江湖组织保命的糟糕处境有了认识。

生在九五至尊的民国大总统之家，还得借助这种旁门左道保命，袁克文的悲凉心境岂是旁人所能知的？好在他天生性情豁达，遇事不一定能提得起，却一定能够放得下。

袁克文在上海参加青帮，拜的师傅是兴武帮总舵把子张善亭，列"大"字辈。青帮的辈分谱是这样的："清净道德，能仁智慧，本来自性，圆明兴礼，大通悟学。"青帮大佬黄金荣、张啸林是"通"字辈，杜月笙是"悟"字辈，袁克文的辈分比他们都要高。

袁克文参加青帮后，先后在上海、天津两地开过两次香堂。当时盛传袁门弟子有数百之众，实际上误传的成分比较大。为此，袁克文还特地在沪上《晶报》上刊登启事加以说明，并列举名单，只承认了沈通三、沈恂斋、邱青山、金碧艳、孔通茂、朱通元等十六名弟子。袁门弟子中，有淞沪警察厅厅长、巡捕房总翻译、茶楼经理、戏院老板、学校校长等。

1915 年是洪宪帝制最热闹的一年。"洪宪前，各省请愿代表列队游行至新华门前，高呼万岁，完毕，每人各赠路费百元，远道者二百元。各代表请增费，至于狂骂，后各增至二百元，纠葛始寝。"（张伯驹《春游纪梦·续洪宪纪事诗补注》）正当袁克定、杨度们忙于组织人请愿劝进时，袁克文迷上了昆曲，成天忙于看戏和演戏。

据张伯驹在《春游纪梦·续洪宪纪事诗补注》中记载：在古老的昆曲中，袁克文最喜爱的是《千忠戮》里的《惨睹》一折。洪宪闹剧纷攘上演时，袁克文和一帮京剧、昆曲名角多次上台联袂演出，彰显梨园神韵。袁世凯去世后，帝制幡然成了历史，袁克文与红豆馆主溥桐联袂演出昆曲，演的仍然是《千忠戮》里的《惨睹》。

明朝初年，建文帝削藩，拥有重兵的燕王朱棣大为不满。朱棣号称"靖难"，起兵于北京，一直打到南京，强逼建文帝下台。南京城失守后，建文帝削发为僧，乔装打扮，星夜从地道中逃遁。《惨睹》一折，演的正是建文帝逃遁途中，一路上看到群臣被杀，受牵连的臣子和宦门女眷被抓，押解进京时的各种惨状。袁克文唱至此处，是否会联想到家国前程、漂泊身世？

好友张伯驹说袁克文演出此剧，"悲歌苍凉，似作先皇之哭"。

袁克文一生都在逃。他一直逃到无处可逃处，那里蹲着一个大怪兽：死。

曾是没落家族"边缘人"
——袁克文之子袁家骝

民国元老刘成禺在《洪宪纪事诗本事簿注》中讲述了一则掌故：

1915年9月16日，袁世凯寿辰，新华宫内，家人列队行礼。少长男女，各照辈次，分班拜跪。孙辈行列中，有个上了年岁的女佣人抱着个孩子，也跪在人群中行礼。袁世凯觉得那孩子眼生，便走到跟前，摸摸孩子的头问道："此儿何人？"女佣人吓得不知如何应答，一旁有姨太太上前答话："这是二爷新添的孙少爷，贺喜！贺喜！"袁世凯"哦"了一声，问："小儿母亲何人？"姨太太回答："小儿的母亲现居袁府外，因未奉允许，不敢入宫。"袁世凯略一沉吟，发话说："即刻令儿母迁进宫里，候我传见。"

这则掌故中的"二爷"是袁克文；"新添的孙少爷"，是后来多少为袁家争回了些颜面的美籍华人袁家骝。

袁世凯一再追问的小儿的亲生母亲名叫薛丽清。

薛丽清又名雪丽清、雪里青、琴韵楼、情韵楼、温雪，是江南清吟班的一个名妓，民国掌故描述她——"身非硕人，貌亦中姿，而白皙温雅，举止谈吐，苏州城中一流人也"。袁克文初见薛丽清，惊为天人，遂娶之为妾，不久薛丽清生下一男婴，即袁家骝是也。

袁克文对薛丽清的感情，有袁的那两首诗《分明》为证。那年深秋时节，袁克文钟情于薛丽清，称她为雪姬。他们一起度过了一段写意抒情的日子。

薛丽清是个特立独行的民国女子，她天性爱热闹、爱自由，像山林中自由自在飞行的一只鸟儿。与袁克文的那段感情，她在民国掌故集《汉南春柳录》中是这样回忆的：

> 予之从寒云也，不过一时之高兴，欲往宫中一窥其高贵。寒云酸气太重，知有笔墨而不知有金玉，知有清歌而不知有华筵，且宫中规矩甚大，一入侯门，均成陌路。终日泛舟游园，浅斟低唱，毫无生趣，几令人闷死。一日同我泛舟，作诗两首，不知为何触大公子之怒，几遭不测。我随寒云，虽无乐趣，其父为天子，我亦可为皇子妃。与其彼此祸患，将来打入冷宫，永无天日，前后三思，大可不必。遂下决心，出宫自去。克定未做皇太子，威福尚且如此，将来岂能同葬火坑？不如三十六着，走为上着，是为妙也。袁家规矩太大，亦非我等惯习自由者所能忍受。一日家祭，天未明，即梳妆完毕，候驾行礼，洗耳恭听。此等早起，我尚未做过。又闻其父亦有太太十余人，各守一房，静候传呼，不敢出房，形同坐监。又闻各公子少奶奶，每日清晨，先向长辈问安。我居外馆，尚轮不到也。总之，宁可再做胡同先生，也不愿再做皇帝家中人也。

　　刘成禺在《后孙公园杂记》中如此评价袁薛之恋："温雪醉心富豪，决非厌倦风尘；寒云置之山水之间，同事清福，未免文人自作多情矣。卒以身恶拘束，出宫求去。"薛丽清离开袁府后的结局，刘成禺也有所透露："民国五年秋，曾来汉口，寓福昌旅馆，重树艳帜。"

　　薛丽清离开袁府后，填补袁克文情感空白的是小桃红。

　　刘成禺在《洪宪纪事诗本事簿注》中继续讲述：小儿（袁家骝）生母已经远遁，袁世凯又一再追问，无奈之下，袁克文与袁乃宽、江朝宗等人紧急商量。当天夜晚，江朝宗带了一彪人马，前往石头胡同某清吟班，活捉来了小桃红，顶替薛丽清饰演小儿的母亲。兵丁们到某清吟班的那天晚上，京城八大胡同的妓女们大为惊恐，不知道到底发生了什么事。有许多红粉佳丽纷纷作鸟兽散，不少妓院停业了两三天。事后，小桃红的姐妹们听说是这么回事，一个个大笑，夸赞小桃红真有福气，未嫁人先做娘。袁克文的师友方地山还特意写了幅贺联：冤枉难为老杜白，传闻又弄小桃红。（薛丽清和小桃红都是江南苏州人。苏州方言中，"老杜"即"老大"，方地山在贺联中隐指袁克定。）

　　小桃红进袁府时，袁克文的感情正寂寞，每天从早到晚，只能在狭窄的雁翅楼里排遣时光，形同囚禁。二人一个是"日为饮食"，一个是"摩挲宋版书籍金石尊彝，消磨岁月"，尝尽了无聊。

　　三年后，小桃红与袁克文分手，去天津重张艳帜。一直到1926年，袁克文的日记中还有关于小桃红的记载，他写道：

秀英原名小桃红，今名莺莺，咸予旧欢小字也。对之怅触。爰致语曰：提起小名儿，昔梦已非，新欢又坠；漫言桃叶渡，春风依旧，人面谁家。又曰：薄幸兴成小玉悲，折柳分钗，空寻断梦；旧心漫与桃花说，愁红汰绿，不似当年。

小桃红与袁克文分手是在1918年。那一年袁家骝六岁，在他的记忆里，除了辛酸还是辛酸。他还不到三岁，亲生母亲薛丽清便离弃而去，那时他还太小，不大懂事，只知道扯开嗓门嚎啕大哭。嗓子哭哑了，袁府里却没有多少人理睬他，只有那个上年纪的女佣抱着他，在他后背上轻轻拍打。轻轻的拍打犹如连绵涌来的一层层海浪，他仿佛是汪洋大海里漂泊的一叶独木舟，小小的袁家骝不知什么时候睡着了。

再醒来时他已是躺在继母小桃红的怀里。相同的吴语方言，说话嗓音珠圆玉润，婉转动听如百灵鸟，袁家骝全身沐浴着一种既粘糊糊、又甜蜜蜜的湿润感觉。失去生母的疼痛暂时消退了，在女佣的调教下，他对着小桃红叫了声"妈妈"。

可是幸福的时光永远那么短暂。小桃红被娶进袁府时已有身孕，过了不到一年，她为袁克文生下了女儿袁家祉。她原先倾注在袁家骝身上的感情，几乎全部转移到了女儿身上。

再过了两三年，小桃红也离开了袁家。家骝望着她提着行李远逝的背影，又大哭了一场。

袁家骝以前不知道自己的亲生母亲是谁。他在袁府里像是一个形单影只的幽灵。随着祖父袁世凯的去世，袁家骝幼小的心灵至少承受了两重悲剧的打击。第一重悲剧是袁世凯去世，袁氏家族迅速沦落，作为袁世凯的后代，除了承受丧失亲人的悲痛外，还必须承受人间的攻击、辱骂以及各种势利的白眼；第二重悲剧来自袁府内部。袁氏家族是民国第一家，大户人家的各种道德规范严厉得近乎苛刻，嫡出的子女处正宗地位，这个不用说，各房姨太太的子女其实也分为三六九等。袁家骝的生母薛丽清是妓女出身，在袁家地位低下，后来又莫名其妙从袁府中出走，这个孩子在袁家的地位可想而知。与袁家骝有相同命运的还有两个人，一个是小桃红的女儿袁家祉，另一个是于佩文生下的儿子袁家楫。小桃红、于佩文都是妓女背景，袁家各房姨太太以及其他人，虽然嘴里没有明说，但是从心底对这三个孩子还是有些另眼相看的。所以，袁家骝虽然出生在豪门，却并非从小锦衣玉食，恰恰相反，粗茶淡饭，补丁衣服，这些对他来说都是习以为常的事情。

袁家骝天生聪慧，学业成绩优秀。在袁克文辑录的诗文集《豕尾集》中，就收录有袁家骝的习作。那时他才十四五岁，可见才华不薄。从小饱尝世间的炎凉，袁家骝十分懂得自律。十三岁时，他进入教会学校（英国伦敦教会开办的天津新学书院）读书，该校校长是剑桥大学博士哈特，其中物理学引起了袁家骝的浓厚兴趣。袁家骝后来的一切皆由此发轫。

薛丽清、小桃红相继出走，袁家骝的抚养事宜由袁克文交付给正室夫人刘梅真全权负责。刘梅真被袁克文伤透了心，对丈夫和妓女生下的三个孩子也比较冷漠。但是刘梅真有个弟弟，名叫刘懋颐，毕业于天津北洋大学，受过良好的现代教育，思想比较开明。刘懋颐正好也在这所教会学校里教书，他对袁家子女自然是特殊关照。每年寒暑假，刘懋颐都要给袁家骝补习三角、几何、微积分等，因此袁家骝一直是班上的优等生。

常常在傍晚时分，刘懋颐带着袁家骝在天津海河边上散步，除了讲一些人生感悟之外，还把深奥的物理学知识化解为通俗趣语，浇灌他那幼小的心灵。1928 年，袁家骝考入天津工商大学工学院，1930 年转入燕京大学物理系三年级插班就读，1932 年毕业，获学士学位，1934 年又获得该校硕士学位。

在燕京大学读书时，袁家骝狂热地迷上了无线电。与他一起入迷的还有个朋友，名叫司徒雷登，时任燕京大学校长。这个人后来大名鼎鼎，是因为他在建国前夕出任美国驻中国大使，被毛泽东一篇充满讥讽味道的文章《别了，司徒雷登》点名，成为中国当时家喻户晓的人物。司徒雷登的父亲是美国赴华的首批传教士之一，他从小在中国长大，对中国社会有较深刻的理解，也有深厚的感情。袁家骝后来回忆说，司徒雷登大他三十多岁，是他的忘年交。此人生性幽默，像个老顽童，对一切新奇的事物都充满兴趣。他经常将袁家骝等人叫到家中研究无线电，家庭布置得像个无线电沙龙。司徒雷登对袁家骝的才华十分欣赏。

袁家骝从燕京大学毕业后，到唐山开滦煤矿干了一年。有一天，他忽然接到一封神秘的电报，拆开一看，电报是司徒雷登发来的，嘱他迅速回京城，有要事相商。究竟是什么事，电报上也没有说。袁家骝信任这位忘年交校长，立即收拾好行装，匆匆赶到了燕京大学。

司徒雷登告诉袁家骝，美国加州大学柏克莱有个奖学金，问他有无兴趣。袁氏家族已经没落，袁家骝更是没落家族中的边缘人，能到美国去留学，无疑是他人生最好的选择。袁家骝是个沉稳懂事的年轻人，他并没有贸然答应，而是回天津袁家大院请示了养母刘梅真。对袁家骝的出国请求，刘梅真完全同意，并帮他筹措了四十美金的旅费。

就要启程远赴异国他乡了，可是袁家骝心上还有件事儿一直放不下。

生母是谁？这是袁家骝心灵深处最隐秘的一块伤疤，每遇气候变化，就会隐隐作痛。要出国了，也许这辈子再也不能回来，乡愁是一张小小的邮票，我在这头，母亲在那头。此刻袁家骝最想做的一件事，是找到自己的亲生母亲。

那一年是1936年，袁家骝二十四岁。父亲袁克文五年前已经去世，他找到父亲的生前师友方地山，问自己的生母究竟是谁。方地山告诉袁家骝，他的生母是薛丽清，并提供了薛丽清在上海的地址。袁家骝收拾行装，奔赴上海，一番苦苦寻访，终于到达隐秘弄堂深处的那个地址时，邻居用疑惑的目光盯看良久，然后告诉他，那个老妓女两年前去世了。

袁家骝这次忍住了没有哭。他脸上僵硬地笑着，礼貌地向那位邻居弯腰致谢。邻居好奇地问，你是她什么人？袁家骝愣了一会，回答说是一个远房亲戚。说完转身就走。眼泪在眼圈里直打转，急匆匆走出隐秘弄堂时，袁家骝再也忍不住了，他站在一棵大槐树下伤心地抽泣起来。

从那一刻起，袁家骝感到自己长大了，成熟了。

二十四岁的袁家骝，终于漂洋过海了。他身上带着养母刘梅真筹措的四十美元，买了张简陋的三等舱船票。在半个多月的航程中，每天只靠充满腥味的咸鱼果腹，吃得直想呕吐，连一块钱一碗的稀饭也舍不得买。到达目的港时，袁家骝跑到磅秤上称了下体重，竟然下降了十几斤！

袁家骝在美国读的第一所大学是加州大学柏克莱分校，这里聚集着一大批年轻有为的物理学家，有发明并建造了"回旋加速器"的劳伦斯，有被称作"原子弹之父"的奥本海默等明星级人物。袁家骝幸运地生活在一个良好的学术环境中，靠助学金读完了第一学期。

1937年，日本发动侵华战争。美国开始对亚洲人采取歧视政策，取消了中国留美学生的助学金。为了继续完成学业，袁家骝试着给加州理工学院寄了份入学申请书。很快，院长密立肯教授亲笔回信，欢迎他到该校学习，并答应给他一笔奖学金。密立肯教授是享誉世界的大学者，曾因测出电子的带电荷量而获得过诺贝尔奖。他的回信给了袁家骝极大鼓舞，进入加州理工学院后，袁家骝更加勤奋学习，以优异成绩获得了博士学位。

这期间，袁家骝的人生还有个最大的收获：他认识了才貌超群的吴健雄，并最终结成伉俪，共同走过了富有传奇色彩的一生。

有八个字是袁家骝在美国留学生活的真实写照：漂泊在外，无家可归。

他每天都把生活和学习安排得满满的，尽量不让自己有空闲时间。他害怕哪怕停下一小会儿，生母悲惨的遭遇，自己孤独的童年，都会从时间深处浮现出来，那一刻，他的灵魂无所依傍。

袁家骝一生都有着十分浓郁的故土情结。在美国生活期间，袁家骝是河南同乡会会长，他一直都是海外袁氏后裔的枢纽人物，海外生活的袁家人遇到大大小小的事儿，都会来找他帮忙。甚至断了联系多年的袁氏后裔，也希望通过袁家骝找到自己的根。

袁克文当年的红颜知己中，有个女子名叫朱月真，艺名小莺莺，原是沪上一个走红的歌舞艺妓。袁克文追求朱月真，曾在上海轰动一时。据说，主持他们婚礼并充当证婚人的，是上海市市长吴国桢。

袁克文与朱月真生了个女儿，名叫袁家华。后来袁克文离开上海，朱月真带着女儿独自生活，袁家人都不知道袁二公子还有这么个女儿。

再后来，袁克文去世了，朱月真也去世了。他们留下的那个女儿，成了漂泊在天涯的一只孤雁，更是无人知晓了。袁家华长大成人后移居香港，后来又迁居美国。1990 年的一天，袁家骝家中忽然来了个不速之客。对方自称是袁家人，名叫袁家华，是袁家骝的妹妹。袁家骝根本没有听说过有这么一个妹妹，他不敢轻易相信，反复询问有关袁家的细节。袁家华都一一准确答出。又经过一系列旁证，袁家骝终于确信她是自己同父异母的妹妹。

1973 年，袁家骝离开中国三十七年后，第一次带着夫人吴健雄回国省亲。周恩来总理在人民大会堂天津厅单独接见了他们夫妇。周恩来说："你们袁家出了三个'家'，你祖父是政治家，你父亲是文学家，你是科学家。现在，袁家后人中又有了共产党员。你们袁家真是一代比一代进步了。"周恩来说那番话时，脸上是温和的笑容。可是袁家骝的心里，却透着丝丝悲凉。

当时文革尚未结束，灾难仍在继续，即便是没有政治问题的普通人，要想顺利逃离文革这座血腥炼狱也并非那么容易，何况"窃国大盗"袁世凯的后裔们？

在袁家人处境普遍极其糟糕的情况下，袁家骝回到中国大陆，并受到周恩来总理接见，这种政治待遇对于袁家人意味着什么，恐怕是不言自明的。袁家人像是久旱的禾苗在迎候一场及时雨，既喜悦，又忐忑不安。

曾经全程陪同袁家骝的袁晓林，在《和袁家骝在一起的日子》一文中这么描述当时的情景：

> 这时，得悉家骝三伯要来的袁氏亲属已经在项城聚集很多。要见袁家骝的人，心态也各不相同。有一乡亲找到我，神秘兮兮地拿出一包东西，让我转交袁家骝带出境外换钱。打开层层包裹的旧报纸，看到的是一尊雕刻精细的黄色金属物。造型是一爬一跨两个穿着很少的古代人。下面赤身裸体趴着的那个像奴隶，骑在奴隶身上的是个武士装束的人。武士左手抓住奴隶的头发，右手挥舞短剑。奴隶面部痛苦，武士满脸骄横。神态逼真，栩栩如生。此物重约一公斤。说它

是纯黄金吧，上面又有斑斑绿锈。我猜不出是何物。但我知道袁家骝是不会干这事的，我也决不会做。可那乡亲不顾我的拒绝，丢下就走了。我随即拿上此物到项城博物馆找馆长看看。馆长一见就愣了，连声问我："哪来的？哪来的？"我把来龙去脉简单说了一遍，馆长仔仔细细看了后说："此物可能是袁家墓葬品。"我问："值多少钱啊？"馆长说："价钱不好说。三万五万是它，十万八万也是它。"我听后吓一跳。那时，我一个副县级干部月薪才105元啊！当天晚上，我担心失窃，把那东西放在枕边，一夜不曾合眼。第二天一早，像扔掉一个烫手的山芋一样，退给了那位乡亲。

因为袁世凯，袁家后代始终在波峰浪谷间起伏。袁家骝回中国大陆，受到最高领导层接见，根据周恩来批示，袁世凯后人的命运开始出现转机，部分袁家人恢复了自由，他们的生活也从湍急的江流险滩渐渐步入平静。

袁家祉是袁家骝的胞妹，那一年她五十八岁。袁家祉的人生经历像是一株从头苦到脚的黄连，这个苦命女子生于1915年10月29日，还不到一岁，祖父袁世凯便去世。她三岁多时，生母小桃红脱离袁家去天津重张艳帜；而生父袁克文，一生浪荡沉浮，对儿女之事操心太少。

1931年，袁克文去世后，袁家祉在袁家的地位更是下降。建国初期，袁家祉当过洗衣女工，也在托儿所当过阿姨。1961年，丈夫段昭诞病逝，更是给了这个苦命女人致命一击。她一个人拖着四个子女度日，每天早晨，到街道的劳动调配站去报到，等待分配一个临时工的指标：拉板车、扛粮包、提灰桶、挖树坑、掏厕所、糊火柴盒……什么样的苦活脏活她都干过。比皮肉之苦更加难受的是政治高压，那些政治运动对她来说，无异于一场场恶梦，以至于若有人说话稍微大声，她便会躲起来偷偷发抖。

接到哥哥袁家骝回国探亲的电报，袁家祉激动得嘴唇打战。可是袁家祉只激动了一个夜晚。第二天上午，政府派人上门通知她说，你哥哥袁家骝要回国探亲了，上级规定有几条纪律得严格遵守：不准议论时事；不准谈论政治；不准泄漏国家机密；不准做任何有辱国家的事；不准把袁家骝带到这间破烂的房子里；到车站接站时全家人要穿新衣服，不准穿旧衣服；见了面要面带笑容，不准哭……袁家祉低着头认真听，一条条记在心上，她觉得不准泄漏那一条完全和她不沾边，而且有点好笑，一个做临时工的家庭妇女，哪里有什么国家机密可以泄漏的？不过她面上不敢有任何情绪流露，只是点头应承。

到了和袁家骝见面的那一天，袁家祉穿了件新衣服，心里却觉得别扭。她这一辈子穿新衣服的时间太少了，像孩子过年那样稀罕。袁家骝呢，看见胞妹带着家人来接他，一家人全都穿着新衣服，像是上舞台表演节目似的，心里也明白是怎么回事。

同胞兄妹重逢，袁家祉有千言万语堆积在心头。但是当着那么多人，她没敢多说什么，只是脸上挂着微笑，一直强忍着眼泪。等到送袁家骝回到宾馆，房间里只剩下她与哥哥时，袁家祉再也忍不住了，她扑到袁家骝身上，哽咽着说："哥哥，你知道我这么多年过的是什么样的日子吗？"一句话还没有说完，眼泪便像开了闸的洪水哗哗流淌。

2008年1月7日，我在天津袁家祉家中采访了她的儿子段夔。

段夔向我详细介绍了父亲母亲的婚姻状况。他的父亲段昭诞是段芝贵的亲孙子，名门之后，年轻时留学美国，一口英文十分流利。回国后，段昭诞在天津电报局做职员。那个年代电话稀少，机关以及单位、个人之间的快捷信函往来，往往都是通过电报，那是电报业务的鼎盛时期，段昭诞小日子过得还不错。

日本人入侵中国，天津沦陷了，国民政府交通部命令天津电报局停业。按照停业暂行规定，家在南方的员工可去南方各电报局就业；家在北方的电报局员工一律停薪留职，等候通知。1937年9月1日，日军强行接管了天津电报局，许多原电报局员工拒绝为日军服务而自动离职，段昭诞也是其中之一。

段昭诞、袁家祉夫妻的祖父分别是袁世凯和段芝贵，在晚清、民国史上，那是两个大人物，如今落魄了，他们没有去找祖父们昔日的旧属友好——即便去找也没有用，袁世凯、段芝贵相继去世后，官场的生态环境发生了巨大变化，祖父们旧日经营的关系已逐渐疏远，有的甚至不复存在。与其去看别人的冷脸，不如自己想办法。

早年在美国留学的那段经历对段昭诞影响比较大，他崇尚自由，追求浪漫，思想观念比较新潮。从天津电报局离职后，段昭诞没有再去找工作，主要靠变卖家产贴补家用，日子过得十分拮据。他们辞掉了保镖、司机，只留下一个佣人。到了后来，家里值钱的东西变卖得差不多了，只好把最后一个佣人也辞掉了。

段夔告诉我，父亲是 1961 年去世的。父亲去世后，母亲带着四个子女，靠做临时工把孩子们拉扯大。2002 年 1 月 13 日，母亲袁家祉也在天津家中去世了。那一年她虚岁八十八岁，算是活到高龄了。

段夔退休前是天津市一家企业的负责人。他有个独生女儿叫段安莉。段夔说，这辈子最大的遗憾是没有孙子，退休后的日子过得有点孤独。原先还养了一条狗，取名"欢欢"，可惜上一年秋天，"欢欢"死了，段夔难过得差点儿掉眼泪。他在家里摆放了许多张"欢欢"的照片，有一张照片放得很大，镶嵌在一个镜框里。我走上前去看了看，毛色黑白混杂的"欢欢"胖胖的，像只熊猫，两只眼睛水汪汪的，像镶嵌着两颗黑葡萄……确实很可爱。

袁世凯的第四个儿子名叫袁克端，娶天津大盐商何仲瑾的女儿为妻，生有两子三女。其中最小的女儿是袁家偁，生于 1924 年。

袁家偁成年后，嫁给了当时天津民族工商界颇有名望的"元丰五金行"的老板丁竹波。建国后，"元丰五金行"遭受了冲击。1956年开始公私合营，丁家的特权被取消了，家人再也不能不带钱就随意买东西了。袁家偁说："我还记得第一次数钱的时候非常困难，觉得那么脏，总不想数。我从坐四轮汽车改成坐三轮人力车，又从三轮车变为挤公共汽车……"

接下来的"文革"，才使袁家偁真正感到末日降临了。有一天，袁家偁接到最后通牒，通知她全家遣送农村劳动改造。袁家偁当时有三儿一女，大女儿已在甘肃祁连山插队，她和丈夫丁竹波带着三个儿子，卷起一床铺盖，告别居住了几十年的袁家大院，来到天津西郊的大寺王庄。

袁家偶在农村一干就是八年。到了1973年，袁家骝回国探亲，根据周恩来总理的批示，袁世凯第三代后人中有一部分开始恢复自由，很多袁家人的生命翻开了新的一页。不久，袁家偶从大寺王庄回到了天津，住进了成都道40号的小洋楼里。她百感交集，面对记者的采访侃侃而谈："八年的改造，我认识到什么？并不是钱的重要，而是一个人生存的本领。你要在什么样的状态下都能活，这是一种能力。"

后来袁家偶来到深圳，成为改革开放前沿城市的第一代创业者。赚取了第一桶金之后，袁家偶回到天津，在袁家骝和吴健雄的建议下，开办了一家西餐店，取名"苏易士"，由袁家骝题写店名。

苏易士西餐厅开办之初，袁家骝给餐馆定了三条店规：一是保持高度卫生，二是价格一定要公道，三是对顾客要热情，诚实守信，不以次充好。三条店规袁家偶及其后代始终遵守，终于在天津做成了一个餐饮品牌。

袁克端的次子名叫袁家宾——也就是袁家偶的同胞哥哥。建国后，袁家宾担任天津一轻局日用化工厂科研办公室秘书。背负着袁氏家族这个沉重的历史包袱，他是没有权利和资格乱说乱动的。袁家宾太年轻，也不懂政治，受到了强制管制还不知道怎么回事，跑到单位领导那儿询问原因。领导一句话就让他死心了："你是袁世凯的孙子，不管制你管制谁？"袁家宾低着头想了一会儿，什么话也没有再说，灰溜溜地独自走了。每个周末，是别人逛公园看电影的黄金时间，对他来说则是到派出所去汇报思想、自我检讨。即使他始终低着头，也经常被指责为态度不老实。政治运动一个接着一个，袁家宾的灾难似乎永远没有尽头。直到 1973 年袁家骝回国探亲，袁家宾的情况才有所好转。周恩来总理亲自批示天津市革命委员会，用三天时间突击落实袁家后人的各项政策。至此，袁家宾被解除了强制管制，成为政府"控制使用"的对象。"文革"结束后，袁家宾担任过天津市河东区政协委员、文史委员、天津市民建委员等职，撰写了不少关于袁世凯家族的珍贵文史资料。

袁世凯还有个孙子叫袁家政（袁克轸之子）。建国前夕，小小年纪的他随家人逃到了香港。1956 年，袁家政受国内高涨的政治热情之感召，毅然放弃了去美国读大学的机会，执意要回大陆报效祖国。家人全都反对，可是说什么他都不听。袁家政回国后，报考了北京大学生物系，立志科学报国。然而他进北京大学的第二年，一场声势浩大的反右运动如排排巨浪打来，袁家政看不清方向，身处风口浪尖还偏偏给学校党支书提意见。

袁家政被划为右派后，被下放到安徽省淮北北大农场接受劳动改造。到了 1970 年，上级破天荒要从农场挑选三名北大学生，到条件艰苦的西北西昌工作，其中不知怎么有他的名字，他就这样到西昌一中担任了老师。据袁家政的学生陈琪回忆，"文革"时袁家政才三十岁左右，矮小粗壮，脸膛略微发红，穿一件洗得发白的蓝咔叽中山装，一双修补过的塑料凉鞋。袁家政喜欢用英文唱《国际歌》，喉咙里发出深沉的男中音，像头狮子在低吼。

陈琪同学在《回忆我的老师袁家政》一文中写道：

　　家政老师先是戴着右派帽子，被分配到西昌一中教书，后来又被下放到西昌一中农场劳动改造。小小一个西昌一中农场，竟有五个很有名气的地富反坏右分子在劳动改造，且这些人系出名门。袁老师的主要任务是放牛、喂鸡，其次是种菜和管理果树。当时农场有水牛、黄牛大大小小二十二头，每天上午九点钟，开过早饭后，袁老师穿双筒筒鞋（雨胶鞋），或者凉鞋，到牛圈里将水牛、黄牛一一赶出来，吆喝着往山上走去。农场背后是一个大山坡，草场宽，半山腰上才是树林。袁老师每天在山坡和树林边上游荡，那时那里也没有什么野兽之说，更没有什么社会治安混乱、偷盗扒窃之说，所以他很放心。抽空在山坡上晒晒太阳，小睡一觉。下午四点钟左右，"放牛司令"收工回来，他的中山装四个兜里，装满了从牛身上摘下来的吃得胀鼓鼓的牛蚤子。走到操场上，他扯着喉咙一吆喝，农场里喂的几十上百只鸡，像士兵听到司令的召唤，争先恐后冲到他身边围成一圈，展翅扬颈，看着他把四个兜里装的牛蚤子全抖在地上，转眼间鸡群就饱餐一顿，带着满意的神情离他而去。我看得目瞪口呆，这时袁老师摇头摔臂，哼着谁也听不懂的英文小调，拿着"洋瓷碗"打饭去了。那时也怪，袁老师喂的牛、放的鸡，从来都不生病。后来我弄清了，他是科学喂养。

　　那里农场没有电。天一黑，大家都点个煤油灯。袁老师的宿舍就在我们学生宿舍隔壁，每天天一黑，他就坐在燃着煤油灯的课桌前，拿出当时我都没有见过的"硬面抄"，用英语演算起高等数学和化学方程来。很晚了，袁老师宿舍里的煤油灯都还亮着，他是农场里熄灯最晚的一个人，每天夜晚都如此。后来我才明白，难怪每天早上袁老师两眼通红，原来是睡眠不足；难怪每天早上他眼眶发黑、鼻孔发黑、两手发黑，原来是煤油烟子熏的。每天早上，他喜欢喊我顺便帮他带两个馒头、一碗稀饭到他的宿舍里。他的吃法很怪，怪得让人无法理解。从食堂里买来的馒头，他顺手就丢进书桌的抽屉里，抽屉里还有前几天吃剩下的馒头，混杂在一起，也分不清究竟哪个是新鲜的，哪个是剩下的。袁老师脸也不洗，一边看书一边吃，顺手往抽屉里摸，摸到今天买的就吃今天的，摸到前几天吃剩的就吃前几天剩下的。吃不完又往抽屉里一丢，继续去看书……春夏秋冬，天天如此。后来他给我讲，从六十年代初，他就一直在研究生物科学中的一个重大课题，也是一个世界上始终没有解开的难题，类似陈景润的"哥德巴赫猜想"。只是因为农场研究条件太差，袁老师的研究无法成功。

袁老师在日常生活上处理得比较糟糕。一年四季就那么两件换洗衣服，蓝布中山装永远不变，衣服脏了往上铺床上一丢。身上衣服脏得实在不像话了，才到上铺的脏衣服堆里找一套相比之下还算干净的衣服继续穿，实在穿不下去了才洗一次。袁老师洗一次衣服需要两三天，经常洗着洗着就搞忘记了。有时候，我们班上的女生看不下去了，就帮袁老师洗。他知道后，大概是觉得没面子，坚决不让女生帮他洗。他经常在我面前抱怨，说西昌的冬天天气太糟了，又是风又是雨，不像老家天津，冬天干冷，没有雨，但是天津冬天屋子里都有暖气。

我们的学习时间安排得很奇怪。白天劳动种田、种菜、上山砍柴；晚上上课，或者到球场上排练节目，准备参加全校文艺汇演。不放牛的一天，袁老师挑起粪桶，和男生们一起到粪坑里挑粪到田里、地里，女生们端水泼粪。劳动中袁老师给大家上生物课和化学课。他用手指着果树、水稻和蔬菜，讲"根、茎、叶"，讲"氮、磷、钾"，讲光合作用、土壤酸碱度以及如何修枝、除草等等。他参照实物，讲得通俗易懂，学生们很快就记住了。作为北大生物系的高材生，这些实验课对他来说，简直是张飞吃豆芽——小菜一碟。到了晚上，大家坐在窗户上没有玻璃四处透风的简陋教室里，摸黑上英语课。袁老师教唱英语歌，背诵单词等。教室里没有灯，也没有书本，就"黑唱"、"瞎说"。

关于袁家骝回国探亲，袁家政听到消息后的情景，陈琪写道：

1973 年 10 月的一天，我正和同学们在农场里帮厨，因为我还兼着事务长，袁老师按照惯例，依然站在水沟边那块大石头上。那天没有唱歌，而是行使他的第二项义务——读报。他拿出前几天的《人民日报》，正把头低下，把眼镜抵进报纸里读着，突然他像中了邪似的，两眼发直，声音一下扭曲变调，全身打抖，脸涨得通红，眼泪刷的一下冒出来，用颤抖的声音半天才读完"新华社"消息：应国务院总理周恩来邀请，世界著名美籍核物理学家、美国国家高能物理研究院院士袁家骝、吴健雄博士回祖国访问，于昨天下午抵达首都机场。前往机场迎接的有国务院总理周恩来、副总理李先念、中央军委副主席叶剑英、人大副委员长郭沫若等党政军领导。毛泽东主席于当天晚上在中南海书房亲切接见了袁家骝、吴健雄夫妇……读到这里，袁老师再也读不下去了，突然嚎啕大哭，眼看身子就要倒下，我和两个同学连忙跳过水沟，将袁老师扶住。我连连问他发生了什么事，他一把抓住我大喊："陈琪你看，我哥哥嫂嫂从美国回来看我来了，我终于等到了这一天……我早就想到有这一天……"说完一个健步冲出去，跑到山坡上连跑带喊，把十八年憋在心里的话全部喊出来了，那情那景使我想起前几天才学过的课文《范进中举》，悲剧啊……

袁家骝1973年回国探亲访问，还去河南安阳祭扫了祖父袁世凯的陵墓。袁林中，石人、石马、石桌、石凳、石柱、石雕等几乎全部被砸毁，花草树木也被砍伐了不少，墓园里一派颓败。袁家骝的心情异常复杂，他到墓前献了一束花，又上了一炷香，连叹息声都没留下，就带着妻子吴健雄默默地走了。

那一年袁家骝还回到了河南项城。袁氏后人袁弘哲告诉我，袁家骝回项城是三月，正是春雨贵如油的季节，那年春天降雨量极少，村民们天天盼望老天爷下雨。奇怪的是，袁家骝一到河南，瓢泼大雨就从天而降。当时，从项城到袁寨还没有柏油路，汽车陷在泥巴路里不能动弹，后来还是请当地村民们把汽车拖出来的。袁弘哲说，自己是唯物主义者，从来不信鬼神，但是有些自然现象仍然让他疑惑不解。那次的雨足足下了两三天，村民们说，袁家的贵人回来了，老天爷也睁眼了。

再说袁家政。受周恩来总理委托，教育部部长周荣鑫打电话到北大党委和四川省委询问袁家政，四川省委又打电话到西昌地委，一层层查找下来，终于查到了西昌一中。然而等找到袁家政时，袁家骝、吴健雄夫妇已经回了美国。他们没有等到与这个流落西昌的弟弟见面就走了；托外交部转交给袁家政的一笔美金，外交部也拒绝转交。

袁家政未能见到哥哥袁家骝，情绪变得低落消沉，每天沉默寡言，除了低头参加劳动外，再也难得听到他快乐的歌声了。

1975 年，袁家政结束了劳动改造，回到西昌一中继续教书。那一年，袁家政娶了个天津姑娘，据说这里头还有个动人的传奇故事。当年，袁世凯从朝鲜回国后到天津小站练兵，经常骑着一匹高头东洋马到处巡视。有一天，袁世凯又出外巡视，一个十一二岁的小叫化子左手拿着破碗，右手拖着根打狗棍，愣在马路中间不知所措。马嘶车鸣，手下人大喝：大胆，谁敢挡道？正举棍要打，被袁世凯叫住了。他呼唤乞儿到马前，问清缘由，原来是河南老家遭遇天灾，颗粒无收，乞儿一家逃荒到天津后与家人走散，只得沿街讨饭为生。袁世凯怜悯心起，留下那乞儿在身边当了名勤务兵。后来，那乞儿经层层提拔，最终官至将军。为报滴水之恩，将军执意要让自己的孙女儿嫁给袁家政。落难公子喜遇富贵千金，真是一出现代版的《西厢记》。

袁家政八十年代初去了香港，在香港补习了一段时间的英语后，又去美国读书，后来定居美国洛杉矶。

"怨恨把孩子变成了邪魔"
——袁克文之子袁家楫

2011年12月9日。这天我起了个大早，按照行程安排，要去采访家住天津红桥区的袁家楫老人。起床了又想，袁家楫八十多岁了，恐怕不会早起，去太早了反而打扰他。于是呆在宾馆房间里整理资料、看书，直到时针指向八点钟了，才搭乘公汽前往袁老家中。

一切进展都很顺利。因为我们以前见过面，一直保持有联系，采访前又电话联系过，袁老似乎已经做好了准备，将我让到客厅的沙发上，说了几句闲话后，采访便进入了正题。

袁家楫父亲是袁克文，生母是于佩文。袁克文与于佩文的恋爱故事，已成为民国风月史上的一段佳话。

故事是这么开始的：1927年，袁克文受军阀张宗昌委派，携带三万银元赴上海办报纸。在上海，他认识了江南女子于佩文。

于佩文是嘉兴人，艺名小巧宝，琴棋书画样样来得，尤喜画兰花，袁克文曾为于佩文画的兰花题字："清兮芳兮，纫以为佩；妙手得之，萧然作对。"

这位于佩文，是由袁克文的一个青帮弟子李耀亮引领来的。当时袁克文住在上海租界的远东饭店，有一天，李耀亮领着一个女子来了，优雅的淡妆，从容的举止，一下子就吸引了袁克文的注意力。

袁克文决定娶于佩文为妾，"藏娇"的"金屋"在龙门路信平里，那间房子也是李耀亮帮忙找的。房主是李耀亮的一个亲戚，仰慕袁克文已久，听说是袁克文要住，并不计较房租多少，只说了一句话："不谈钱，谈钱俗气。请袁公子亲笔写份租约就行。"袁克文大笔一挥，写下租约："每月租金付铜板一枚。"这份租约，后来竟被珠宝商人董衡甫以百金买去。

1927年，袁克文与于佩文相识时，于佩文才十八岁。袁克文大她二十岁。这一年5月26日，他们在上海完婚。次年，袁克文的养母沈夫人在天津去世，他带着新娶的于佩文匆匆赶回津门为沈夫人送葬。在天津过了两三年，袁克文患上猩红热，医治无效，于1931年去世。

对于生母于佩文，袁家楫的记忆如今已经模糊不清了。袁家楫说，父亲在世时，养母刘梅真不敢对于佩文怎么样；父亲去世，则是一个转折点。那年袁家楫还不到三岁，很多事情都是后来听袁家人讲的，还有些事情是他长大后自己慢慢琢磨出来的。

袁克文去世后，于佩文被强逼搬出袁家大院，听说后来改嫁了，丈夫叫王鸿叔，据说是大汉奸王克敏的儿子。当时他们的介绍人，是十姑袁思祯。袁思祯与袁克文是同胞兄妹，都是朝鲜三姨太金夫人所生。于佩文改嫁后仍在天津，生下了一子一女，再后来，于佩文的去向，袁家楫就完全不清楚了。

刘梅真内心深处仍然介意丈夫生前的那些风流韵事，对袁克文与几个妓女生育的孩子并不怎么样。袁家楫说，小时候，袁家大院里连同佣人有几十号人，可他从来都是形单影只，像是个孤儿。

袁家楫小学读的是私立志达小学。这所学校创立于 1933 年，校址初设于英租界五十六号（今天津西安道皇家花园附近）。这里原来是民国首任海军总长刘冠雄的故居，天津人称作"刘家大楼"。至今，袁家楫仍然依稀记得那所学校上空飘荡的嘹亮校歌：

> 荟萃人文，渤海之滨，
> 集英才乐育天真。
> 梗楠作器，桃李当春，
> 要裕吾知，修吾德，健吾身。
> 勇朴诚勤，昭示谆谆，
> 乘时光须日日新。
> 学成致用，希望无垠，
> 是校之光，家之宝，国之珍。

袁家楫那时候还小，一点也不懂歌词的意思，他喜欢故意捣蛋，一边荒腔走板胡乱唱，一边摇头晃脑，挤眉弄眼，惹得同学们哄堂大笑，为这事，老师经常点名让他罚站。

袁家楫有个同班同学叫李亚驹，家境很好，是天津卫八大家"李善人"李叔福的后代。李家祖上原籍江苏昆山，乾隆时期来到天津落户，住北门里户部街。清朝末年，李家做盐业生意，十分兴隆，名望显赫一时。因李氏先祖爱做善事，清政府赠予"李善人"

的称号，并题赠了一块金匾。有一次，袁家楫去李亚驹家中玩，对方家长听说他是民国首任大总统袁世凯的孙子，兴趣十分浓厚。听袁家楫讲了他的身世以及孤儿般的凄惨遭遇后，李家人十分同情，再一次表达出了善意：他们留袁家楫住在李家，和李家的孩子们一样对待。

袁家楫说，李家大楼里的家具全都是上等紫檀木或红木做成的，"看上去非常精致，像是古董摆设"。李家专门设有大厨房，聘请天津卫一流厨师主勺，各个房头还有自己的小厨房。各房的饮食，每餐除四菜一汤由小厨房自己做之外，还可以向大厨房点菜配送到各个房头。每天上午，小厨子都要向各个房头传报菜单，以便各个房头点菜。平时，各个房头都是自己吃饭，只有逢年过节全家人才会集中到一楼大客厅里聚餐。菜肴丰富，有清蒸鸭、野鸭扒肉、红烧鱼翅、特制熏鱼等等，山珍海味样样都有。最让人难忘的是李家名菜"全家福"，是清一色的海鲜，据说那些海鲜都是从渤海湾刚刚打捞上岸的。

袁家楫在李善人家住了十多天，袁家大院还是派人找来了。来人说，志达小学给家里发了通知，说袁家楫好多天没有来上学，人也不知去向。袁家人一听这才急了，四处派人打听，终于找到了这里。

袁家楫无计可施，只好跟着来人乖乖地回到了袁家大院。

心底里私藏的那一点怨恨，袁家楫发泄到了年轻的国文老师头上。国文老师姓赵，叫赵舒乙，当时才二十多岁，正和一女子谈恋爱。他们经常去的地方是公园，袁家楫不声不响，悄悄躲在公园的长椅背后，偷听赵老师与恋人的私密情话。

第二天，上课时赵老师让袁家楫站起来背诵课文。袁家楫背不出来，就将他偷听到的私密情话公开了。买房子、请客、结婚怎么布置房间……袁家楫惟妙惟肖地模仿赵老师的说话语气，逗得全班同学哄堂大笑。赵老师脸色涨得通红，袁家楫仍旧不依不饶，用充满稚气的童音大声说："赵老师，结婚请客，不要忘了我袁家楫！"赵老师气得拿着把戒尺，追着袁家楫满教室里跑，终于一把抓住了他，用戒尺往他手板心上狠狠地打。

"真痛呀，是那种钻心的痛，一直打到手板心紫肿。——尤其是老师打完了，手沾到凉水的时候。不过呢，挨打归挨打，依然很开心。"袁家楫回忆起了少年时的那些情景，快乐地笑着。

袁家楫说，他小时候经常逃学，像是一只孤独的鸟儿，自由自在到处乱飞，只有在飞翔的过程中，他才会忘掉那些痛苦和不愉快。他有个大哥叫袁家嘏，是袁克文元配夫人刘梅真生下的长子，1911 年生，比袁家楫大十七岁。

袁家嘏的妻子名叫方初观。关于他们的这桩婚事，又是民国年间一则有名的掌故：袁克文的兴趣爱好，以及处世性情的诸多方面，受老师方地山的影响极深，如声律联语、书画古籍、钱币古玩等等。这对师生后来还结为儿女亲家，方地山的四女儿嫁给了袁克文的长子。双方订婚时，仅交换了一枚稀有的古钱币作纪念，结婚时仪式也极其简单。方地山曾有一联记其事，曰："两小无猜，一个古泉先下定；万方有难，三杯淡酒便成婚。"

掌故中的那对小夫妻，就是袁家嘏与方初观。

　　袁家楫说，大哥家叚比他大那么多，完全像是另一代人了，虽说是兄弟，俩人的交往却并不多。在袁家大院里，袁家楫是一个无人管无人顾的小精灵，家里人平时似乎都忘了他，一旦有人叫他，必定是有什么事。

　　比如大哥袁家叚、大嫂方初观，就时常让小家楫出外跑腿。大哥大嫂喜欢抽鸦片，有时候天还没亮，他就被大哥大嫂叫起床，"家楫，跑一趟——"袁家楫揉着没睡好的红肿的双眼，极不情愿又要假装快乐地来到大哥大嫂的房间里，接过他们递来的铜元，出门去买鸦片烟。

　　袁家楫出门后一路往前走，穿过成都道、重庆道一直走下去，经过河北路、新华路、马场道……他走到南昌路一带，便慢慢收住了脚步。这里一条街都是卖鸦片烟的，店铺前边摆放着各式各样的鸦片烟具，烟枪、烟刀、烟灯、烟锅、烟罐等等，分别用金、银、铜、锡、象牙、牛角、玉、玛瑙等各种材料做成，许多烟具上头鎏金镀银，镌刻了花鸟鱼兽等纹饰，让袁家楫大开眼界。

　　他站在高高大大的柜台前，踮着脚，将手中的铜元递上去。柜台里头的鸦片烟馆老板接过钱，递出来一包鸦片烟土。袁家楫往怀里一揣，顺着原路返回袁家大院。袁家楫说，来来回回这一趟要走一两个小时，早晨从八点多钟开始走，一直要到十点钟以后才能回来。有时候他贪玩，进到一家名叫"五福楼"的鸦片烟馆里，沿左手一长溜全都摆放着鸦片床，人们一个个蜷缩在那儿抽鸦片，看上去像是一群蜷缩成团的刺猬。

　　那些岁月，从袁家楫手头上流过的宝贝不计其数。"大哥大嫂他们只要有鸦片抽，怎么样都可以。"袁家楫说，每次他被叫去买鸦片烟，大哥大嫂都是临时去筹一笔钱。手里有银元就拿银元换（鸦片烟），有铜元就拿铜元换，手头实在没有钱了，就拿家族里的古玩旧物换，那些老东西都是祖父袁世凯留下的，战刀、怀表、印玺、勋章、包金扣子、翡翠烟嘴……家里有什么就拿什么去换。有时候实在找不到去换鸦片烟的东西了，大哥大嫂就叫他用抽完鸦片的尘末去换。袁家楫小心翼翼地把大哥大嫂抽过的鸦片尘末收集拢来，拿张报纸一包，放进书包里就出门了。他说："那时候鸦片烟馆就知道以劣充优，将鸦片尘末掺进鸦片烟土里，照样卖优等烟土的价格。"

买完鸦片烟，袁家楫背着书包去上学，十点以后，校门关了不让进。他一个人郁闷地在校门口走来走去，霞光漫天，天空中宛若铺开了千百座彩虹桥，却没有一座属于他。

进不了学校，袁家楫就满世界乱跑。

天津劝业场里头有个戏园子叫天华景，在北方名气非常大，方圆几十里地的人都爱上这儿来看戏。天华景戏院尤其以旋转舞台最为闻名。舞台宽十米，台深八米，天幕后面还有个特别大的化妆间。当年，这样的舞台是十分稀奇的。袁家楫经常看着那个舞台发呆——"转台是怎么转动的？"他好奇地想，却怎么也想不明白。有一次，袁家楫趁无人注意悄悄溜进了舞台内部，才弄清了转动的原理。原来这完全是靠人推动的。舞台上正在热热闹闹地演出，有孙悟空和十几只活蹦乱跳的小猴子，还有托塔李天王、土地神、牛头、马面等演员，加上旋转舞台本身的重量，底下必须得有十几个人推动才能旋转起来。在一大群舞美、乐队等勤杂人员的用力推动下，舞台旋转起来，布景随着转动不停地变换角度，一会儿出现了月亮和星星，一会儿又是金灿灿的麦穗翻滚以及几间房子。

袁家楫觉得眼前的一切都好玩极了。对他最有吸引力的，是天华景的一个京剧班子。京剧班子里都是小孩子，最大的十多岁，最小的比他还小，才五六岁。

"那个京剧班子叫稽古社，班头叫高渤海。"袁家楫眯缝着眼睛慢慢回忆，他仿佛坠入到时间的长河中。

高渤海（1910—1982），字柏林，天津人，父亲高星桥是天津著名的洋买办，也是个传奇人物。高星桥出生于铁匠世家，后来在天津老城里上过几年义学，铁路开通后，高星桥在火车上当了一名司炉工。不久，他进了中德合资的井陉煤炭公司，被德国老板汉纳根看中得以重用。老天津闻名遐迩的劝业场，就是在高星桥手上兴建的。

到了高渤海这一代，除了继承父辈的基业外，他还疯狂地迷恋上了京剧。高渤海在天华景戏院成立了稽古社，聘请李吉瑞、尚和玉等京剧名角，传授一批子弟班。这名高级京剧票友，为了京剧事业不惜花费血本，还专门聘请了英文老师教子弟班学员们英语，又聘请了外国艺人教孩子们舞蹈。

袁家楫说，高渤海听说他是袁世凯的孙子、袁克文的儿子，一直待他很好。高渤海专门对戏院守门人交待：这个孩子来不收门票，随便进。从此袁家楫终日在戏院里浸泡，对他后来的人生也产生了影响。袁家楫年轻时交谊舞跳得非常好，华尔兹、布鲁斯、探戈、伦巴、恰恰……任何一个舞种他都炉火纯青。

袁家楫在天华景戏院里玩过一阵，大概是玩厌了，又独自来到天津英租界，偷偷翻墙进入一个英国人的宅院。那个宅院里有很多桃树，开满桃花。苗圃里还有红玫瑰、郁金香、牡丹花、百合花……袁家楫从来没见过郁金香，橙色的郁金香妖艳得让人魂飞魄散，即便看上一眼也会透不过气来。袁家楫悄悄走近苗圃，想要摘几朵郁金香，放进一个灌水的玻璃瓶子里，摆在自己的窗台上。他正这么想着，忽然听到对面有人大喝一声，紧跟着一个人影飞快地跑过来，还没等他明白过来，就被对方牢牢抓住了。

抓他的是英国人宅院里的花工，身材精瘦，貌不惊人，却不知为什么有那么大的劲。花工将袁家楫交给了英国主人，后来又交到了巡捕房。两个提着哭丧棍的警察把袁家楫关在一间玻璃房子里审问，高个子问他："叫什么名字？"袁家楫回答："李世民。"高个子以为自己耳朵听错了，又问一遍："问你呢——叫什么名字？"袁家楫仍然一本正经回答："李世民。"高个子警察和对面的矮个子警察对视一眼，两个人都没忍住，"噗哧"一声笑了，高个子警察手里的哭丧棍差点指到了袁家楫的鼻子上："你小子，敢情是吃了豹子胆，皇上的名字也敢叫？"矮个子警察笑着做了个下跪的动作，给他请安，神情夸张地表演道："皇上驾到，奴才在这里跪安了。"

袁家楫说，那时候他还小，也不知道李世民是个什么人，只是依稀记得戏文里似乎有演员念白提到过这个名字。李世民这名字好记，一下就记住了。

　　袁家楫在巡捕房里被关了半天,有个胖墩墩的警察走过来,揪住他的衣领看了好一会,终于认出了袁家楫,"哦,这不是袁大总统的孙子吗?"

　　一个电话打到袁家大院。一个多钟点后,大哥袁家昶、大嫂方初观赶到了巡捕房。他们向巡捕房写下了保证书,签字画押,巡捕房答应放人后,这才领着少年家楫,乘坐一辆黄包车回到了袁家大院。

　　回到袁家大院,大嫂劈头盖脑对他一顿骂。袁家楫不敢还嘴,他像只孤独的小兽,双手抱着头,安静地蹲在院子里的一棵枇杷树下。大哥走过来朝他屁股上踢了一脚,袁家楫仍然没动静,只是把抱头的双手放下,悄悄攥紧,握成了拳头。大嫂还在气头上,一叠声骂道:"甚鸟,瞅你那臭性,介似嘛玩艺儿啊!傻贝儿贝儿,真是不招人待见……"骂着骂着,就要上来揪袁家楫的头发。袁家楫一躲闪,她的身子闪了个趔趄,这一下更加来气了。在一旁观看的大哥二话不说,上来照家楫的屁股狠狠扇了几下。这一次,袁家楫再也忍不住了,坐在地上呜呜哇哇地哭了起来。

　　"少年时代,大家族给我留下的是压抑的阴影。不瞒你说,从小我心里充满了怨恨,那怨恨把一个孩子变成了邪魔。"袁家楫敞开心扉坦诚地说。袁家楫告诉我,袁家大院有个女佣人,以前是养母刘梅真身边的丫环,姓马,一辈子没有结婚,服侍袁家老少爷们直到终老。姓马的老妈子,像是《还珠格格》里头的容嬷嬷,自以为有刘梅真宠护,为人嚣张跋扈,尤其爱欺负袁家大院里没有势力的弱者,全无怜悯之心。袁家楫说,自己就没少挨过那个老妈子的打。她打人喜欢掌嘴，左一个耳括子，右一个耳括子。记得有一次，袁家楫被老妈子打得流鼻血，她还不准他用手擦，任凭鲜红的鼻血在脸上流淌。事后袁家楫去照镜子，在镜子里他看见一个面目狰狞的人，脸上流满了血。袁家楫没有哭，他把仇恨牢牢记在心里。

袁家楫长到了十三四岁，小小的身体储存的能量一点点壮大。有一天，袁家楫在楼梯口碰见了那个老妈子，瞅瞅四处无人，他像一条敏捷的猎狗猛扑上去，一下子就将老妈子掀翻，他揪着她的头发，死命往楼梯上撞，一下，两下，三下……老妈子看着他，睁圆了恐惧的眼睛求饶："少爷，少爷，松松手，你疯啦？"听到老妈子颤抖的声音，袁家楫心里升腾起一股快意，爱缺失多年，仇恨充塞在他的胸间，他没有松手，反而更凶猛地将老妈子的头往楼梯角上撞击。

另一个老妈子小跑过来，吓得声音都变调了。她一边跌跌撞撞朝外跑去，一边惊惶失措地大声喊叫："不好啦，快来人呀，少爷……要出人命了……"

等人们赶到时，袁家楫已经出够了气。老妈子的一缕头发被他扯掉了，额角淌满了血，这会儿软绵绵地倒在楼梯口处，好似断了气。地上流着一大摊血，老妈子的一只手在血泊中颤抖，另一只手耷拉在胸前，竭力护着她那被撕扯破了的衣服。

袁家大院里几乎所有人都来了，太夫人沈氏和金氏、大夫人刘梅真、大哥袁家毂、大嫂方初观以及男女佣人、管家、奶妈、厨师、车夫等等，挤满了整个院子。

　　刘梅真低下身子看了看躺在地上的老妈子，招了招手，吩咐人将她抬进屋子里的床上，又传人叫来了医生给老妈子疗伤。袁家骃抱着膀子，远远站在一根木柱子边上冷眼看着，一声不吭。方初观的嘴巴厉害，操着一口流利的天津话，不依不饶地在那儿责骂袁家楫。

　　刘梅真皱着眉头说道："这孩子，下手也忒狠了！照这么闹下去，早晚非闹出人命不可……"

　　当即，刘梅真叫来了管家商量，要把袁家楫送出袁家大院。

　　可是袁家楫才不过十三四岁，到底该往哪儿送合适？商量来商量去，终于想到了一个合适之处——他姐姐袁家祉家中。

　　姐姐袁家祉就是袁克文与小桃红生下的那个苦命的女儿。袁家祉长大后嫁了人，丈夫是段芝贵的孙子段昭诞，在天津电报局做职员。

　　袁家骃打了个电话，当天晚上，袁家祉就赶过来了。一起来的还有段昭诞。他们收拾好行李，装上了一辆黑色乌龟壳小轿车，把袁家楫接到了家中。

　　从此以后，袁家楫跟着姐姐袁家祉、姐夫段昭诞一起生活。

　　1942年，袁家楫十四岁，考入天津一所教会学堂读书。

　　这所学堂原来的名称为天津工商学院，校址在天津马场道141号，由法国耶稣会创办于1920年，法国神父于泽甫为首任校长，其后担任校长的裴百纳、尚建孙勋、裴化行等也均为法国神父。学生大多数都是津门大家族子弟，也有一些津门天主教徒的孩子。

　　袁家楫考入的天津工商学院附中，是一座名符其实的教会学堂。教会学堂在中国走过了漫长而曲折的道路。民国政府曾经在二十年代有过一场"收回教育权"的运动。他们认为教育是国家的权力，政府有权教育老百姓，所有的教会学堂一律脱离了教会的管理，在民国教育部重新登记为私立学校。这场"收回教育权"的运动影响范围很广，对教会学堂的打击也很大。

卢沟桥事变后，日本入侵中国，1937 年，天津沦陷。日本人在所有学校增设了日语课，作为必修科目。天津工商学院附中也不例外，几个日本教员进驻了这所学堂，原本宁静的校园里，每天都响着叽哩哇啦的日本话。

袁家楫清楚地记得，上学的第一天，一位面目清瘦的法国神父站在讲台上，说了一通他当时完全听不懂的话。法国神父说，没有自由的思想和灵魂，人活在这个世界上就是行尸走肉。我今天的第一堂课是一场大扫除，我的话语是一把扫帚，要把你们平时装进脑子里的尘土污垢一点不剩地清扫出去，腾出一个清洁宁静的空间，让神进入你心中圣洁的殿堂。

教会学堂里的生活单调枯燥，但是课外活动非常丰富，做弥撒、唱赞美诗……唱诗班的少年身穿白袍子，在管风琴弹奏的旋律中放声歌唱，虽然袁家楫听不懂那些歌词，可那天使般飘逸的音符像蓝色的海浪，连绵不绝地一浪一浪打来，令他眩晕，他幸福得微微闭上了眼睛……对于少年袁家楫来说，教会学堂的一切都充满了新奇。一个数学老师讲到三角形，一个化学老师讲到分子结构，一个天文老师讲到地球的起源和宇宙的浩瀚，他们都会停下来，手指在胸前划十字祷告：同学们，太美了。耶和华神是配得上荣耀、尊贵和赞颂的，祂创造了万物，万物因祂的旨意而生存。

袁家楫最不喜欢上的是日语课。他恨日本人，他们袁家很多后人都恨日本人。从袁世凯赴朝鲜作战开始，他们袁家就与日本人成了死对头。当初日本人逼迫中国签订臭名昭著的"二十一条"，祖父袁世凯以一套中国式太极功夫应对，软拖硬抗，终于还是签订了条约。事后袁世凯对下属说，经此大难，大家务必以此次接受日本要求为奇耻大辱，本着卧薪尝胆的精神，做奋发有为之事业。不然十年之后，非但不能与日本一较高下，亡国之危险将更甚今日！

袁家楫心里恨日本人，但他人太小，又斗不过日本人，他惟一能想到的办法是在课堂上捣乱。念单词的时候，日语中"我"字的读音是"娃达古喜哇"，他偏偏念成"我大哭你妈"，而且声音特别大，往往是他一个人的声音压过了全班同学的声音。同学们听了都忍不住放声大笑，老师也管不了。袁家楫说，那时候班上的同学，还有徐世昌的孙子、段祺瑞的孙子，以及曹锟的孙子等等。

袁家楫整日文老师还有个恶作剧，将垃圾筐、扫帚、黑板擦以及钢笔墨水、粉笔灰末等杂物搁放在教室大门的门框上，日文老师一推教室门，那些杂物呼啦啦落下来，墨水滴滴嗒嗒，粉笔灰纷纷扬扬，撒满了日文老师的全身。袁家楫和同学们拍手大笑，日文老师气得没办法，只能罚他站。

袁家楫风趣地说："别人上课都是在教室里，我上课是在操场上——没办法，经常被日文老师罚站。"三九严寒的冬天，北风呼呼刮过，滴水成冰，在操场上罚站的袁家楫冻得身子缩作一团。他的眼睛左顾右盼，瞅准了学堂锅炉房，便一路小跑到锅炉房里取暖。日文老师见了，揪着他的耳朵，把他拎回到操场上，让他继续罚站。

久而久之，学堂也拿袁家楫没办法了。日文老师便将袁家楫的情况汇报给了日本宪兵队。那时候，日文老师都是日本宪兵队派来的，监督各个学校里有无抗日分子。日文老师夸大事实，将喜欢调皮捣蛋的袁家楫形容成是妖魔鬼怪式的抗日分子，日本宪兵队听了汇报，也将袁家楫列入了嫌疑人名单。

有一天夜晚，有个绰号叫"刘大个"的中年人，急匆匆来到袁家祉、段昭诞家中。这个人是袁家楫所在教会学堂里的敲钟人，他告诉袁家祉，你弟弟袁家楫要出事了，日本宪兵队要抓他，通知他赶快跑。袁家祉夫妇问到底怎么回事，刘大个说，具体情况他也说不清，是学堂里的王神父让他来通知的，让袁家楫赶紧跑，快离开天津，跑得越远越好。

那一年，正赶上日伪海军到天津来招兵买马，姐姐和姐夫帮袁家楫报了个名，不久袁家楫就去了山东威海卫刘公岛，成了日伪海军的一名士兵。

他像一朵云，随风飘荡……

——袁家楫少时从军记

以前有部小说《林海雪原》家喻户晓。小说原型是东北民主联军牡丹江军分区二团的一支队伍，考察这支队伍的历史沿革，兵源主要来自于 1944 年山东威海卫刘公岛上起义的日伪海军。

袁家楫说，他第一次当兵参加的就是那支部队。

有一篇《刘公岛汪伪海军起义始末》的文章，对当时刘公岛的军事情况作了比较详细的介绍：

刘公岛位于山东威海东部五公里的海面上，面积不足四平方公里。1940 年，汪伪海军成立的威海卫要港司令部就设在刘公岛上，司令是海军中将鲍一民。该司令部直接指挥华北各地日伪海军。刘公岛上的汪伪海军编制计有：威海卫要港司令部、威海卫基地队司令部、练兵营、海员养成所、炮台派遣队、西疃派遣队、东泓派遣队、东靶场派遣队、海军医院、海军子弟学校等，共计五百余人。

为了加强对威海卫汪伪海军的控制，日军在要港司令部内设立了辅导部，一方面掌握着司令部的军政大权，另一方面对练兵营的水兵、轮机等科目进行辅导。辅导部的主要人员均为日本人，他们是：首席辅导官、海军大佐滨川，翻译官前田，还有上尉、中尉辅导官四人，上、中、下等辅导员二十余人，另有几名水兵，总计三十余人。他们是威海卫要港部的实际控制者。

袁家楫来到刘公岛后，被分配到水兵科，参加了汪伪海军第七期训练班。严酷的封闭式军事化训练，使得这个从袁家大院出来的公子哥儿吃尽了苦头，每天在烈日炎炎的太阳底下暴晒，出操、喊口令、走正步、拼刺刀……

坚持了半年，训练终于结束了。水兵科训练结业后，袁家楫被分配到刘公岛汪伪海军司令部当门卫，半年以后又被派到龙口，负责站岗放哨，十分单调。

虽说从小生活的环境使人感到压抑，但是他性格乐观，像幽暗之处开放出的花朵。很快他认识了一个同伴，名叫张玉堂，年龄和他相仿，是北京人。他们都厌烦军营里枯燥寂寞的生活，业余时候爱到处乱逛，人走出军营了，灵魂仿佛也随之自由了。

有一天，袁家楫与张玉堂又出了军营。附近有一座炮台，早年是晚清北洋海军提督丁汝昌指挥作战的地方，他们想去那里看看。刚刚走出军营大门口，就看见路边有个人冲他们笑。那个人姓白，是汪伪海军部队里的翻译，趁着星期天，想骑自行车出去逛逛风景。没想到才骑出军营大门，自行车的链条就断了。他想找人修理，可是四下里瞅遍了，连个人影也找不到。白翻译正在着急，就看见了从军营里走出来两个士兵，挥挥手将他们叫住了。

袁家楫亲热地主动凑上去，顺手递给一支烟，是青岛本地生产的"双猫"牌。白翻译已经急出了一头汗，接过"双猫"烟叼在嘴上，问他们附近有没有修自行车的。袁家楫说，这不难，我可以来试试。张玉堂在一旁敲边鼓，连声说自己这位同伴手巧，让白翻译放心。白翻译将自行车一放，说："你们修好了，帮我送回军营里。"

那是一辆半新的自行车，日本产"宫田"牌。袁家楫蹲下来，鼓捣了几下，自行车链条就弄好了。等白翻译摇摇晃晃走远了，袁家楫说，来，上车，我们走。张玉堂问，往哪走？袁家楫说，逃呀，出军营啊，这么好的机会，再不走，更待何时？

两个快乐的青年跳上了自行车，很快骑出了龙口镇。一出龙口，二人像是关在笼子里的鸟儿重新飞上了蓝天，心里有说不出的兴奋。他们一路骑过了黄县、招远、掖县、平度……骑过黄县之后，他们就发现情况不妙。刘公岛上的汪伪海军察觉到有两个士兵逃跑了，在战争时期，士兵逃跑是要接受军法处置的。刘公岛海军司令部派出一支部队追捕，他们骑着军用摩托车，风驰电掣地朝这边追来。追到黄县附近时，袁家楫和张玉堂甚至能看见骑在摩托车上那些追兵们的影子了。情况万分紧急之时，他们遇到了一支抗日游击队，支队长叫王普刚，将袁家楫和张玉堂藏在沙滩地带的一片芦苇里，叮嘱他们不要乱动。王普刚带领游击队埋伏在路口，朝日伪追兵方向放了几枪，大概是怕遭遇埋伏吧，追兵们下车，在原地叽哩咕噜商量了一会儿，掉转车头回去了。

袁家楫与张玉堂换了身当地农民的衣服，打扮成生意人的模样，王普刚派了几个游击队员护送。到了南村，卖掉了自行车，买了两张火车票——袁家楫回天津，张玉堂回北京。

袁家楫回到了天津，仍然寄住在姐姐、姐夫的家里。姐姐一个劲埋怨他说，家楫，你也不小了，从军营里逃跑是有可能要挨枪子的。袁家楫嘻皮笑脸，说道，万一碰到挨枪子也认了，反正是活腻了。姐姐说，家楫，你怎么能这样说呢？怪姐姐对你不好？袁家楫说，不是的，姐姐对我够好的。只怪我自己命苦，不该生在袁家……说着说着，这两个袁家的"弃儿"都落泪了。

姐姐让袁家楫不要再到处乱跑，就在天津找一所学校去上学。袁家楫说，自己压根不是一块上学的料。

闲着也是闲着，总得找点事干，袁家楫可从来都是个闲不住的人。头一两个月，袁家楫去找那些旧朋友聊天，后来他遇到了一个爱练武的朋友，家里摆放着许多刀枪棍棒。在那位朋友的鼓动下，袁家楫也跟着练起了把式，拿大顶、劈叉、压腿、举凳子……他原来对武术一窍不通，现在入了门，觉得练武也很有意思。

袁家楫在天津呆了大半年，迎来了 1945 年的元旦节。这一年，报纸上各种新闻闹腾得十分热闹，一会儿有消息说，日本"神风队"参加琉球海战了。"神风队"是什么？袁家楫也不清楚，只听周围的天津人说，日本人没有炸弹了，只好用人肉当炸弹，开着飞机楞是往美国的大军舰上撞。一会儿又传来消息，美国对日本人扔了新式炸弹。人们传闻说，新式炸弹名叫原子弹，扔下去一爆炸所有人都会死光，连树木都活不了。过一阵儿又传来消息，苏联军队也参战了，坦克开到了满洲里，一天推进三百里，空降部队已经占领了长春。

袁家楫听了心里头一阵一阵发热。到了这年的 8 月 15 日，袁家楫感到很奇怪，附近日本人的兵营里，平时每天日本兵都要按时出操。可是这一天上午八九点钟了，却没有动静。日本兵既不出操，也没有上街，整个兵营里几乎都看不到日本兵的人影，只有几个站岗的哨兵端着枪直挺挺地站着，脸上没有任何表情。

快到中午，大街上的人纷纷传闻：小日本投降了！人们喜形于色，消息像野火一样四处蔓延。不知谁点着了一挂鞭炮，有人欢呼，有人高叫，一会儿工夫，整个天津城就沸腾了。

日本人投降后，袁家楫的人生出现了一个新的转机。在美国政府的帮助下，国民政府要在青岛成立一个海军训练团，派人到天津来招兵。听说袁家楫曾经在刘公岛汪伪海军司令部受训过，急于搜罗人才的招兵人员找到袁家楫姐姐姐夫的家里，动员袁家楫去青岛海军训练团。姐姐袁家祉、姐夫段昭诞一直在为弟弟没有工作发愁，老天爷送来了这么一个好机会，他们心里当然喜欢。袁家楫呢，一时也找不到更好的工作，于是便答应下来。

关于青岛海军训练团，青岛档案馆曾经赴美国复制过一些档案资料，其中有部分资料详细记录了青岛解放前夕，美国驻青岛领事馆以及美军在青岛的一些真实情况。《青岛日报》2009 年 5 月 19 日的一篇《协建海军训练团：美递来救命稻草》这样写道：

二战结束后，美国为了维持在太平洋西岸的战略地位，决定继续协助国民党政府。国民政府也感觉中国海岸线需要一支海军来维护，以巩固国防。当蒋介石向美方提出协助重振海军时，美国即赠送一批舰艇，前后共赠送国民党舰艇271艘（包括坦克登陆舰、中型登陆舰、步兵登陆舰、登陆艇、护航驱逐舰、布雷舰、扫雷舰、潜艇驱逐舰等，大小自百吨至一万五千吨不等）。

为配合接舰事宜，美国派第七舰队总司令巴贝与蒋介石进行商讨。决定第一步从训练人才着手，培养能驾驶这些舰艇的海军军官。海军总司令陈绍宽与巴贝讨论决定，先在青岛成立中央海军训练团。

1945年12月18日，中央海军训练团在青岛正式成立。22日，在海阳路海军司令部举行了成立典礼。参加受训官兵共236人，即日起开始正式训练。国民政府军政部海军处组长林祥光为主任，第一批两栖训练班美方总顾问由戚丁担任，之后美方总顾问为卡罗。

进入青岛海军训练团之后，袁家楫学习的专业是雷达技术。他清楚地记得，训练班开设在一条街市背后，附近有一家织布厂，一天到晚耳朵里塞满了织布机咔嚓咔嚓的声音。经过短暂的培训，毕业后他被分到"美珍号"登陆艇上。这是一艘美国制造的LSM中型登陆艇，舰艇上可以装载八辆坦克。

袁家楫告诉我，"LSM"这三个英文字母组合，今天看似不知所云，但是在上世纪中叶的世界战争舞台上它绝对是最耀眼的明星。从某种意义上说，第二次世界大战中盟军解放欧洲以及太平洋战争的胜利，正是靠 LSM 等舰艇运送出来的。袁家楫还告诉我，抗日战争中，民生公司成功组织抗战物资川江大撤退（史称"宜昌大撤退"），那场著名战役中，民生公司赫赫有名的镇远、渠江、威远、资江四艘舰艇，就是由美国制造的 LSM 中型登陆艇演变而来的。

袁家楫所在的"美珍号"登陆艇上一共有十五个士兵，轮机八人，舵手、无线电、仪表盘等七人。袁家楫的军职是下士，负责舰艇上的仪表、罗盘等。他像是梦中忽然来到了一个陌生的场所，周围的一切对他来说有一种神秘的新奇感。

记忆尤其深刻的是第一次出海，"美珍号"在大海上航行，一望无际的蓝色海洋让人心旷神怡。一朵朵浪花像蓝色的火焰在海面上跳荡，没有风的时候，登陆艇安静地行驶，像一只诗意的海豚。天空中云彩层次分明，像是用一把油画刮子刮出来的，一丝丝纹路清晰得令人战栗。偶尔有一些船只从旁边驶过，鼓满的风帆，倾斜的桅杆，船上用力摇橹的人影……在隐约可见的气流的衬托下，显示出奇妙的动态感。

"美珍号"的物质生活条件很好，每天早晨起床，厨房里的胖子大厨师已经备好了一杯咖啡，餐厅里有各式各样的西餐早点，洗好的苹果、红红的番茄、煎鸡蛋、烤火腿肠、鲜牛奶……士兵们聚在一起吃早餐，金属餐具在阳光和海水的映衬下闪闪发光。

袁家楫说，当时在登陆艇上服务的士兵，每个月发七块银洋。这是个什么概念呢？当时的一块银洋，如今可以在上海请人吃一顿涮羊肉，或者请两桌西菜套餐。因此，"美珍号"的士兵们个个都是富人，每次航行到了上海，袁家楫都要到高级舞厅里去潇洒一番。

尽管如此，最初的新鲜劲过去后，袁家楫还是感到生活有点单调枯燥。幸好舰艇上有几个美国大兵，他们带来了吃苦耐劳的作战风格，也带来了优雅舒适的生活方式：闲暇时分看电影、听唱片、看书聊天……他们带来的电影拷贝大多是美国水兵的生活片，里头最常出现的场景是士兵们聚在甲板上跳水兵舞。袁家楫身手敏捷，没用多久就学会了水兵舞。

云遮雾罩三公主
——袁世凯的三女儿袁静雪

"美珍号"登陆艇停泊上海港时，袁家楫的心里特别兴奋。

那位高鼻子的美国船长威尔逊笑容满面地站在甲板上训话，他说，登陆艇在上海港，要进入船坞修理，时间大约半个月。在这个时间段里，各位走亲访友，逛街购物，都任由自便。想去酒吧就去酒吧，想泡姑娘就去泡姑娘。经年累月在海洋上航行，嘴里吐出的空气都变咸了，该换个口味啦！汤姆你这个老不死的兵油子，记住麦克阿瑟那句名言："老兵不死，只是悄然隐去……"威尔逊船长半生不熟的汉语中夹杂着英文单词，激起了士兵们的阵阵笑声。

上岸以后，帅气的袁家楫挺起胸板走在南京路的大街上，引得行人纷纷注目。他梳着三七分的发型，脚下穿着锃亮的皮鞋，下身是裤脚宽大的喇叭裤，上身是无领带披肩的水兵服，身后两条飘带，像两只飞舞的蓝蜻蜓。

袁家楫在上海有两个去处。

一是舞厅——袁家楫说，他实在是太喜欢跳舞了，尤其是在上海这种富有魔性磁场的大都市，一切都那么迷人：飘动的裙子，精致的高跟鞋，蓬松的头发，翡翠绿的坠子……时髦男女搂抱在一起，爵士乐的旋律绕着他们的腿，他们的脚踏着美妙的旋律起舞。袁家楫特意花了两块多银洋买了一个星期的舞场券，把一颗漂泊的心，临时托付给那些快乐的舞女。

袁家楫在上海的第二个去处，是三姑袁静雪家。

袁静雪是袁世凯的三女儿，是个富有传奇色彩的人物。这位三公主，长时期被云遮雾罩，成了历史深处的一个隐匿者。首先关于她的名字就有多种不同的说法，她原名袁叔祯，但一直以来，人们有的将"叔"写成"淑"，有的将"祯"写成"贞"，或者写成"珍"。这些都是没有根据也不负责任的谬误。袁世凯有十五个女儿，其中前四个女儿的名字，按兄弟排行的"伯、仲、叔、季"取名，分别是袁伯祯、袁仲祯、袁叔祯和袁季祯。其中"祯"字代表的是她们的辈分。至于她以后改名叫袁静雪，则是因为袁世凯名声臭了，她担心用原来的名字受牵连，不得已而改名。

袁静雪家住在静安寺路底端的地丰路地丰里二号，交通非常便利，乘20路无轨电车直达终点站就到了。地丰路很短，是愚园路的一条支路，只住了十几户人家，都是富户豪门。这里离百乐门舞厅很近，只有不到二百米的距离。百乐门起初是一块英文招牌"Paramount"，原意"至高无上"，突出它的建筑高大以及消费层次高档，上海人习惯于叫它的英语谐音"百乐门"，这个名字很迎合上海人追求吉祥瑞兆、大富大贵的心理。每次袁家楫从百乐门附近走过，看见彩色灯光下飘来飘去的红男绿女，听见舞厅里溢出的《夜上海》的优美旋律，脚板就止不住会发痒：

夜上海，夜上海，

你是个不夜城。

华灯起，乐声响，

歌舞升平。

只见她笑脸迎，

谁知她内心苦闷，

夜生活，都为了衣食住行。

酒不醉人人自醉，

胡天胡地，蹉跎了青春……

袁家楫一边听，一边不由自主地舞起来。他的两只脚踏着歌曲的节拍，几乎是跳着舞来到三姑家门口的。

地丰里二号的那幢花园洋房，上海人称作"汪公馆"，是旧上海一家银行总经理汪义元的家产。汪义元与袁静雪的丈夫杨毓珣是拜把子兄弟，杨毓珣在北方犯了事，要迁至沪上蛰居，汪义元大大方方地让出了那幢花园洋房。

"汪公馆"是英国哥特式风格的豪宅，隔老远就能看见高高的尖顶在太阳下闪光。洋房装修得豪华精致，室内铺柳桉木地板，花式木门，主屋旁边有储藏小屋。整座建筑物底层是客厅、餐厅和书房，二三楼为卧室、起居室。每个房间里都有装有壁炉，装饰华丽，能派上用场的时候却并不多。

袁家楫说，三姑一生没有生育，要过继他做儿子。每次袁家楫到了上海，她就会吩咐家庭厨师做一大桌好菜，直往他碗里夹。三姑平时待他慈爱有加，一旦严厉起来，行事则是男人式的风格。

"三姑那一套男人风格别人都习惯了。她加入了洪门，是女舵把子。她那个精致绣花的手提包里，还放着一把勃朗宁手枪。"袁家楫说。

袁静雪从小就像个男孩子，敢说敢做，百无顾忌。

她与袁克文一样，生母也是袁世凯在朝鲜娶的姨太太金氏。袁世凯任民国大总统时，曾经将她许配给宣统皇帝溥仪。那一场政治联姻未能成功，也不知到底是什么原因。袁静雪在《我的父亲袁世凯》一文中是这么讲述的：

> 我父亲是怎样向清室提出来的，又是委托什么人去提的，我们事先都不知道。在他向清室提出以后，有一天，大哥向我半认真、半开玩笑地说："三妹，我把你送到宫里去当娘娘好不好？"我听了大为不满，哭闹起来，一直闹到我父亲的面前。
>
> 我父亲问明情由，便把大哥说了一顿。后来，他见我一直还在哭闹，就又有意识地说了一句："以后我非把你送礼不行。"我听了，更是不依，就哭着说："我又不是家里的鼻烟壶，爱送给谁就送给谁。你要把我送礼，我死也不去。"说完以后，扭头就走向一旁，不停地哭泣着。
>
> 我父亲听了反倒哈哈大笑起来。这个时候，九姨太太在旁边说："你看她这个样子，孩子不听话还行吗？你还哈哈笑呢！"我父亲接着说道："就为的是逗她那犯混的样子好玩。

她理智高，斗志强，要是个男孩子就好了。我们家的男孩子，没有一个像她那样有勇气的！"

袁世凯的所有女儿中，袁静雪是唯一一个不赞成帝制的人。她曾经在父亲面前揭穿了大哥袁克定伪造《顺天时报》的真相；曾经与二哥袁克文私下商议逃出袁府去英国留学；洪宪帝制期间，她又是唯一一个不肯穿"皇女服"照相的人。她说："所有这些，并不意味着我在政治上有什么独到的见解。但是我爱好自由，不愿意受那更进一步的束缚。"

在袁府，袁静雪曾经当着许多人的面说：父亲现在是总统，我们每天起床后就得扛着"三大件"（指吃饭、睡觉、念书），要是父亲当了皇帝，那我们还受得了吗？闹洪宪帝制那阵子，袁家特地请来了老师，教袁家的王子公主学习皇室礼仪。袁静雪回忆说："对于那些繁文缛节，我是学习一次，哭闹一次。"

有一句话这样说：儿子穷养，女儿富养。袁世凯明白女儿要富养的道理，对袁家的公主们管教比较宽松。袁静雪在《我的父亲袁世凯》中回忆，有一段时间，她和二姐曾经让袁克文带出去听京剧名角王瑶卿、王惠芳等人的清唱，每天从袁府里进进出出，黄包车就停在大门口，袁世凯自然知道，但是他却佯装不知道，什么话也没有说。还有一件事，袁静雪在教馆里顽皮，把石笔研成粉末撒在讲台上，来授课的董文英老师当场滑倒。五姨太向袁世凯报告这一情况后，袁世凯只是把袁静雪叫来，轻描淡写地说了几句："你不好好念书，以后不给你饭吃。"说完便不管了。五姨太为这件事把袁静雪关在屋子里重重责打，袁世凯知道了，板着脸对五姨太说："下次你再敢这样打她，我就照这样打你！"

长大成人后，袁静雪嫁给了杨毓珣为妻。

杨毓珣（1895—1947），字琪山，安徽泗县人。他的父亲杨士骢，清末曾任候补四品京堂、广东补用道、京奉铁路总办、放山西巡盐道，民国初年担任过多届众议院议员。杨士骢兄弟八人，其中三人早夭，剩下五人都中过科举，分别是老大杨士燮、老三杨士晟、老四杨士骧、老五杨士琦、老八杨士骢。其中杨士骧与袁世凯关系密切，杨士琦则是袁世凯的心腹智囊。

杨毓珣出生在这么一个家庭，是要风得风，要雨得雨，仕途走得很顺畅。他曾被保送入陆军大学第四期，由于不是中级军官学校的毕业生，只能旁听。为了取得陆军大学正式毕业生资格，杨毓珣又参加了第五期学习，终于获得了一张毕业证。后来，他曾任江西警备队统领、北京大总统侍从武官、北京政府参谋本部次长等职。

1919 年，杨毓珣与袁静雪结为伉俪。那一年，杨毓珣二十六岁，袁静雪十九岁。

结婚三四年后，这个家庭意外遭遇了一场变故。据民国文人陈灨一在掌故集《睇向斋谈往》中记载：1923 年 5 月，山东发生了临城劫车案，当时杨毓珣正坐在被劫持的那辆列车上。他与车上的中外旅客一起，被土匪绑架到抱犊崮。杨毓珣冷静自如，他侧耳倾听，见有两个小喽罗聊天中谈到了军阀张敬尧。杨毓珣上前搭讪说，你们刚才是在说张大帅——张敬尧？小喽罗白他一眼问，你是何人？认识我们的张大帅？杨毓珣说，不仅认识，而且是把兄弟。大帅身边的文武官员，也都认识。说着他念出了一长串文武官员的名字。两个小喽罗说，毛司令就在这里，想必你应该认识？杨毓珣不紧不慢地回应道，毛司令有两个，一个叫毛思忠，一个叫毛思义，江湖上分别叫他们大毛二毛。不知道兄弟们说的是哪个毛司令？两个小喽罗对视一眼，矮个子抢着说，是大毛——毛思忠，他现在是我们的司令啦！不一会儿，小喽罗将杨毓珣带到毛司令面前，杨毓珣刚说了句，司令别来无恙？毛司令一见是他，十分惊讶，问道，你怎么到这里了？杨毓珣摇头苦笑，说，当年张大帅督湘，你带兵，我居戎幕。一别多年，想不到你当了盗魁，我成了肉票。毛司令笑而无语，带杨毓珣去见土匪头子孙美瑶。通过一番游说，孙美瑶同意招抚，并设宴招待了杨毓珣。此后，杨毓珣下山赴济南，面见了山东省督军田中玉，田中玉听说杨毓珣凭借一己之力说服了众土匪，十分高兴。杨毓珣重新回到山上，说："以后之事，公等自决。吾不及待，行矣。"说罢告辞而去。

本来是一场灾祸，杨毓珣却凭一己之力，化灾祸为吉祥，不仅顺利逃脱，还立下了大功，其应变能力和口才，由此可见。

抗日战争爆发后，杨毓珣是汪精卫集团中的活跃人物。据金雄白在《汪政权的开场与收场》一书中记载，1939年，军事筹备委员会成立，汪精卫任主席，委员有周佛海、杨毓珣等。设招待所于上海哥伦比亚路（现番禺路），以杨毓珣经理其事。汪精卫与袁世凯家族有千丝万缕的联系，是袁克定的金兰兄弟，杨毓珣旅游巴黎时与汪精卫也是旧识，因此，汪精卫抵达沪上时，杨毓珣表现最为活跃。

当时有传闻说，汪精卫政权成立后，杨毓珣将出任上海市长，不料日本人看中了曾担任过上海总商会会长的傅筱庵，抢走了这个位置。不过杨毓珣没有什么好后悔的——民国二十九年（1940），双十节，傅筱庵在自己的家里被军统特务收买的佣人暗杀。

杨毓珣后来担任了汪精卫政权山东省省长一职，被汪精卫授予陆军上将军衔。1945 年 8 月 15 日，日本宣布无条件投降，日伪山东省政府随之土崩瓦解。伪职人员或离职或潜逃，杨毓珣等少数几个高级官员既不敢逃，又无事可干，整日呆在省政府里如坐针毡。

这年的 9 月 1 日，国民政府山东省长何思源乘坐火车来到济南，杨毓珣随同日军代表到车站去迎接。很快，国民政府山东战地收复委员会正式接收了日伪山东省机关，杨毓珣的煎熬总算结束了。

关于杨毓珣的死有几种说法。熟悉汪伪政权内幕的金雄白在《汪政权的开场与收场》中说，抗战胜利后，杨毓珣"自投受鞠，遭受极刑"，被国民政府枪决了；而对汪伪史料极熟悉的香港掌故大家高伯雨，在《听雨楼随笔》中说，杨毓珣是在监狱中患病身亡的。

其实这两种说法都不对。采访中袁家楫告诉我，抗战胜利后，三姑夫杨毓珣被关押在上海提篮桥监狱，他曾经随三姑去探过监。杨毓珣不高，长得白白胖胖，面相慈眉善眼，同任何人说话，他总是笑眯眯的。"在牢房幽暗的光线中，三姑夫看上去像是一尊弥勒佛，永远都在笑着。"

那个时候杨毓珣还很乐观。过了不久，他终于从监狱里放出来了。那天晚上，袁静雪吩咐家里大厨多准备一些菜，准备好好庆祝一番。也许是高兴过头了，杨毓珣多喝了几杯酒，中了风，不治身亡。

袁家楫说，乐极生悲，三姑夫死了，三姑哭得非常伤心。三姑一直是个快乐的人，袁家楫这一生，从来都没有看见三姑那么伤心欲绝，他看见三姑哭成了个泪人，由两三个人搀扶着，像一团稀泥，瘫软在地上站不起来了。

袁家楫在大陆、港台流徙

　　送走了丈夫杨毓珣，袁静雪把剩下的全部希望都寄托在养子袁家楫的身上。当她知悉袁家楫在海军登陆艇上干了几年，仍然是下士军衔，咬咬牙说：不行，这世道还是得求人。她写了个纸条交给袁家楫，让他去找杨毓珣以前的老朋友——海军总司令桂永清。

　　桂永清是江西人，个头不高，身材微胖。他看过纸条，当即写了个批示，让袁家楫去南京司令部找一个管人事的严处长。严处长立即安排袁家楫去江阴当了一名教员，负责教士兵们雷达技术，军衔也提升为上士，相当于班长。

　　当时风声已越来越紧，解放军大军压境，国民党军队像迁徙的候鸟，一队队从北方往南方飞。袁家楫在江阴呆了半个学期，部队迁往青岛，他回到了熟悉的北方，被分配到海军潜艇学校当助教。

　　到了1948年，国民党海军舰艇的主要任务就是运送物资和士兵往台湾撤退。青岛海军潜艇学校解散了，袁家楫被分到"兴安号"舰艇上，经常在大陆与台湾之间来回跑。

　　再到了1949年，袁家楫被调到"中胜号"舰艇上。凑巧的是，舰长姓黄，他听说袁家楫是袁世凯的后人，主动找上门来。黄舰长说，当年他毕业于美国梅安美海军学校，与袁家彰是好朋友。袁家彰是袁克文与刘梅真生的儿子，是袁家楫的二哥，早年去了美国，已多少年没什么联系了，忽然冒出来这么一位二哥的好朋友，而且还是他的顶头上司，真是喜从天降！

那位黄舰长对袁家楫始终很友善，将他升为少尉，工作仍然是管舰艇上的雷达。"故人依稀梦中见，想起来那么亲切，仿佛就在眼前——可是一晃六十多年过去了，也不知道黄舰长到底还在不在人世间？"袁家楫似乎是自言自语地唠叨着，他告诉我，黄舰长后来担任过国民党海军驻美国的武官，建国初他们还有书信联系，后来关系慢慢也中断了。

袁家楫第一次到台湾，对这个漂泊在海洋中的岛屿印象并不好。在基隆港，临时搭建的简易棚子随处可见，他看见一群随军家属就住在码头上，神情凄迷，惶恐不安。袁家楫感到，蒋介石是没希望了，不能把自己绑在国民政府这架即将驶向毁灭的战车上。

"中胜号"到台湾后，经常要停驻比较长的时间。袁家楫是个爱动不爱静的人，一旦闲下来会很不习惯。听说叔伯姐姐袁家姑在台北，他便去找她。

"中胜号"配备有一辆吉普车，袁家楫开着吉普车，带着袁家姑到处兜风，阿里山、日月潭、澎湖列岛、淡水小镇、北投温泉……只要他们知道地名的地方都去逛了。

电台天天在播送前线战报，国军失利的消息像汹涌的暗潮在地下奔涌，袁家楫对台湾的前途愈加失望。他在心中谋划，一定要找个机会逃出这座孤岛。

不久机会来了。"中胜号"舰艇接到一个新任务：运送一批海军陆战队队员去马祖岛。袁家楫报名参加，黄舰长二话没说，答应了他的请求。袁家楫回到宿舍，黄舰长跟在他身后追过来，低声问他："你在香港有没有亲戚？"袁家楫不由得警觉起来，他想了想，回答道："有，舅舅刘懋颐（袁克文元配夫人刘梅真的弟弟）、十一叔袁克安。"黄舰长一听高兴起来，说道："好，到时候请他们帮忙，买点香港货弄到台湾来卖，现在台湾什么物资都紧俏。"

舰艇中途要经过内伶丁岛、外伶丁岛。这两个岛屿荒无人烟，以前是英国人鸦片走私的基地，岛上生长着茂密的红树林，还有各种珍稀的鸟类在这里自由自在飞翔。舰艇抵达外伶丁岛的那天是晴天，袁家楫站在一块崖壁上，隐约可以看到海洋那边的香港楼房。

"中胜号"停泊在外伶丁岛，黄舰长派了几个心腹军官，乘坐一艘小汽艇到赤波岛。赤波岛上有个海岛旅馆，名叫"水上人家"，黄舰长同旅馆老板很熟悉，亲热地打招呼，彼此用当地俚语开玩笑。不一会，旅馆老板找来了一个船老大，叽哩咕噜商量了一阵，又是说又是用手比划，看样子好像在谈价钱。

船老大是个文静的青年人，并非像江湖传说中的那样，满脸的络绸胡子、一脸的匪气。船老大领着袁家楫和几个军官上了船，按照计划，他们将偷渡到南风洲岛，在南风洲岛搭乘过海轮渡，抵达香港。一路上，袁家楫提心吊胆，生怕露馅了被香港警方捉住。不过还好，沿途无惊无险，袁家楫一行人登上过海轮渡时，香港警察摆摆手就让船老大过了。袁家楫心里暗暗想，有钱能使鬼推磨，打点了银子就是不一样。

没有办理任何手续，袁家楫就来到了香港的土地上，回忆起来像是在做梦。轮渡在香港一靠岸，他随着那几个军官走下船，深呼吸了几口，然后说要去买烟，趁此机会，他跳上了一辆缓缓启动的无轨电车，向同伴们挥了挥手，就此消失在茫茫人海中。

舅舅刘懋颐住在香港旅屯山道 99 号。那幢小洋楼很有些年头了，据说楼主原来是一个英国人，后来回了英国。小洋楼有着浓郁的异国情调，重新粉刷过的墙壁门窗，掩不住旧时岁月的风霜。墨绿色的蔓藤缠绕着，在夕阳照射下，散发出青黑色的幽光。

舅舅刘懋颐在香港做贸易生意，生意不大也不小，日子不好也不坏。见了袁家楫，他掩饰不住满脸的高兴，一叠声感叹："俗话说夫妻本是同林鸟，大难临头各自飞。其实何止夫妻，一个大家族的成员同样如此。在这动荡的战乱年代，亲人能在异乡相遇，不容易，不容易……"

袁家楫在舅舅家住了几天，发现舅舅虽说待他很好，可是舅妈却并不欢迎他这位不速之客，脸色冷淡不说，每天还不停地抱怨香港物价高，养活一个人困难，话中藏话，明明是在撵他走。

于是，袁家楫来到了铜锣湾，去找十一叔袁克安。

铜锣湾位于香港岛的中心北岸之西，是香港的主要商业及娱乐场所集中地，那里的购物区租金昂贵全球闻名，仅次于美国纽约的第五大道。袁克安家住国泰公寓，那几幢高档公寓是香港国泰航空公司的住宅区，袁克安时任这家航空公司总经理。

关于袁克安的生平履历，几年前我在旧著《袁世凯家族》中曾有所提及，现摘录如下：

> 十一公子袁克安是袁氏家族的一个异数。此人是五姨太杨氏所出，早年在美国留学十年，取了个英文名字叫亨利·袁，生活习性上"全盘西化"，甚至还在美国出版了一部研究英国文学的学术著作，发行量不大，没有什么影响。因为年幼出国，他中文变得生疏，回国后曾经和几个侄子辈一起读家庭私塾。二十几岁的大同学和蒙童坐在一条板凳上，他也感到难为情，遂主动辞学，发誓要靠自学成才。不过此人确实聪明，背古文、读诗词、习颜体书法，中文长进相当快，还学了几出京剧。
>
> 他的婚姻是自由恋爱的。第一个妻子是天津大盐商"李善人"李士铭的女儿李宝慧。李氏家族是天津历史上的一个望族，其乐善好施由来已久。传说在清道光年间，李家祖先李文照避难河北定兴，黑夜泊舟，依稀听到有人呼救，李文照披衣下床，提灯细看，四周并无人影。可是躺在船舱里，又听见了呼救声，再起床看，仍然无人。如是再三，李文照想，江上一片寂静，只有三五点渔火闪烁，也许是鱼群求救吧？遂出资买了渔人捕获之鱼，悉数放入河中，从此得到了"李善人"的称号。"李善人"传到了李士铭这一代，已经是第八世了，李士铭秉承父志，一生中创办了保生社、救生

会、施医局、戒烟所等慈善机构，捐资修建了文昌祠、千福寺等。长子李宝臣（李宝慧的哥哥）组织过中国慈善会、天津慈善事业会等，担任过天津备济社、积善社、明德慈济会的董事，是中国著名的老一辈慈善家。

李宝慧病故之后，袁克安开始追求天津租界外号叫"美国张"的张美生。当时张美生是天津洋场著名的交际花，追求者众多。袁克定能独占花魁，证明他在征服女性上有实力，也有魅力。袁家人提到袁克安，都说他更像是一个美国人。袁克安有二子：长子袁家华（袁律），次子袁徽。

对此袁家楫告诉我："张老师，你书中说十一叔袁克安的夫人叫张美生不对，她叫张美丽，有一张充满喜气的洋娃娃脸，像旧上海广告画里的那些明星。"

妖冶性感的十一婶张美丽接待了袁家楫。张美丽眨巴着一双大眼睛，向侄子袁家楫诉苦："你十一叔到美国去了，把两个孩子留给了我。"

原来，袁克安有一次接待美国陆军航空队中将陈纳德，被陈纳德看中，点名要他去当秘书，他只好把妻子和两个儿子留在了香港。当时两个儿子还小，在读小学。袁克安呢，整天跟着陈纳德在天上飞来飞去，一会儿美国，一会儿台湾，一会儿香港……

袁家楫在十一婶家里住了几天，终于等到袁克安回香港了。袁克安果然沾染了不少美国人的作派，西装革履，头发抹得油光，皮鞋擦得锃亮，胸前系着条花格子领带。袁克安性格热情开朗，将侄子袁家楫紧紧搂抱在怀里，用手不停地拍打他的后背，说道："哈罗，太好了，十年久旱逢甘霖，万里他乡遇故知，人生快事，人生快事！"袁克安是在美国长大的，中文本不怎么样，却偏偏喜欢显摆中文，而且爱夹杂半文不白的古诗句。

袁克安听袁家楫讲述一路从大陆到台湾，又从台湾到香港的曲折经历，开心得像个孩子似的大笑，说道："好啊，政府让你免费旅游，要不是生活在这个特殊的动荡时期，你小子恐怕连想都不要想。"

两个人聊了一阵，谈起了袁家楫的工作问题。袁克安说，有两条路，任你挑选。第一条路，到国泰航空公司去上班，公司有个打字员职位，如果愿意，下周去报到；第二条路，去美国找你三哥袁家骝，我知道他在美国混得还不错，让他找一所学校，你继续去读书。

袁家楫心里想，在香港做打字员，天天呆在办公室里和一群小姑娘在一起混，泡妞倒是挺方便，可是那算是什么男子汉的事业？到美国去念书呢，提起念书他就感到头痛，自己根本不是那块料，再说凭自己那几句跟美国大兵学来的江湖英文，要考进一所大学也难。他寻思着，始终没有把心里的话说出来。

再说袁克安，他在香港的行程安排得满满当当，有太多的业务要接洽，有太多的老朋友要会面。袁克安的家住在五楼，住在六楼的则是曹汝霖。由于挨得近，袁克安回香港后两家经常串门。多少民国旧事与袁曹两家关系密切，给袁世凯致命一击的"二十一条"，台前幕后到处可以见到曹汝霖的影子，没想到袁家后代又与曹汝霖成了好朋友，倒也不失为一段佳话。黄兴的儿子黄一美也住在国泰航空公司住宅区里，袁克安与黄一美也有往来。此中更有深意：一个的父亲是民国大总统，另一个的父亲是要推翻大总统的革命党领袖，两人的后代成了好朋友，恐怕是他们的父亲始料不及的。与袁克安走得近的，还有奉系军阀吴俊升的公子吴泰勋，听说他是军统特务头子，杀人如麻，可是在袁家楫的印象中，吴泰勋始终笑眯眯的，与杀人如麻的形象挂不上钩。

过了几天，袁克安又飞走了，袁家楫继续在香港滞留，他在徘徊，不知道自己该往哪个方向走。

他抽空给天津的姐姐袁家祉写了封信，很快袁家祉回信了，简单说了说天津解放后的情景，社会上还比较平静，市民都还在观望中。听说游资在粮食、棉纱、棉布、黄金、美钞、证券等几个市场往来游荡，兴风作浪，成为稳定市场的极大阻力，天津市军管会发布命令：证券交易市场暂停，粮食、棉纱、棉布市场严格加强管理，黄金、美钞市场被取缔。这样一来，市场风声鹤唳，物资紧缺，生活恶化了。袁家祉在信的末尾说，孩子营养不良，奶粉脱销，弟弟如果有机会，请从香港代买几罐奶粉以及其他维生素滋补品。

姐姐的信，更是勾起了袁家楫思乡的愁绪。

袁家楫在香港没事干，他想回天津。闲暇时，他爱到维多利亚码头去打听消息。有一天，袁家楫见一艘"湖北号"海轮停泊在码头上，他踏上甲板，打听以前在海军舰队的一些战友。

有个穿水兵服装的人迎上来，脸上挂着笑意，让人觉得温暖。
那人自我介绍，说他姓苏，叫苏文元，问袁家楫找谁。袁家楫说了
他以前两个战友的名字，一个叫金世雄，一个叫张柏，都是学轮机
的，听说分配在"湖北号"舰艇上。苏文元点头说，没错，金世雄
和张柏，都是这艘舰艇上的人员，可是前不久另外一艘舰艇临时缺
少人手，把他们二人借去了。现在听说他们的舰艇在跑菲律宾、马
来西亚那条线路。

袁家楫有点失望。苏文元又问他贵姓，祖籍是哪里。袁家楫如
实回答。苏文元有些吃惊："噢，你是袁家人？袁世凯的孙子，袁克
文的儿子？你的哥哥袁家骝是个著名的科学家，我也听说过呀。"

袁家楫向他打听解放后天津的情况，苏文元告诉他，天津情
况挺好的，社会安定，老百姓安居乐业，一派欣欣向荣的景象。还
有，在天津时也听说过袁家的一些情况，政府对他们不错，没有一
个人受到任何政治冲击。苏文元建议袁家楫回天津老家去看看，如
果找不到工作，还可以再回香港。

袁家楫本来就有回天津的想法，苏文元这么一说，他完全动心
了。等到苏文元以及那艘"湖北号"舰艇再次到香港，袁家楫收拾
好行李，在一个天擦黑的傍晚悄悄溜上了舰艇。

舰艇在大海中航行，海的颜色由绿变浅蓝，又由浅蓝变成墨
蓝。袁家楫心潮起伏，回想自己这一路走来的经历，虽然有许多欢
乐，也看够了人世间的势利白眼，尝遍了社会底层的苦楚。现在的
他是个孤独的漂泊者，没有家，亲人也离他很遥远，而且社会动
荡，亲人恐怕无暇顾及到他了，自己必须做个坚毅勇敢的男子汉，

随时准备去独自承受一切。他像是一位历经了半个世纪沧桑的老人，心已经很老很老了，可是实际上当时他还是一个还不满二十二岁的青年。

袁家楫回到天津是在 1950 年 5 月 25 日。舰艇靠拢码头，他是在天津大光明影院附近上的岸。登岸前，苏文元找到袁家楫，让他等等。苏文元从甲板上走过去，来到戴红袖章的解放军士兵跟前，小声嘀咕了几句。不一会儿，苏文元走回来，帮助袁家楫拿起行李下船。走到那几个解放军士兵面前，苏文元使了个眼色，士兵点点头，开始检查袁家楫的行李，士兵们马马虎虎，连几口皮箱的锁也没有打开，就用一支红笔在大皮箱上面写了一个大大的"免"字，顺利放行了。

"这辈子的遭遇尽是伤"
——袁家楫的命运拐了个弯

袁家楫回到天津后的第三天，有两个人来找他。

那两个身着公安制服的人骑辆带侧斗的摩托车，一个腋下夹着个黑色公文包，腰里别着把手枪；另一个戴双白手套，驾驶着摩托车。他们径直来到袁家祉的家门前，敲了敲门。开门的是袁家祉，她一见来人的打扮，不知道出了什么事，愣在那儿问对方找谁。当她知道是找袁家楫时，心猛地往下一沉，担心这个爱惹事的弟弟，是不是又惹什么事了。

那两个人自报家门，说他们是天津市公安局一处二科的，腋下夹黑色公文包的那位是科长李文达。他们说，要请袁家楫到公安局去一趟，配合调查一些事情。袁家楫二话没说，跟着他们跨上那辆摩托车，一溜烟似的走了。

直到下午，袁家楫才从公安局回来。姐姐袁家祉问他，发生了什么事？袁家楫没事儿似的直摇头，说，也没什么事，公安局想了解我在香港滞留的一些情况，帮我洗清身上的污泥，便于将来安排工作。姐姐不相信，反复问他，可是袁家楫回答的仍是那几句话。

　　袁家楫回答的是实情。那天去天津市公安局一处二科，李文达开门见山地说，他是受苏特派员指使来了解情况的。袁家楫问，哪个苏特派员？李文达说，苏文元呀，把你从香港弄回天津的那个人。袁家楫现在完全明白了。自己即使是孙悟空，也逃不过如来佛的蒲扇巴掌。李文达说，你放心，如果没有历史污点，共产党是要用你的，现在新政权刚成立，正是用人之际，只要有才能的都能得到重用。

　　袁家楫心想，自己还不到二十二岁，身上哪里有什么历史污点呢？于是他开始讲述，从刘公岛受训逃跑，到重新参加青岛海军，跟随舰艇去台湾，偷渡跑到香港，在香港见到了舅舅刘懋颐、十一叔袁克安，还有十一叔的好友曹汝霖、黄一美、吴泰勋等等，这一路经历惊心动魄，像讲惊险故事一般。交待完毕，袁家楫还不忘声明一句：我一身清白，没有历史污点。李文达科长点头说，你放心，组织上决不会冤枉一个好人，也决不会放过一个坏人。说着，李科长发给他一张表格，抬头是"天津市公安人员工作登记表"。袁家楫寻思道，哈，折腾半天，原来是让我当警察啊！填完表，又现照了几张登记照，贴在了表格上。李文达科长说，好啦，你可以走啦，回家去等消息。

　　那次填表以后，袁家楫以为自己将来就是去当警察了。

　　袁家楫说，排除了台湾特务的嫌疑，他释怀了，高兴得像个孩子。袁家楫是个闲不住的人，他又开始到处去玩，认识了不少新朋友。

袁家楫新认识的朋友中有个人叫姜熙尚，是老天津闻名的大户人家"堤头姜家"的后代。姜家靠养船发家，其先人自清朝乾隆年间便在天津堤头落户，养渔船、运官粮、立字号、开票号，一度还被朝廷允许开炉铸钱，真可谓风光一时。姜家后来家道中落，宅第被官府没收，抄家破产。不过瘦死的骆驼比马大，没落了的姜家，小日子依然过得可以。袁家楫曾经跟随姜熙尚去过他家，临街的门楼前有一对石狮子，从高高的台阶走上去，双扇门板上布满了拳头般大小的木头疙瘩，显得庄重威严。

他们最爱去的地方是天津的各个舞厅。袁家楫结交的新朋友，男的除了姜熙尚外，其余的都是女舞伴。"《红楼梦》里说，女人都是水做的，这话说得好，一个个纯纯净净的，不像男人那么浑浊。"八十多岁的袁家楫老人坐在我对面，静静地说着他的人生领悟。

有个女舞伴名叫罗凤琪，有一阵要结婚了。婆家是天津新八大家之一的卞家，天津卞家当年也是赫赫有名的富户，有民间歌谣作证：

> 天津卫，有富家，估衣街上好繁华。
> 财势大，数卞家，东韩西穆也数他。
> 振德黄，益德王，益照临家长源杨。
> 高台阶，华家门，冰窖胡同李善人。

民间歌谣中以卞家打头，加上韩、穆、黄、王、杨、华、李共八家。卞家先人创立了中国药业的老字号"隆顺容"，其药品系古方自制，货真价实，疗效良好，最初只服务于本家及亲友，少量外销，后来逐步发展壮大，誉满津沽，生意十分兴隆。

罗凤琪的未婚夫叫卞雪翔，是青年才俊，仪表堂堂。舞伴们闹闹哄哄，说罗凤琪呀，你马上要出嫁了，以后来跳舞的机会少了，一定要在这儿办婚礼，也是个有纪念意义的告别仪式。卞雪翔是个新派青年，同家里商量，家里也立马答应了舞伴们的这个请求，由袁家楫出面，包下了整座维克多力的大厅，开婚礼 Party。老板见是舞蹈王子袁家楫亲自来洽谈，满口答应。

在袁家楫的那一帮玩伴中，有两个人的舞跳得最棒。男的不消说，是袁家楫。他曾经在当时的一次舞蹈比赛中，夺得了全天津第一名。在英租界马场道有名的维克多力西餐馆，只要袁家楫一进门，钢琴手就会改换曲目，弹奏起 *IN THE MOOD*，在场的人都知道，舞蹈王子袁家楫来了。女的就是罗凤琪，她与袁家楫联手跳的吉特帕，出神入化，让人叫绝。

袁家楫和罗凤琪被看作是维克多力舞厅里的金童玉女，如今玉女就要嫁人了，人们欢呼着、闹腾着，要他们跳最后一曲。

在众人的欢呼声中，袁家楫和罗凤琪出场了。袁家楫穿一身黑色燕尾服，脖子上系了只蝴蝶结，笔直的裤管底下露出金猴皮鞋锃亮的鞋尖，像是个潇洒英俊的王子。罗凤琪呢，一身新娘装束，浑身上下散发出掩饰不住的喜气。袁家楫走向前去，弯腰做了个请的姿势，全场掌声响起，随着音乐的节拍，俩人欢快地跳起了吉特帕。

吉特帕是起源于美国西部的一种牛仔舞。这种随着爵士音乐节拍跳动的快四步舞，被说成是水兵舞，美国大兵爱在军舰上跳，跳起来摇摇晃晃，仿佛是在甲板上站不稳的那种感觉，看上去有一种诙谐的味道。

在爵士音乐热烈的伴奏下，袁、罗二人先用脚尖后用脚跟相继落地，发出响亮的踢踏声，俩人的身体前倾后仰，膝部屈屈伸伸，动作配合得极其协调。幽暗的舞池里灯光明明灭灭，有人开怀大笑，有人高声尖叫，袁家楫感觉自己似乎是在一个疯狂的漩涡中往下坠落，幸福的眩晕令他的身体微微战栗。

为他们伴奏的是老树皮乐队——"对，没错，就是这个名，老树皮。"袁家楫告诉我说，建国初那阵，天津老树皮乐队也曾风靡一时，领头吹萨克斯管的姓凌，蓄一头披肩发，浑身上下流露出艺术家范儿。弹钢琴的是王金钰，到美国留过学，与袁家楫很熟悉。还有吹小号的、弹低音贝斯的、打架子鼓的……袁家楫说，后来全国著名的那支老树皮乐队，借用"老树皮"三个字有取巧的意思，不过后来居上，成功了。人们如今提起"老树皮"，只知道范圣琦的那支乐队，没几个人知道半个多世纪前旧天津的"老树皮"。

一曲吉特帕跳下来，舞厅里响起了暴风雨般的掌声。二楼上头吃西餐的有许多外国人，一个个也都起立鼓掌，有人脱掉帽子往空中抛，有几个美国大兵在吹口哨，有人抱着一束花向舞池中央走来，要献给他们……

那些日子袁家楫出尽了风头。然而祸兮福倚，福兮祸倚。

有一天，从二楼贵宾席走下来一个陌生人，径直走到袁家楫面前，微微欠身打了个招呼，拿出个笔记本要请他签名。袁家楫潦草写下了自己的名字，也没怎么去热情搭讪。事后有人告诉他，陌生人是天津卫的一个大人物，袁家楫的冷漠态度刺伤了那个人，只怕

"后会有期"。

袁家楫有个要好的女舞伴叫潘祖琪，人称潘小姐。有一天舞会散场后，私底下对他说："家楫，最近你风头出得太大了，劝你一句，别再这么玩了，要小心哪。"袁家楫笑笑说，没事，我一个闲人，不得罪谁，会有什么事呢？

袁家楫记忆最深刻的是 1950 年圣诞节。他在维多克力西餐厅订了一桌席，五男五女，都是平时玩的舞伴。袁家楫一进维克多力，音乐声就响起来了，像迎接国宾似的。预订的宴席桌上写了个牌子：袁四爷订座。等舞伴都到齐了，准备开席的时候，饭店经理亲自带着两个迎宾小姐，抬着个大花篮走了过来，音乐声再次奏响，全场的目光都被吸引过来了。

没想到，那天在维克多力吃饭的还有袁家人。那是六叔袁克桓一家，有袁克桓的妻子陈徵、儿子袁家宸、儿媳王家瑢等等。"幸好那天六叔到南方巡查他的企业了，没在天津卫，要不然被六叔看见了那个场面，更是不好说。"袁家楫搔着后脑勺这么说。

那天的情景是这样的：袁家楫和一帮男女舞伴闹腾得正欢时，一个穿玫瑰红制服的西餐厅侍应快步走过来，低声说："袁先生，那边有人叫你。"袁家楫跟随侍应过去，第一个看见的是袁家宸，接着又看见了六婶陈徵。

陈徵是晚清江苏巡抚陈启泰的二女儿，当年嫁到袁家时，袁家曾派火车专列到长沙去迎娶。她是一名思想开放的知识女性，年轻时多次乘坐飞机，来往于北京、天津与上海之间，性格开朗，作风泼辣，据说连袁克桓都让着她。陈徵眼睛盯着袁家楫看了一会儿，轻声说了一句："家楫呀，你是袁家人，处处要注意影响。"说着脸绷得紧紧的，像是神龛上的一尊木雕。袁家楫连连点头，说六婶教导得对，侄子以后注意云云，可是陈徵好像没听见，闷坐在那儿不吱声。见气氛有点紧张，袁家宸出面打圆场，把袁家楫拉到一边，小声埋怨道："你太过分了，刚才没见老太太气成什么样儿了。"袁家楫仍是轻描淡写地一笑，说道："这有什么呀，开心呗。"

袁家楫没想到，这回他真的是玩大了。

1950 年秋天，中国政府决定向朝鲜派兵，史称"抗美援朝"，国内的风声渐渐趋紧。袁家楫熟悉人性，却不熟悉政治，他仍然天天往舞厅里跑。

深秋的一天傍晚，袁家楫从姐姐家出来，要去维克多力西餐厅。走过胡同拐角处，他发现身后跟踪了一个人，表情神秘，眼光躲躲闪闪。那人是乞丐打扮，见袁家楫已注意到他，身子一闪，躲进了一个角落。袁家楫不动声色，悄悄朝那个方向走过去。

袁家楫忽然出现在那个乞丐面前，一把抓住了他的手腕，冷声笑道："这么白净的手，指甲缝里一点灰都没有，你这个叫花子扮得太不像了！"仿佛是一个变戏法的生手忽然被人戳穿了老底，乞丐只好尴尬地笑着。

遭遇了那次乞丐盯梢之后，袁家楫开始有所警觉。他减少了去舞厅的次数，除家庭舞会外，其他有陌生人参加的舞会他不介入，平常也很少出门了。

这时候天津大大小小的报纸登载了许多消息。1950 年秋天，天津市公安局破获了一起"阴谋爆炸纵火案",抓获国民党特务王明五、乔振东等人,并搜出了炸药、雷管和几封密信,由此,一场大规模的清查和镇压反革命分子的政治运动展开了。

袁家楫怎么也没有想到,自己会被政府当作特务抓起来。1951年4月15日,那天是个星期天,袁家楫从姐姐家里出来,到维克多力舞厅去参加一个朋友的生日宴会。刚刚走到二楼楼梯的拐角处,后面跟上来两个便衣,拍拍他的肩膀:你叫袁家楫?袁家楫回过头来,还没来得及答话,一副冰凉的手铐便铐在了他的手腕上,那两个便衣悄声说:别声张,跟我们走一趟。

"回忆起来像是一场梦,惊心,揪心,伤心……"袁家楫拿起一块手帕不停地擦拭眼泪,苍老的声音恍若从时光隧道中穿越而来,使我想起深夜里沙哑的胡琴声。

"说说爱情吧,换个轻松点的话题。"袁家楫老人大概是想让凝重的气氛缓和一些,喝了一口茶,又接着讲了起来。

在一次舞会上,舞伴罗凤琪对袁家楫说,你不能这么玩下去了,找份工作吧,再谈个女朋友,成个家……袁家楫说,工作我已经有了呀,天津市公安局,我填了表,上头还没批下来。罗凤琪问,多久了?袁家楫想了想说,差不多有半年了吧?罗凤琪笑了笑,说,你这人真有意思,半年了还没音讯,也没见你有什么着急。袁家楫说,我天生是乐天派,遇事想得开,该来的终归要来,不是你的强求也得不到。

闲聊了一阵,罗凤琪将话转入正题:"我给你介绍个女朋友吧？"袁家楫知道罗凤琪说的是谁，却故意不接茬，说道："你看我现在这个样，没工作，没收入，填了表长期在等待，而且又住在姐姐家，哪里能谈女朋友？"罗凤琪说："这些人家都了解，她不嫌弃，只想得到你这个人。没工作，人家可以养活你；没地方住，可以先住到她家；人家还说了，将来你如果有了工作，不在天津，无论分到哪个省，她都愿意跟你去。"袁家楫仍然想推辞，摇摇头说："如果找不到工作，将来我想去香港。"罗凤琪说："人家说了，愿意跟你去任何地方——当然包括香港。"

话说到这个份上，袁家楫没退路了，他问："是刘樱茹？"

罗凤琪点点头，目光中投来一丝赞许。

袁家楫是个聪明人，明白罗凤琪一直想撮合这桩美事。更关键的是刘樱茹对他一往情深，这一点，袁家楫早已从她含情脉脉的眼神中读懂了。

刘樱茹貌美如花，是维克多力舞厅所有女子中最漂亮的，追求者众多。在众多的追求者中，姜熙尚是其中之一。前边说过，姜熙尚是袁家楫的好朋友，朋友妻不可欺，虽然刘樱茹并不是姜熙尚的妻子，但袁家楫不愿意背上挖朋友墙角的名声——尽管他心里也喜欢刘樱茹。

每次姜熙尚想约刘樱茹，都是请袁家楫出面。也只有袁家楫出面，刘樱茹才肯出来。姜熙尚如果单独约她，她是绝不肯出来的。袁家楫说，那时候他也为此感到很痛苦。有一次，刘樱茹甚至把话挑明了，她对袁家楫说："人家都说爱情是自私的，可是你为什么偏偏那么大方？"袁家楫佯装糊涂，反问道："怎么我大方啦？"刘樱茹将头仰得高高的，说道："以后如果你约我出来，可以；如果有姜熙尚，我是不会来了。"说罢冲他微微一笑。

那一笑，袁家楫一直回味了几十年。

之后袁家楫在"镇反"运动中被逮捕，在牢房中一关就是三年，释放后辗转社会底层。直到七十年代以后，已成为美籍华人的罗凤琪从洛杉矶回天津探亲，邀约了旧时的三五个舞伴相聚，地点是维克多力旧址——起士林老字号餐厅。那次会面，罗凤琪告诉袁家楫一个地址，是刘樱茹在美国的家。罗凤琪说，你应该给她写封信，我们经常在一起，常念叨你呢。

袁家楫给刘樱茹写了一封信，字里行间流露出淡淡的歉意。他在信中说，你给我一颗火热的心，我却给了你一盆凉水，真对不起。当年为了成全朋友，姜熙尚，你还记得吗？那个人现在也不知去了什么地方……

很快，袁家楫收到了刘樱茹的回信。她在信中说，过去的事就让它过去，不要再提，你说的那个姜熙尚我不认识，也不想知道他的任何消息。人生七苦，求不得是其中一苦，人生玄机谁能参得透呢？既然今生无缘，就把它放在心里烂掉吧。希望你好好保重身体，爱护你自己，也是爱护大家。

袁家楫捧读刘樱茹的亲笔来信，一颗泪珠无声地滴落下来。

刘樱茹的丈夫是个科学家，西安人。1952 年她随丈夫移居美国。那一年，袁家楫正规规矩矩地蹲在监狱里。他不知道有一个苦苦相思的女子，犹如孔雀东南飞，五里一徘徊，渐飞渐远。

前几年刘樱茹回国，到西安去接女儿，绕道天津，来见了当年维克多力舞厅的一些老朋友。白云苍狗，岁月留痕，昔年二十多岁的少男少女都成了白发苍苍的老头老太太。那天的宴席安排在天津"上海年代"饭店，非常怀旧的一个地方，装修风格婉约精致，悬垂的水晶珠帘、贯穿整体的雕刻花蔓、墙壁上复古风味的壁画……仿佛让人回到了五光十色的旧时代。袁家楫说，那天参加宴会的有好几个当年的老舞伴，也还有一些新朋友，如天津大学教授赵慧芬，天津"李善人"的后代、画家李岱君等。

虽说上了年岁，刘樱茹的穿着打扮依然清爽养目。初秋季节，她穿了件蓝白色丝绸长袖旗袍，外边套了件羊毛衫，头发梳得丝丝服帖，发髻上插着一支翡翠发簪，尽显民国闺秀的端庄。"她还是老样子，说话节奏快，喜欢上高档餐厅……"袁家楫说这话时，眼中隐约有泪光闪烁。人面桃花，劫后余生，永远唤不回的青春，何况还经历了岁月的蹉跎，哪里会"还是老样子"呢！只不过老人心目中她"还是老样子"罢了。

一辆囚车呼啸着从大街上驶过。袁家楫回忆说，那天他被抓上囚车，直接送到了天津监狱。一关就是三年，这中间没有任何提审，也没有一个人来过问。一间牢房里关押了十几个人，有跑江湖的，有做小买卖的，有贩卖鸦片的，有银行职员，还有个人姓阮，是京戏班子里的琴师，个子矮胖，他不知疏通了什么关系，居然随身带了把京胡入狱。建国初期的政治形势还不像后来那么严酷，每天上午，阮琴师咿咿呀呀拉起京胡，袁家楫就合着节拍唱京剧，小时候袁家楫在京戏班子里呆过，他唱得有板有眼，经常能赢得狱友们高高低低的喝彩声。

袁家楫说他在监狱里并没有吃多少苦。多年的磨砺，袁家楫对人性看得太透彻，交际活络，加上他其实并没有任何"罪行"，只不过是残酷政治运动中的陪斩者，监狱里的管理者当然心里清楚。他们调袁家楫出来做杂役，像电影《红岩》中那个装疯的老头，给监狱里的囚犯采买东西，每天上午，统计每个犯人需要什么，然后到小卖部去买。他还担当起了牢房里的"司号"角色，每天拿着个小喇叭，吹得呜呜哇哇响，早晚各一次，吹号点名。后来，天津市监狱成立了文工团，袁家楫又被抽调到文工团，串演群众甲匪兵乙，直到三年后从监狱里释放。

释放他的那天，袁家楫仍然坚持问："我到底犯的是什么事？"签发释放文件的管教干部没有回答。也不怪那个管教干部，袁家楫的罪名只有三个字：莫须有。袁家楫说，当时在抓特务，怕特务潜伏起来搞爆炸，宁错杀三千，不放过一人，于是他被当作特务嫌疑犯抓起来了。"特务嫌疑犯"这个罪名，今天听起来真是叫人啼笑皆非。

袁家楫三年刑满释放后，没有什么去处，也没有天津市户口，只能在公安系统所辖的工厂里留用。种田、养猪、打土坯、烧窑、挑砖、打包、抬筐、推土、打方坑……什么活儿他都干过。有一种独轮车，南方叫鸡公车，要推好独轮车全靠屁股扭得好。袁家楫说，他的独轮车推得呱呱叫，在整个农场是一绝。

有一阵，袁家楫被调到板桥农场。那个地方紧挨天津小站，袁家楫在农场里插秧、拔草、割谷……有时候也开开拖拉机。农场里还有大片果园，种植有葡萄、苹果、桃、李、梨、杏等等。以前袁家楫上学时遇见上植物课就逃课，在果园里他喜爱上了那些果树，从培养苗木、插枝、嫁接、修剪、施肥到果树开花结果，每个环节袁家楫都摸得滚瓜烂熟。他接连好几年被农场评为先进工作者，戴上大红花接受群众的掌声。那掌声使他想起了维克多力舞厅里的岁月，掌声回荡在时间深处，没有人懂他内心的滋味。

遇上闲暇时光，他总是爱朝后营方向张望，那里是祖父袁世凯几个练兵营的所在地，遥想当年，袁世凯骑在马上一手叉腰一手提着大马刀，威风凛凛，叱咤风云。每思至此，袁家楫便心生沮丧，只能苦笑，解嘲似的安慰自己：龙生九种，各有不同。

1973 年，袁家骝回国探亲。

袁家楫当时在板桥农场苹果园里劳动，他从报纸上看到了二哥回国探亲的消息，一颗心止不住悸动。不过袁家楫并没有流露出任何表情，依然站在木梯上给苹果树剪枝。

当天下午，板桥农场的头头找他谈话了。"你哥哥回国探亲这事儿，你知道吗？"袁家楫摇头，佯装眼神茫然。农场头头说，周总理都接见了，这么大的事你不知道？袁家楫说，我天天在劳动，没看报纸。头头"哦"了一声，说，是这样的，袁家骝他想见你，国家政策你是懂的，该说的说，不该说的不要乱说。记住，你屁股后头是有尾巴的。袁家楫点头应承："这我知道。"

谈话过后，袁家楫就开始等着与二哥见面。可是三天过去了，一个星期过去了，半个月过去了，一个月过去了……始终没有人再来通知他。袁家楫想去问，又不知道如何开口。直到有一天，他从报纸上看到一条消息：袁家骝博士结束探亲访问回到了美国加利福尼亚，这才知道二哥已经走了。

那天，袁家楫一个人躲在苹果园里悄悄哭了一场。

直到 1975 年，袁家楫才被落实政策。12 月 12 日，是袁家楫一生中值得纪念的日子。他被一辆汽车接到天津东方饭店，像贵客似的在饭店里住了一个星期，天天参观景区，游览市容。来宣布落实政策的官方领导是天津市统战部的李定、天津市民革秘书长马际革。袁家楫告诉我，那一次，一起被落实政策的一共有四个人：傅作义的私人医生、严家淦的侄子，以及袁世凯的两个孙子袁家楫、袁家宾（袁克端的儿子）。

落实政策后，天津市委请他们四个人吃了一次饭。同桌的有天津市公安局局长、法院院长、民政局局长等政治战线的人员。法院院长举杯敬酒，说了一句话："这些年，你吃苦了。"袁家楫听到这句话，像是被雷击中了似的呆在那儿，再也忍不住的泪水夺眶而出。

直到 2011 年，我采访他时，说到当时的场面，老人仍哽咽不止。

过了好一会儿，袁家楫才从极度悲伤中抽离出来。"失态了，失态了。"他一边擦拭眼泪一边歉意地笑，看得出，老人在尽力克制自己的情绪。"也许是从小环境压抑所致，过去我一直是个敏感的人，有时候听歌也会流泪。这么多年磨砺，我以为自己变坚强了，成了关汉卿词中的那颗铜豌豆。可是，你看……"

1978 年，袁家楫满五十岁，他搞了个家宴，小范围庆祝一番。

过完生日后，他就要到天津市交通局下辖的一家汽车修理厂去上班了，那是他从香港回天津后的第一份正式工作。袁家楫手巧，干什么一学就会。他以前没有学过修汽车，只在农场里修理过拖拉机，可是分配到汽车修理厂后没多久，袁家楫就成了该厂的业务能手。1978 年，成为天津市政协委员，在政协会上他见到了黎元洪之子黎仲修、曹锟之女曹士英、段祺瑞之孙段昌岱、冯国璋之孙冯幸耘。

袁家楫的妻子叫刘爱芳，河北独流人。她是农村人，开明地主的女儿，是别人介绍的，与袁家楫生育有一子一女。

她与厄境中的袁家楫相依为命，即使是在文革期间，她始终相信自己的丈夫是好人。红卫兵批斗她，她被摔倒在地上，又爬起来，再一次被摔倒在地上……摔得鼻青脸肿。红卫兵逼她和袁世凯的孝子贤孙离婚，她翻来覆去都那么说："我们都是苦命人，他知道疼我。"

刘爱芳的肾被红卫兵摔坏了。肾病整整折磨了她七年半，药吃了不少，做了场手术，差不多把腹腔内都掏空了，最终还是没能留住她。1985 年，刘爱芳心不甘情不愿地离开了人世。

袁家楫的采访就要结束了。老人说，2008 年，他和女儿一起去台湾旅游，最后一站是基隆。早晨起床，他吃完早点上码头闲逛，六十年前的情景如咸湿的海风打在脸上，噢，那个地方好熟悉啊！这边是卖凉席的，那边是卖小吃的，他看到霞光中仿佛有一个年轻的士兵笑呵呵地跑过来，刹那间凝固在时间深处，像是梦中的一个幻象。人的一生何其漫长，又何其短暂。"命运在哭声中拐了一个弯，"老人强挤出一个笑脸，苦涩地说，"这辈子的遭遇尽是伤口，唉——"

老人沙哑的声音停住了。他低头喝茶，那是一杯刚冲过的铁观音，碧绿的茶叶在水里跳动着，翻滚着，终于慢慢地沉了下去。沉默片刻，他忽然说了句让我意外的话："那是一个不能哭的年代。现在好了，能哭了。"说话的当儿，他的眼睛望着桌子上的一盆正开放的水仙花，那花恍若凌波仙子款款而来，想唤回老人的青春。

就要告别了，我有点依依难舍。袁家楫老人像是一棵故事树，那满树的果子像宝石般璀璨，既甜蜜又有一丝丝酸涩。

❶ 三十二岁的袁克文留影

❷ 晚年刘梅真（前排中）与子孙们

❸ 袁克文抱着最小的儿子袁家楫

❹ 袁克文的夫人刘梅真（前排中）与子孙们

❺ 袁克文在演出前化妆

❷

❶

❹

❸

❺

❻ 袁家骝与吴健雄的结婚照

❼ 袁克文与女友眉云

❽ 1933 年，在燕京大学读书的袁家骝（右一）

和同学在一起

❾ 1973 年，周恩来总理会见袁家骝、吴健雄

❻

❼

❽

❾

卷五 追忆绵绵无绝期

——五公子袁克权等

袁克权家国梦断

2007 年冬，我和电视台记者一起到天津采访袁世凯后人，拟定的采访对象名单中，有袁克权的孙女袁忻。

之前，给她打电话约采访，被她有礼貌地拒绝了。袁忻说，祖父死得早，她的记忆很模糊，没有多少好说的。再说身体不大好，前几年得了场大病，还在恢复中，经不起累。后来，我和袁忻成了神交的朋友，她又告诉我一个秘密："我是想躲镜头，生活中我是个低调的人，不喜欢在电视里晃来晃去。"

不过呢，袁忻并不是那种死板的人。大约一年后，电视台的朋友到天津去补拍镜头，还是想采访袁忻，又担心她不同意，让我给她打个电话试试。一个电话打过去，袁忻很爽快地答应了。事后电视台的朋友告诉我，那次采访袁忻很成功，"她在镜头前的表情轻松自如，说话掌握分寸好到极致，语速不缓不急，而且提供的史料翔实有据，真是个完美的采访对象"。

袁忻为人沉稳低调，生活态度乐观开朗。前些年生了一场大病，似乎被一根神奇的魔杖点化了，她在博客中写文章说，过了那一关后，自己仿佛活得更加洒脱了。这些年，她每年都要与丈夫杨大宁出外旅游，英国、美国、加拿大、澳大利亚、地中海、西班牙以及国内的云南、海南、广东、江苏、浙江等地都留下了他们的足迹。除了旅游交友外，她还喜欢看电影、听音乐、看京剧、读书、折纸、绣十字绣、打太极拳等等，她说她喜欢一切美好的事物，"坐在躺椅上，面对着大海，不用去吸收书的内容，它们就自己溜进你的脑海"。

静水流深。生活中确实有许多这样的人，他们处世态度柔和，不张扬，做人有底线，做事有原则，胸中自有万千丘壑。袁忻给我的印象就是这么一种人。

四年后——2011年冬天，我再一次赴天津采访袁世凯后人，终于和袁忻、杨大宁夫妇见面了。他们乘坐轻轨然后转乘公汽，来到我入住的酒店房间里。虽说是第一次见面，彼此却像老朋友那般开心。我们谈历史，谈现实，谈袁家往事，甚至谈小说谈艺术……

袁家的故事太多，随便从哪里扯出一根线头，顺着它慢慢悠，都足以拉开一道历史的大幕布。

袁世凯与端方是近代史上的两个著名人物，这两个大人物都与袁忻有血缘之亲。

——这事儿说起来话长。

让我们从晚清重臣端方说起吧。端方（1861—1911），字午桥，号陶斋，满洲正白旗人。他先后担任过湖广总督、两江总督、闽浙总督和直隶总督，一生历任南北，总督一方，思想开明，行为正派，是晚清满族官员中的革新派，也是晚清政坛举足轻重的人物。

有这么一则掌故：慈禧太后召见端方，一席谈话后，太后问端方："一切新政都在施行，朝廷该办的都办了吧？"端方沉吟片刻，答道："还有一事：尚未立宪。"太后问："立宪又能如何？"端方说："朝廷如果施行立宪，则皇上可世袭罔替。"这句话让慈禧太后沉思良久。过后不久，清廷一改以往抱定祖宗之法决不更改的顽固作派，将立宪提上议事日程。1905年，清廷派五大臣前往日本、英国、德国、比利时、瑞士等国考察宪政，端方名列其中，对西方各国政治进行了第一次近距离的观察。

端方归国后，对立宪的热情溢于言表。他经常对知己说，欧美立宪，官民一体，毫无隔阂。无论君主、大总统，还是平民，都是平起平坐，一视同仁。平民想和大总统照相，也不会被拒绝，真乃法治精神也。中国今后要是也能这样做，国家就有希望了。

晚清政坛表面上看起来风平浪静，实际上处处是刀光剑影。满脑子新思想的端方多方受敌。革命党认为他是"假维新"，对他攻击诋毁，甚至几次想派人暗杀他；清廷内部的顽固派则认为他太喜欢追逐新潮，老祖宗的家业不能交到这种人手上。

于是便出现了如下一幕：为慈禧太后举行葬礼时，端方安排人砍掉了路边几棵碍事的老槐树，又从天津请来一流摄影师，给葬礼场面拍了一组照片，拿到天津的报纸上发表了。结果他因这两件事遭到弹劾。理由貌似很充足：砍树是破坏了陵园风水，照相更是摄取了皇室的魂灵，大逆不道，居心叵测。隆裕太后把案子交部议奏，几经折腾，端方被罢官。

相对于他后来的刀下惨死来说，罢官只是悲剧的开始。

1911 年，铁路风潮骤起，清廷任命端方为粤汉、川汉铁路大臣。出京南下赴任途中，经过河南彰德，端方专门下火车去拜访了老朋友袁世凯。这时候袁世凯已在洹上村隐居三年，对端方的到来十分高兴，专程让人从京城送来了电影拷贝，安排了一场电影——这在那个年代十分稀罕。二人这次见面，谈论最多的是时局和对策，此外两家还订立了两门亲事：一是袁世凯的五子袁克权娶端方的独生女儿陶雍，二是袁世凯的二女儿袁仲祯嫁给端方的侄子。（袁世凯死后，袁仲祯坚决要求解除这桩婚约，后来她嫁给了晚清大臣薛福成的孙子薛观澜。）

端方到了南方，四川保路运动风波兴起，他被清廷当作救火队长，紧急派往四川扑火。行至四川资阳，已是风声鹤唳，武昌城头响起枪声，革命军占领了湖北，四川赵尔丰也已被保路同志军折磨得痛不欲生，政权保不住不说，脑袋也可能保不住。端方手下无兵，赴四川时湖广总督瑞澂拨出一批士兵为他保驾护送。端方敏锐地观察到，这些官兵中到处都晃动着革命党的身影。

事实确实如此。1911 年，革命已是那个时代的主要思潮，暗杀和暴动成了最时髦的话语，革命党也呈现出风起云涌之势。在瑞澂拨给他的官兵队伍中，江国光、单道康、邱鸿均、梁维亚等数十人皆是革命党激进分子。队伍行至宜昌时，他们就有过杀端方祭旗起义的想法。只因为有人说，武昌起义尚在准备中，贸然杀了端方，会过早暴露目标，对将来的武昌起义不利。这样端方才暂时没有被杀掉。

队伍越往长江上游走，端方的情绪越是紧张。眼看杀机已动，端方决定连夜逃跑。十月初七凌晨，端方密备了两乘小轿，将行李箱系在轿子后面，要和弟弟端锦趁黑夜逃遁。才走出数十步，突有数十个提抢的军人冲出，将小轿团团围住。

"你们这是干吗？"端方声音发抖地问。

"请大帅升天！"队官刘凤怡大声说。

连推带搡，众刀齐下，砍了六刀之后，端老四一颗血淋淋的脑袋滚落到了地上。弟弟端锦见此惨景，万分悲痛，大喊一声"四哥——"转回身来，又大骂那帮兵丁"混账王八蛋"，有个叫贾志刚的兵丁冲上来，照准端锦的脖颈就是一刀。端家兄弟的首级割下后，被当作战利品装入铅箱，放入石灰，沿途示众，最后拿到武昌去报了功。据说，黎元洪见了这两颗人头，不由得连声叹息，让人暂存在武昌洪山禅寺。

端方兄弟的无头尸体，被端方的幕僚夏寿田（这个人后来成了袁世凯的重要幕僚）收殓后放入棺木，一路护送北归，辗转回到京城。端方被清廷追为"太子太保"，谥"忠敏"。

第二年，袁世凯当了民国大总统，派人把端方兄弟的头颅从洪山禅寺取出，与尸身连接起来，予以厚葬。据说埋葬端方的地方是在洹上村一带，袁世凯担心端方被害后有人闹坟，因此安葬在他能够保护的地方。

据袁世凯家人回忆，端方兄弟被杀身亡后，他们在京城的家眷吓得六神无主，最先想到的还是袁世凯。他们换上汉人装束，乘火车来到洹上村避难。因为来得太匆忙，没有合适的大宅屋供他们住，就暂时挤在客房里，度过了最为艰难的一段岁月。

按照端方生前与袁世凯定下的婚约，袁家的五公子克权要娶端方唯一的女儿陶雍。端方去世后，袁家没有毁约，大操大办，将才女陶雍娶进了袁府。袁忻告诉我，她隐约听前辈们说过，祖母陶雍出嫁时的嫁妆十分丰盛，抬箱子的队伍满满当当铺了一条街。

因为端方去世，陶雍的嫁妆据说还减少了。当年端方在洹上村与袁世凯定下儿女婚事时，曾夸下海口，要将毛公鼎作为女儿的陪嫁。端方生前是闻名遐迩的大收藏家，家中古玩珍品不计其数，其中毛公鼎更是中国青铜器中的扛鼎之作。谁知他竟在四川死于非命，这个毛公鼎后来被其后裔抵押到天津华俄道胜银行，无力赎回，遂流落于民间，现收藏于台北故宫。不过陶雍的陪嫁依然不薄，完婚之日，端方家中以百衲本《史记》、仇十洲的名画《腊梅水仙》和陈鹤的名画《紫云出浴图》三件稀世珍宝陪嫁，也算得上是价值连城了。

陶雍嫁到袁府后，与娘家的人来往不多，分析其原因，一是嫁出去的姑娘泼出去的水，先前的女子出嫁后心就拴在夫家了；二是财产多了家庭成员关系紧张，陶雍是个自律自强的人，她打心眼里不愿意去蹚浑水。

袁忻告诉我，1913年，祖父袁克权及其兄弟袁克桓、袁克齐留学英国，祖父在回国后不久就与陶雍结了婚。按时间推算，结婚应该是在1914年。那一年袁克权才十六岁，还不太懂得如何为世事操心。再说当时袁世凯还在，大树底下好乘凉嘛。

袁克权和陶雍结婚后不到两年，袁世凯病逝。大厦失去了顶梁柱，垮塌随即到来。

袁克权的骨子里有诗人气质，他的感情既丰富又深沉，既浪漫又敏感。父亲去世，社会动荡，家族不宁，这一系列大事接踵而来，让十七八岁的袁克权有种深刻的挫败感。

袁忻说，那段时间祖父袁克权写了很多诗，或自费或由友人赞助，先后印行了六本诗集。"那些诗都是他二十三岁以前写的，能找到的共有八百八十三首，我们千辛万苦搜齐了，交给天津古籍出版社，已经在2008年出版了。"袁忻说的是《袁克权诗集》，出版后她从天津给我寄了五册，信中附言："有喜欢我祖父诗的朋友，也请帮忙转赠。"

袁克权的古体诗功底深厚，他二十岁左右写下的诗，让年近花甲的孙女婿杨大宁也钦佩赞叹，深感汗颜。"整理《袁克权诗集》，才真知道什么叫'愧对祖先'了。"杨大宁如是说。

袁克权与陶雍的婚姻虽说是父母之命，婚后却也情投意合。陶雍冰雪聪明，袁克权有许多标名为《无题》的爱情诗，都是献给她的。那些小诗甜蜜温馨，清新飘逸，不像后来的诗作那么悲苦。父亲袁世凯去世后，袁克权的诗风陡然为之一变，传达出物是人非的苍凉，叫人不忍卒读。后来他的诗作有不少是叙述家史的，对父亲袁世凯，他的感情复杂而又奇特。

有一首诗题为《故园接叶亭前梨树》，诗前小序写道：

故园接叶亭前梨树，先君己酉退居时手植也。每当清暇，辄扶依啸傲，流连竟日。丙辰遘变，先君弃养，而斯树亦枯萎同谢。因为短章以志感云尔。

其诗曰：

> 星圻龙飞直到今，画亭春暖不成阴。
> 孤鸾别向蓬池远，双桧看依魏阙深。
> 只为遥怜辞庙日，可堪重少济时心。
> 当年昼锦筹觥在，每过空堂泪满襟。

袁忻说，读到这首诗时她哭了。"每过空堂泪满襟"，她感到在那一刻，自己的心与祖父的心连通，像电石相击的火花，在茫茫宇宙间连成了一体。

前文提到过，袁世凯洪宪称帝那阵，特地订制了几套"皇子服"，袁静雪在回忆录《我的父亲袁世凯》中说：

> 当时的"大典筹备处"曾给各个弟兄每人做了一身"皇子服"。有一天，四哥、五哥、六弟、七弟、八弟五个人，在"新华宫"内，各自穿着"皇子服"，合着拍了一张照。大家一看，五哥那一套上的金花式样与其他弟兄的有所不同，只有二哥的那一套和五哥的相同（准确而言，应该是袁克定、袁克文、袁克权三人"皇子服"相同——笔者注）。这反映了我父亲的用意所在。

袁世凯曾经当着冯国璋的面抱怨："老大是个跛子，老二想当名士，岂能把家国交给他们？何况帝王之家从无好结果，即便为儿孙计，我也不能贻害他们。"有人据此推测，袁世凯最喜欢的是五子袁克权，曾有心把家国江山交给他。

袁世凯病逝后，袁克权的家国梦也断了。末世王孙的出路在哪？不到二十岁的袁克权陷入深深的困顿，欲振作不能，沉沦又不甘，唯一的选择只有陶渊明式的逃匿隐逸。

袁世凯病逝后的头几年，袁克权夫妇的小日子过得还不错。

虽说袁家已经失势，并且已经分家，但分到的财产并不算菲薄，加上有妻子陶雍的嫁妆，夫妻俩的富足生活仍然让周围许多人羡慕。有相当长的一段时间，他们靠典当家产过日子。袁克权偶尔雅兴蓬勃，和严修、方地山、张伯驹等人诗酒唱和，也与报馆文人往来，张恨水创作小说《金粉世家》，很多故事就是从袁克权那儿听来的。

袁克权死于1941年。袁忻听上辈人讲，祖父人到中年之后精神忧郁，去世前一个多星期，不吃不喝，家里人抓来中草药，煎好了端到他面前，他也摇头示意拿开。就像出家人打坐一样，袁克权一直木然地坐在那把雕花靠椅上。袁克权出殡时，陶雍卖掉了家藏的古玩，不够又添上自己的金银首饰，购买了金丝楠木棺材，倾其所有为丈夫厚葬。

"想想祖母陶雍的一生，真不容易啊！"袁忻感叹道。陶雍嫁到袁家时只有十五岁，她父亲端方在四川遭惨杀后，家庭中的气氛一片凄凉惶恐，幸好夫家接纳了她，丈夫袁克权是谦谦君子，又有才学，最重要的是待她好，一生中就没有红过脸。而且，在那个富户人家普遍纳妾的时代里，袁克权一生没有娶如夫人。他们相亲相爱，生育有四男四女，分别是子家诩、家说、家誉、家谭；女家训、家诜、家諆、家诒。

袁忻说，祖父死后，祖母也不想活了。儿女以及佣人们一大排跪在地上求她，请她多少吃点儿，祖母神情坚毅，什么话也不说，她是抱定了死的决心，要去和祖父在忘川河对岸相会。

这样的爱情故事，天地也会为之动容。

民间有个说法，有些相亲相爱、依恋过重的夫妻，会在同一年内相继离开人间。袁克权、陶雍夫妻正是这样。袁克权病故后不到一年，妻子陶雍也追随而去。

袁克权少时留学经历探微

对祖父往昔行踪的蛛丝马迹，袁忻一直都非常留意。1990年，袁忻第一次去英国，天津市政府在英国伦敦有个中国城的项目，袁忻是该项目的参与者。那时候她父亲袁家说还在，父亲对女儿说，当年你祖父在英国留过学，不知能不能找到那段历史的真相？抑或线索？

袁忻到英国后到处打听，却一无所获。快一百年了，当时的人早已离开人世，连祖父当年留学的校名都不清楚，上哪儿去找？

回国后，直到有一天，袁忻从天津《城市快报》上读到一则消息：有个民间收藏家叫叶从德，无意中买到了一个旧插页册子，二百多张民国早年的明信片精心插放在收藏册中，让他大吃一惊。色彩斑斓的明信片像一只只蝴蝶，从不同的国家飞到天津，那些国家分别有俄罗斯、德国、法国、英国、比利时、瑞士、荷兰……明信片上的风光是当时各国的标志性建筑以及著名风景区，比如英国的造币厂、意大利的角斗场、瑞士的雪山、美国的林肯塑像、俄罗斯的叶尼塞河等等。

更重要的是，那批明信片的寄信人是著名教育家严修。

袁忻呼吸变得急促起来，甚至有一点幸福的眩晕。严修寄出那批明信片的时间，正好是他赴欧美等国考察教育的 1913 年；而路线图也正好是祖父袁克权当年赴英国留学所走的路线。

关于严修的那次考察，民国掌故中是这么讲述的：袁世凯出任民国大总统后，曾几度想请严修掌管政府的教育部门，均被婉言谢绝。《严修日记》1913 年 6 月 22 日记，袁世凯送来了三千元。这钱严修是不会要的，但贸然退回又会让袁世凯觉得丢面子，他"却之未有辞，受之中惭羞⋯⋯最后思得一法，劝项城遣诸郎赴欧留学"。袁世凯对严修的提议大表赞赏，同意让五子袁克权、六子袁克桓、七子袁克齐随严修赴英国留学。袁世凯送的三千元，严修悉数用在了这件事上。

一行共十二人。袁氏三兄弟中，袁克权年龄最大，十六岁；袁克桓次之，十五岁；袁克齐最小，十四岁。另外还有家庭老师徐毓笙、严修之子严智崇、严修女婿卞俶成等。1913 年 7 月 4 日，夜晚十一点，火车从天津老龙头车站启程，途径北戴河、满洲里，取道俄罗斯出洋游欧美各国，所到之处皆由中国公使接待。

顺着《城市快报》提供的这条线索，袁忻开始了艰难而愉悦的追寻之旅。"沿着祖父当年走过的足迹，一路游山玩水，所到之处，当年都曾经在严修日记中出现过。那次旅行，对灵魂是一次历练。"袁忻微笑着对我说。

袁忻想办法弄来了一册《严修日记》，祖父 1913 年的身影，清晰地浮现出来。当年那个十六岁的少年，在时间的彼岸一步步前行；他的身影牵引着五十岁的孙女儿，在一百年后追寻而来。

《严修日记》对那次考察的记录十分详细：

> 在俄罗斯酒馆里的一顿饭钱一百四十五卢布；
>
> 街市新修建的楼房皆五层，路则莹洁如镜，人影可鉴；
>
> 凯旋门左近买物，余买织画一张，画耶稣母子，将以赠哲甫表叔；
>
> 由使馆转来袁大总统电告国内大局渐平息；
>
> 三袁兄弟往裁缝店试衣服，余与旷生、毓生、圣章、二下游油画馆，人像之外，兼有写生者，种种佳绝，固不待言……

严修还对西洋油画与中国国画进行了对比，他认为在某些细节的处理上油画更逼真，尤其是夜景的写实让人惊叹，其中一幅老翁在月光下读书图，月光透过窗纸照射在书的左侧，老翁就着月光读书，神态可掬，十分迷人。诸如此类，西行沿途的见闻、轶事、风景、时尚、民俗以及考察教育的诸多细节，一一收入他的日记中。

严修日记中多处提到袁家三兄弟，"晨规庵来谈"，"规庵以所携《香山诗》借与余，为途中遣日之助"，"饭后三袁兄弟去看电影"，"饭后游花园，克权乘船，克桓、克齐乘飞车"等等。

7月31日，严修一行乘火车离开比利时。中午十一点，在荷兰阿姆斯特丹港口登上轮船前往英伦三岛。下午三点钟抵达英国。英国之行是严修欧洲游历的重要一站，在这里他要为袁家三兄弟物色留学的学校。

袁忻读到这里，目光不由得更加专注起来。

严修在 8 月 3 日的日记中记录了这么一件事：伦敦北山下有一片森林，常常有英国人坐在林中歇息，他们一行也去观光游览。归途中，克权、克桓兄弟落在后面，想另外找一条没有走过的路，结果迷路了，耽搁了时间。其他人在森林入口处久候，迟迟不见克权、克桓的人影。本来当天晚上严修安排了就近看电影的，因为这件事取消了，以示儆戒。

从严修这一天的日记中，袁忻读到了祖父当年的调皮与贪玩，转瞬想起祖父后来的悲惨遭遇和凄凉心境，无边的愁绪又像雾一样悄悄在心头弥漫开来。

严修的日记还透露了一个细节。袁世凯对儿子的留学，采取了一种开明自由的态度。日记中写道：袁世凯让严修征求三人的意见，如果愿意在国外读书就留下来，如果不愿意则回国。

曾祖父袁世凯在子女的教育上如此开明，是袁忻过去没有想到的。

通过仔细研读严修日记，袁忻理清了一段被埋没了的史实。当年祖父袁克权一行人到达英国伦敦后，找到了民国驻英公使刘玉麟。刘玉麟说，他已经找好了一所学校——位于切尔滕纳姆镇的切尔滕纳姆学院，他曾经在那里读过书，小镇距离伦敦不远，乘火车三个钟头的路程。

切尔滕纳姆镇以温泉而闻名，这座古老小镇的格言是"健康与教育"。切尔滕纳姆学院是维多利亚时代开办的一所私立学院，培养过不少优秀军官，一、二战期间的欧洲许多高级将领都出自这所学院。刘公使去找学院院长，院长听说民国总统的三个公子要来留学，马上流露出极大的热忱，他说他对古老神秘的中国一直有极浓厚的兴趣，那个出产精致瓷器的东方古国，大总统之子，OK！院长翘起大拇指，爽朗的笑声从一百年前传来，袁忻说她听得真真切切。

　　同行的一位老先生是在伦敦认识的，老先生自豪地自我介绍，他也是从切尔滕纳姆学院毕业的。老先生问袁忻夫妇，你们找切尔滕纳姆学院，是来看孩子的？袁忻摇头微笑，回答说，不，我们是来看祖父的。老先生愣了片刻，弄清事情的原委后，老先生沉默下来，车厢里十分安静，只听见火车行进时发出的咣当咣当的声响。

　　一百年了，一切似乎都还没有变。据那位老先生说，他们搭乘的那列火车，还是一百年前的火车；他们到达的切尔滕纳姆火车站，也还是一百年前的老模样；沿途的公园、建筑、教堂、雕塑、喷泉、钟楼等等，也和一百年前没有多大变化，甚至当年祖父乘坐的二号线、五号线公共汽车，如今仍然还是二号线、五号线。

　　切尔滕纳姆学院是一所真正意义上的英国贵族学校。它不仅仅只是燕尾服、白衬衫、马术、曲棍球与赛艇的汇集之地，踱步于学院的每一个角落，你都能强烈感受到高贵的精神在空气中弥漫；哪怕是最不经意的某个细节，也无不在含蓄雅致中流露出贵族的气息。

　　院长热忱接待了他们。第二天，院长脸上带着愉悦的表情来通知：很庆幸，找到了当年的资料。院长介绍说，当年袁家三兄弟来切尔滕纳姆学院留学，就住在老院长的家里。老院长对他们像对待自己的孩子一样，三兄弟对老院长也十分尊重。他还带袁忻夫妇去看老院长的小洋楼，百叶窗透进新鲜的空气，尖尖的阁楼顶在太阳下闪光。从英国回到天津后，袁忻专门查找了袁克权诗集，果然有几首诗是怀念英国老院长的。

后来，在图书管理员的协助下，袁忻在一大摞发黄的老档案中找到了袁家三兄弟的入学登记表，落款处的签字人是严修。看来，严修是当年三袁的监护人。在另一摞档案中，袁忻还找到了几张老照片，袁家三兄弟正在参加学校里的运动会，他们红扑扑的脸庞上挂着汗珠，虽然隔着一百年的时光，依然清晰生动，仿佛触手可及。照片下方有一行说明文字：中华民国大总统之子参加运动会。

关于袁氏三兄弟参加学校运动会的那几张老照片，作家王碧蓉女士在其著《百年袁家》中也有所提及。王女士说，为了核实袁克桓当年留学的时间和内容，她曾发邮件给该校历史档案助理巴罗太太，请求帮助提供有关袁克桓在该校学习的一些情况和照片，并解释切尔滕纳姆学院的军事背景，得到了她的解答，并获寄四张照片。

巴罗太太回信详细解答了王女士的提问，她介绍说："这是一所具有很强军事传统背景的学院。很多男孩都是军队军官的儿子，他们中大多数会去参军。在军事方面，这所学院确实为那些想去英国皇家军事学院（比如桑赫斯特、伍尔维奇和阿迪斯科姆）的男孩提供一些具体的培训，但也没有限制他们的发展。"

王碧蓉女士在她那本书中写道：

　　我们现在已经无从知道当年三位袁家公子留学时的心理感受。但是从照片看,三兄弟和其他学生一样穿着整齐的校服、戴着校帽,看上去很帅。他们脸上的表情似乎有点忧郁,也许是第一次远离家乡、远离袁氏大家庭,来到完全陌生的环境和国度;也许是第一次观看英式足球时有些茫然,或者他们还看不懂足球的规则,也不能与当地同学一样发出会心一笑。袁克桓的头更偏一点,似乎他的附近更有吸引他目光之处。

　　他们仅仅在该校待了短暂的一年零三个月,还不能自如地运用英语与人交流。所幸的是他们与校长住在一起,也有人专门给他们辅导英语,因为三兄弟相互为伴,也不至于孤独寂寞。虽然他们没有取得学校的正式文凭,但也达到了游历见世面的目的。

　　1914 年 8 月,第一次世界大战爆发。12 月,他们接到家人书信,考虑到安全问题,要求他们辍学回国。此时,袁世凯虽然已经登上了民国正式大总统的宝座,但是内外危机四伏,日本已经在中国山东半岛登陆。

"这辈子尽给家庭带来霉运"
——袁克权之子袁家诫

有一天，我收到了袁忻从天津寄来的快件。拆开一看，是两册诗集。一为《仲圭诗集》，一为《袁家诫诗集》，均为竖版的自印本，装帧风格古朴素雅，从里到外透着一种大气。

袁忻在快递中附了一封短信，简略讲述了她编印两册诗集的缘由以及小注等。仲圭是袁忻父亲袁家诫的字，袁家诜是她二姑，1948年去了台湾，前些年听说也已经去世了。

袁克权有四子四女，大概是受家风影响所致，几个子女都爱写诗，尤其以二子袁家诫、二女袁家诜为出色。

袁忻说，父亲袁家诫一生都很普通，故事也平淡，都是些凡人小事，陈芝麻烂谷子，还是不讲了吧？

虽然袁世凯去世后，袁氏家族经历了大起大落，袁家的许多后代在波峰浪谷间几经沉浮，曲折悲惨的命运固然值得一书；然而袁氏后人更多的是普通平常者，他们像袁家诫一样默默地生活在社会底层，也曾试图改造自己，可是烙在他们身上的印记却怎么也抹不掉。从这个角度来说，袁家诫的故事，不是具有另一种特殊的意义吗？

——好吧，那就让这个故事开始。

袁家说少年时代，父母就离开他远去了另一个世界。后来他的大哥袁家诩也不幸早逝，他便成了这个家庭（袁克权之家）的顶梁柱。可是他的性格过于正直善良，加上又有敏感的诗人气质，似乎难于担起大梁。更重要的是他生在一个蛮横无理的时代，个人悲剧与时代悲剧交织在一起，于是生命之沉重让人手足无措。

上世纪四十年代天津有个达仁学院，从那所学院毕业的学生后来大多从事与经济有关的职业。袁家说当时是达仁学院的学生，他穿一身蓝色的中山制服，上衣口袋里插着一支钢笔，标准的建国初期青年人的装扮。那时候，袁家说一心想跟上时代的步子，重新做人，为建设新中国贡献自己的一份力量。

袁家说有个同学叫古志敏，出身于天津的平民之家。奇怪的是，别的同学对落魄公子袁家说的态度，要么冷漠，要么欺负，偏偏这个古志敏不仅不歧视，反而与袁家说关系十分亲密。大营门袁家大院的大门口，每天都准时出现古志敏瘦高的身影："袁家说，袁家说——！"不一会儿，袁家说从院子里快步跑出来，两人站在那儿说几句话，然后肩并肩迎着太阳走去。

天津受西洋影响深，社会风气开化比较早，各种娱乐场所也比较多。他们一起滑冰、游泳、跳舞……不知道从什么时候开始的，两个玩伴的身后多了个女孩子的影子——她叫古志求，是古志敏的妹妹。

　　年轻时的古志求瘦瘦小小，梳着两条小辫子，看上去楚楚可怜，像是一只可爱的小猫咪，既温婉可人，又需要人保护。也许是她身上那种特殊的气质吸引了袁家说，爱情悄悄发生了。

　　然而古志求的妈妈说什么也不同意。袁家说硬着头皮找上门来，脸上写满了苦闷。古志求的妈妈没好气地说，你是名门之后，我们家志求高攀不起。背转身又低声嘀咕道，以前的富家公子，又没有钱，又爱摆架子，志求你要是嫁过去，将来要受委屈的。

　　这话像一把刀子扎在袁家说的心上，泪水在他眼眶里直打转。袁家说忍住了辛酸，尽量用谦卑的口吻回应道，阿姨，我保证改。坚决改掉少爷作风，好好对她。沉默片刻他又说，阿姨，大户人家规矩多，管束严，体会到家庭的温暖少。我就是想过一种平常人的生活，才和志求走到一起的。

　　袁家说的真诚打动了古志求的妈妈，她终于答应了这门婚事。

　　建国后袁家说被分配到人民银行工作，单位地址就在劝业场对面。古志求在工商联上班。打从结婚那天起，厄运像影子，始终跟在他们身后。袁家说不用说了，"窃国大盗"袁世凯的孙子，他本人在学生时代又参加过三青团，顺理成章是重点监管对象，没完没了的审查，没完没了的交待和过关，他也不知道这样的日子有没有尽头。古志求呢，被派去参加农村工作队了，带队的头头是王光英——当时中央人民政府副主席刘少奇夫人王光美的哥哥。袁忻说，她出生后不久妈妈就给她断奶了，把她交给家里老人，袁忻是跟着外婆长大的。

　　袁忻告诉我，她和妹妹袁蓓从小住在袁家大院，那时候家里还有佣人，虽然背后也听到有人议论袁家长短，但是在她内心中，对自己的老式贵族家庭一直抱有优越感和自豪感。及至后来她长大了，知道了事情的真相以后，才明白其中的艰辛与苦涩。

事情的真相是，经历了建国后的历次政治运动，袁家大院的房屋产权早已易主，袁忻能住进袁家大院，是因为七爷爷袁克齐从别人手里租了几套房间，父亲袁家说又从七爷爷那儿租了其中一间，才勉强将全家人安顿下来。

原本是自家的房子忽然没有了，只能出钱租住，而且越住越小，想到这些，袁忻躲在袁家大院的一个角落里悄悄哭了起来。偶尔一抬头，发现妹妹袁蓓站在不远处静静地看着她，袁忻忍住了眼泪，慢慢走过来，牵着妹妹的手回家。

在袁忻的印象中，家里始终充满压抑的气氛。每次运动来了，父母都会躲在屋里小声交谈，紧张与恐惧挤满了全身的每一个毛孔。父亲的政治问题对母亲的前途影响也很大，曾经有一阵，古志求当上了单位的工会主席，后来终于还是被拿掉了。

最让人难受的是那些说不清的政治问题还影响到了孩子。有一次，单位让袁家说给女儿袁忻的学校校长带一封信，袁家说也不知道信上写的什么内容，一边走一边在心里猜测。走着走着，他还是忍不住了，私自拆开了那封信，只见信上说，该女生的父亲有严重历史问题，不宜重用。袁家说当时气得脸色发青，身体颤抖着不能自持。然而在那个特殊的年代，他只能忍气吞声。他将拆开的信重新封好，将那封信交给校长的时候，他的心在流血。

1965年——爆发"文革"的前一年，袁家说一家被勒令从袁家大院里搬出来了。他们搬到了袁忻外婆附近，以求互相之间有个照应。之后是红卫兵抄家，袁家的几个老太太上台接受批斗……

到了"文革"后期，袁家说进了五七干校。每隔一段日子，袁家说从干校农场回到天津家里，总是要带回一叠要缝补的破旧衣服。袁忻在那些破旧衣服中扒拉着，捡起一件破得不能再补的衣服大声嚷嚷："这样的衣服您还穿？"她顺手要去扔掉，却被父亲止住了。父亲说，不能补也要补。袁忻只好拿起针线给父亲补衣服。她坐在院子里，一针一线地缝补，忽然想起了长辈们讲过的家族昔日繁花似锦的荣耀，一滴泪水从脸颊上滴落下来。

袁家说晚年时，经常对妻子古志求说这么一句话：这辈子我没给这个家带来好运，带来的全是霉运。妻子安慰他，让他不要那么想，很多事怨不着谁，是个人无法掌控的。袁家说望着妻子，轻声说：还有，这辈子我也对不起你。

袁家说离休之前，被分配到天津农业银行工作。那段时间在家里基本上看不到他的人，每天他都是很晚了才回家。因为精神苦闷，袁家说经常抽烟、喝酒，身体也垮掉了。

离休后，袁家说与外人交往不多，每天都是躲在家里读书写诗，有时候也帮妻子做做家务。有一次，袁家说把女儿袁忻叫到跟前，神情严肃地说："我这一辈子太失败，没有做成过什么事，只能写写诗，填补生活的空虚。"袁忻一怔，她能如此近距离地面对父亲的内心世界，让她感到幸福；但是父亲的内心世界满目疮痍残破不堪，又让她感到惊讶。袁忻安慰父亲："您一生经历了那么多事，还能坦然对待，这就是成功。"袁家说惨淡地笑了笑，没有再说什么。

袁家说去世后，袁忻帮父亲整理诗集，那段日子她感觉自己特别压抑。读着父亲的诗，似乎父亲重新回到了人间，坐在对面与她对话。袁忻说，她的眼泪不知道流了多少回。

袁家说写了不少古体诗，却没有一首是写给妻子的，然而在现实生活中他对妻子的爱又是无与伦比的。这个内心敏感情感丰富的人，始终压抑着自己，他就像龚自珍笔下的病梅，被无形的棕绳捆绑束缚着，很少向广袤的天地间尽情地作自由伸展。

大宁先生曾经解读过岳父袁家说的一首诗，诗题《月圆》："夜月多或缺，今宵分外圆。异乡相与共，把酒祝云天。"大宁先生解读："在压抑中挣扎一生的岳父，从来没有过前辈的闲适，好容易有心情写诗，感叹的是缺时苦多，圆时难得，家人星散，手足睽隔，月圆时都不能团聚，平时更加天各一方，只能举杯遥祝'但愿人长久，千里共婵娟'。诗情画意早被革命狂飙涤荡殆尽，只剩下家风熏陶下惨淡的一丝心愿。"

具有讽刺意味的是，悲苦一生的袁家说，到了晚年反倒成了离休干部（因为他参加工作时间早，离休干部是按年限划分的），这让袁家说有点受宠若惊。生命的最后时光，他意外享受到了人间本来就该有的温暖，他的生活态度似乎也变得积极了许多。1993年，袁家说在天津家中去世，单位上的人议论，那么好的一个人走了，得为他在报纸上登条讣告。可是根据有关"文件"精神，袁家说这个级别的干部不够资格刊登讣告，于是采取了个折衷的办法，由单位出面，在报纸中缝登了则讣告。对于一个普通干部来说，这也是没有先例的。

追悼会那天来了不少客人，有级别高的领导，更多的是他的好友和邻居。袁家说就这样走过了普通的一生，细细回味，却又似乎并不那么普通。

历史人物是可以历历在目的
——袁克权之女袁家诜

下面说说袁忻二姑袁家诜的故事。

大约是 2009 年，秋天到来的时候，我的邮箱里收到了一封信。写信人是一位陌生的朋友，来自台湾，信末署名"Sam"。那位陌生朋友在信中写道：

张先生：

你好。

敝人于 1976 年受教于袁家诜老师，学校位于台湾南部的一所中学。

袁老师曾在课堂上叙述老家冬天时的童趣，这令我印象深刻。那时的她双脚不便，而我们教室又在二楼，我常在楼下等她上课，每每希望背她上楼，可袁老师从未让人背过一次，她总是艰辛地一步步撑着扶梯爬上楼……这么多年了，我仍记得她蹒跚的步履与坚定的眼神。

学校读了一年我就转学了，后来写了几封信给她，老师回信时写道：她曾在课堂上朗读我的信，竟未读完而泣不成声……对于年少的我，却也不知如何与长者联系，慢慢地就失去联系了。

老师还在的话，也九十好几了吧？袁家诜老师是我在台湾第一次接触到的大陆籍师长，那时的民风让我很难想象北方冷冽的天地里，老师所描述的童年生涯，也第一次知道，原来历史人物是可以历历在目的。

我不知道后来老师回到家乡了没？希望她的晚年是没有乡愁的……

Sam

那位陌生朋友学生时代曾经听袁家诜讲述往事，他写那封信的目的，是要打听袁家诜的消息并致问候，显然，Sam 并不知道老师袁家诜已经不在人世了。

他信中说的那句"原来历史人物是可以历历在目的"，刹那间击中了我，心情一时竟难以平复。后来与袁忻通电话，我特别说到了这封信，并问及她二姑的情况。袁忻说，二姑袁家诜是在台湾当过老师，腿脚也是有些不方便，遗憾的是前些年已经去世了。袁忻还说，这些年，她选编了《袁克权诗集》后，又选编了父亲袁家说和二姑袁家诜诗集各一册，自费印刷，分送亲朋好友。

后来袁忻还为这件事专门写了篇文章放在她的博客上，标题是《忆家诜二姑》。她在文章中写道：

让我非常感动的是，Sam 只是做了一年家诜二姑的学生，却三十多年不能忘怀，想尽办法打听老师下落，实在是有情有义之人。我是十分喜爱尊重二姑的，我也相信她的魅力是能够如此打动人心的。很想和这位 Sam 联系，又想何不把我了解的二姑在这里讲给大家，或许别的学生和关心她的人也能一读呢。有一句话我要先对 Sam 说：你是幸运的，做了一年袁老师的学生，而我两次见到她的时间总共还不到一个月。

1988 年二姑家诜、三姑家谲分别从台湾和美国回乡探亲。我们这些故乡的家人以及亲朋从全国各地聚集天津，迎接这期盼已久的团聚。

在这之前，对于远在海外的二位姑母知之甚少。出于政治上的原因，父亲无法和她们联系，也极少对我们提起。父亲拒绝参加任何政协的活动，怕的就是被迫要对海外亲人喊话"瓦解敌人"。历次政治运动尤其是"文革"期间，父母饱受迫害的最大理由就是"反动"的家庭和复杂的海外关系，我和大妹妹也因此受到牵连。而到了八十年代，经历拨乱反正、改革开放，大家生活都正常了，也不再担心什么。对于这次大团圆，我们真是欣喜若狂了。

家诜二姑个子不高，微胖，身着长衫，花白的头发盘成发髻，佩戴简单首饰。虽说穿戴朴素，却显出大家闺秀的端庄，又颇具知识女性的儒雅。兄弟姐妹六人相见，百感交集，有相见的喜悦，有回忆儿时的快乐，更有多少难言的苦痛，多少难舍的牵挂……二姑口才极好，文采也极好，又是性情中人，每每即席赋诗，出口成章，让我们这些晚辈好不崇拜。二姑父曾是军人，年轻时英俊又威武，是画报上的健美先生。他人却是非常真诚正直，深得大家的敬爱。

二姑第二次回国是在 1995 年，当时父亲和三叔已经相继辞世。二姑在四叔陪同下特地探访了我母亲（天津）、三婶（辽宁鞍山）和四婶（陕西铜川），她说，这些年你们跟着袁家吃苦受罪，却无怨无悔，我当姐姐的感谢你们。正如她在诗中所感叹的："红颜识得英雄骨，誓死相随有足多。"我母亲至今仍难忘二姑对她的尊重和关切。

不幸的是，二姑因旅途劳顿，体力下降，不慎引发腰部旧疾，动弹不得。当时她住在我家中，家诚叔请来按摩医生给她治疗。此时她归期已近，我们又不可能陪伴她同行。正在万般无奈之际，她在台湾的学生沈素占小姐得知，便立刻赶来天津照料她并接她回台。素占是个可爱的南方女孩，爱说爱笑又爱吃零食，人却身轻如燕。她有个小狗叫球球，是个小胖狗。素占称我"小忻姐姐"，我们很谈得来，可惜后来失去了联系。

二姑回台后，身体一度好了些，后来时好时坏。直至2001 年仙逝，那段乡愁还是一直伴着她。这些都是我们从她信中诗中知道的。她的另一个学生张绣芬（Jenny）小姐曾来天津替二姑捎给我们东西。在二姑去世之后，Jenny 又替我们国内的亲人们买了花圈，并托她同事带给我们每人一条毛巾（台湾的殡葬习俗）。可惜的是，Jenny 后来也与我失去了联系。

　　葬礼那天上午，我们全家朝着东南方向，深深鞠躬四次，遥寄缅怀之情。家诜二姑的灵魂终于摆脱了病弱之躯，自由自在飘向天际，与她已故的父母手足相会去了。

袁忻这篇文章饱含深情，又十分富有文采。

袁家诜爱写诗，古体诗、新诗都写过。她的诗疏朗淡远，有家父遗风。尤其是大胆剖析心迹的几首诗作，更是令人喜欢。与弟弟袁家说的诗相比，她的诗少有拘束，恐怕与她后来相对自由的经历有关。

袁家诜有一首《无题》诗，在诗前小序中她深情写道：

　　四十年，自（民国）三十七年（1948）八月离家以来，由无业至有业，由无家至有家，由只身逃祸至携手奋斗，不觉已逾四十载矣。而今鬓星星，齿摇摇，精力就衰，豪情不再，追怀既往，尚喜残生幸保。今后唯有所记，有所述，庶吉光片羽，得付我手足及后辈，藉吾家三代以来逃杀、逃难、逃祸之苦，因之有以自立，不负先人尔。

《无题》诗曰：

　　盈衢缇骑避无力，四十年来逃罪忙；
　　百代豪情光一瞬，三瓯薄名泪千行。
　　悬悬微命身如蚁，赫赫淫威势若狼；
　　回首江湖风暂歇，残躯犹得近篇章。

这样的文字和诗句，在袁家诜那本诗集中比比皆是。她的诗有诗史性质，以诗记事，诗中明确点明某月某日某事，读之极有感情。家国兴亡，身世飘零，伤心人别有怀抱，她的叹息悄然化为无言泪水，滴落纸上，又有几人能读得懂？

有一次我在百度上搜索"袁家诜"，发现了这么一句话："在一个缘分的天空下与袁家诜老师相识，她的诗词深深打动了我的心，于是彻夜为其谱曲，并以吉他为她弹唱，换来她盈腔的眼泪……"这段话下边有个链接，点击进去，是诗与禅的一首歌曲，歌者声音低沉，却又似有排山倒海之势，像海洋上的波浪绵绵不绝地涌来：

> 借酒浇愁苦未能，胸中块垒倩谁平。
>
> 心怀千古情天下，身在人间作雇佣。
>
> 举世滔滔奈若何，铜驼没入旧山河。
>
> 古来才大无人问，千载精英逐逝波。

袁家诜的这首诗名为《伤怀》，写作时间为 1989 年 3 月 9 日，收录在袁忻自费为她印行的《袁家诜诗集》第六页。

据说袁家诜后来学佛，与台湾佛教界人士有许多联系。那首《伤怀》听起来也确实像是一首佛歌。尤其末尾"千载精英逐逝波"那句，咏叹再三，听得人十分伤感。

灵魂还在海洋上漂泊……

二姑袁家诜是什么时候去台湾的？袁忻摇头说她也不知道。

袁世凯家族失势后，袁家后人纷纷逃离政治和威权，他们现在主要分布在世界上的三个地方：一是大陆（天津、河南项城等地），二是北美（美国、加拿大），三是台湾。

逃往台湾必须经过台湾海峡。在那个太平轮沉没海底的悲惨故事中，依稀也能看到袁家人的身影。

1949 年 1 月 27 日，农历戊子年腊月廿九，再过一天就是除夕了。因为是年关前最后一班船开往台湾，大家争先恐后涌上船，有的是祈求尽快逃离大陆，有的是希望去台湾与家人团聚。轮船满载，加上来往两岸的商家运足了货物要到台湾销货，整艘太平轮装得满满当当。

亲自调查过那次海难事故并写出了《太平轮一九四九》的台湾作家张典婉说：那一班太平轮的船票非常紧张，一票难求。

原本有效卖出的船票是五百零八张，但是实际上船旅客，远超过千人。据中联企业在上海地方法院的证词表示：开船前，大量挤上船的旅客以及买票者的小孩等都未列入名单，但是太平轮及其他早年航行台湾、上海的船舶，都有超载的恶行。据曾经服务于海员工会的任钦泓回忆：当年只要与船上工作人员熟识，都很容易无票上船。在上海地方法院的档案中，中联企业提供的旅客名单只有正式登记的五百零八名，报载却是五百六十二人，而实际上船的超过千人……

那艘太平轮上还有许多政坛商界显要以及名人之后。如山西省主席邱仰浚一家、辽宁省主席徐箴一家、蒋经国好友俞季虞、国立音乐学院院长吴伯超、总统机要室主任毛庆祥的儿子、《时与潮》总编辑邓莲溪、神探李昌钰的父亲等。白先勇原著、谢晋改编导演的电影《最后的贵族》，其中海难的故事背景就发生在太平轮上。

袁克齐的独生儿子袁家艺幸运地弄到了一张船票——这个落魄的袁家后代，自从一出生后背上就烙下了耻辱的红字。袁家艺从来没有见到过祖父袁世凯，却一生都要背着祖父留下的沉重包袱子而行。前几年他娶了妻子，生育了儿女，眼看着社会形势动荡不安，宁做太平犬，不做乱世人，他想逃到孤岛台湾，隐姓埋名，过普通人的生活。谁知好不容易弄到的那张船票，竟成了通向地狱的通行证。悲乎，战乱年代的幸运，实则也是不幸的代名词。

萨义德说："流亡是最悲惨的命运之一。"作为另类流亡者的袁家艺，当时也许并没有意识到这是他"最悲惨的命运"。一路逃命似的奔波，从天津赶到上海，争抢着要上最后一班太平轮的人实在太多了，船票价格疯狂上涨，好多人直接用黄金换，甚至二十根金条也弄不到一张船票。

为了迎合春节的气氛，太平轮上还特别采买了许多应景食粮：Margarine（植物黄油）、咖啡、培根、沙丁鱼、比目鱼、咸鱼、海参、海蜇皮、干贝、鸭蛋、冬笋、火腿、木耳、大头蟹以及各种肉类、酒类、饮料……第二天就是除夕，全船大多数人都沉浸在欢乐的气氛中，有的人还唱起了歌。

太平轮开过戒严区，来到了大海上。迎面也开来了一艘建元轮，这是一艘货轮，船上有一百二十名船员，满载木材和煤炭，要往上海开。那天晚上，海上气候极佳，无风无雨，也没有雾，远处可以看得见渔火。十一点三刻——临近子夜时分，两艘海轮呈丁字型碰撞，建元轮立即下沉，有的船员还跳上了太平轮。

太平轮上的船员起初以为没事，没过多久，有的船员拿着救生衣走上了甲板，被旅客看见了，于是，全船旅客如同从梦中惊醒，纷纷涌向船长室，要求船长迅速靠岸。

然而一切都已经来不及了。据说船长当即将太平轮向岸边驶去，希望能靠近岸边，意图搁浅。这时候船身已经倾斜，摇摇晃晃下沉，船上有人疯狂逃命，更多人还在睡梦中，就带着残破的梦葬身大海了。

袁家艺，就在这场大海难中不幸丧生了。

张典婉在《太平轮一九四九》中讲述了国民党军官与袁世凯孙女的故事。她在书中说，因为太平轮出了事，袁家姑焦急地赶到上海，到医院探望生还者，希望能打探到兄长袁家艺的线索。

在那场劫后余生的惨剧中，袁家姞却意外地遭遇了爱情，如果用成语来形容，她的内心世界应该是四个字：悲欣交集。

张典婉在"海上漂流的衣柜"一章中写道：

> 葛克，在太平轮获救名单中排名第三十四，当年是国防部参谋少校。为了要在农历年前将妻子家小带到台湾，买了船票。原以为全家上船，张开眼，就可以踏上四季如春的宝岛，没想到却是踏上了悲剧航程。

> 船难发生，每个人都惊慌失措，争相逃命；救生圈不够，葛克带着妻小往海里跳。船沉没，船舱的木板、衣柜、箱子四处漂落。会游泳的人抓着板子就在海上漂浮，不会游泳的、力气小的，没多久就再也见不着人影了。冷冽的海浪滚动着冰冷潮水，一波又一波，小孩、大人的哭泣、尖叫，凄厉地划过深夜。

> 入冬的海水，越来越冷，许多人熬不住冰冷，逐渐失去体温而松手、沉没。葛克在黑夜中看不见妻子，也看不见孩子。他焦急地四处寻找，顺手拉起穿军服的陌生人，两个人搭着一张破落甲板，在黑夜中对望。

> 黎明，清晨雾中，他们被路过的澳大利亚军舰救起。获救的人被安置在锅炉边烘干身体，一人一条毛毯，没有人说话。经过浩劫，他们被送到医院。

袁家姞就是在医院里遇见葛克的。当时她感觉面前那个人"眼神焕散，只剩下空洞的躯壳"。

"你怎么还活着？"袁家姞走上前去问他。那个男子没有搭理她，像是一个失去了知觉的木偶。"我哥哥也是搭乘那趟船，却不知道下落，也许他死了？"袁家姞轻轻叹息一声，那声叹息终于把葛克敲醒了。

后来的故事发生了戏剧性变化：袁家姞嫁给了葛克。

婚后，葛克继续在台湾军队中服役，袁家姞在一所中学里教英文，后来在台湾"教育局"任职。前面说过，袁家楫随军舰开到台湾时，曾经上岸到堂姐和堂姐夫家，开着吉普车，带着袁家姞在台湾到处兜风。

2005 年，香港凤凰卫视播放了系列纪录片《寻找太平轮》。袁家姞在那部片子中露了面，素容的她已经年迈，一派端庄的大家闺秀气质。袁家姞对个人身世异常低调，在整个拍摄的过程中，对自己的家世背景只字未提。

袁家姞与葛克婚后生下了一子一女，儿子叫葛擎，在一家大公司任职；女儿葛蕾，是台湾的名演员。

上述故事来源于张典婉的亲身采访，我一直深信不疑。事实上在这个故事中，关于葛克与袁家姞的爱情、婚姻部分都是准确无误的，只不过在人物身份的确认上有点小瑕疵。

袁忻告诉我，七爷爷袁克齐没有女儿，只有个独生儿子袁家艺。可是张典婉的书中分明写着袁家艺是袁家姞的兄长啊？袁忻想了想，微笑着摇头说，那我就不知道了。那些年我们和七爷爷同住在袁家大院里，对七爷爷的情况再也熟悉不过了，七爷爷没有女儿。

那么，这个袁家姞究竟是谁的女儿？经过仔细排查比对，袁家姞应该是袁世凯三公子袁克良的二女儿。袁克良有二子三女，长子袁家增、次子袁家霖，长女袁家潜、次女袁家姞、三女袁家芷。如此说来，袁家艺并不是袁家姞的兄长，而是堂兄。这也难怪。袁世凯的一生有一妻九妾，十七个儿子，十五个女儿。那些儿子和女儿们养育的后代多若星辰，仅仅"家"字辈的就有四十九人之多（其中男丁二十四人，女儿二十五人）。如果不是研究家族史的，谁都保不准会出错。

袁家姞与堂兄袁家艺同住袁家大院里，关系密切自不待言。至于她为什么会在袁家艺海难出事后千里迢迢从天津赶到上海探望，已经成为埋葬在她心底的一个秘密，再也无人知晓。抑或袁家姞那一年来到上海根本不是为了袁家艺，而是另有其他事情，也未可知。

袁家的许多故事需要仔细梳爬才能够理得清。可惜袁家姞已是上个世纪的人了，那些模糊不清的故事随着她的离世也渐渐消逝了。

袁晶是袁家艺的女儿、袁克齐的孙女儿。她从小跟着爷爷奶奶在天津袁家大院生活。那个院子里的一切，对外界而言像是浓雾掩映下的景致，十分神秘，然而对袁晶来说，她的记忆里只有苦楚和心酸。

袁晶小时候受人欺负了，就朝爷爷奶奶哭喊：我要爸爸！每逢那样的时候，爷爷奶奶就编各种故事哄她，背过身子，又会暗暗落泪。

及至长大成人，袁晶知道了太平轮，知道了父亲罹难的故事。

她暗暗发誓：一定要把父亲的骨灰找回来安葬。自己这一家人太苦了，父亲太苦了。中国人讲究入土为安，死去的父亲，孤独的灵魂却只能在海洋上漂泊。袁晶想：孤魂野鬼一样四处游荡的父亲啊，女儿现在来找您了！

袁晶寻找父亲骨灰的故事，是由袁忻向我转述的。袁忻告诉我，袁家艺在太平轮上遇难后，由日本人负责打捞。当时国民党忙于应对败局，又忙于应付太平轮海难的赔偿事务，连活人都管不过来，更无暇顾及死者。

日本人将罹难者打捞上岸后，连同残骸、遗物一起弄到了台湾，放置在一个大庙里。袁晶费尽了千辛万苦，总算找到了那个寺庙。寺庙有人照管，那个人带着袁晶走进去，只见大庙里摆放着许多牌位，密密麻麻，像是风化了的朽木。香炉、经幡、平安符等杂物横七竖八地躺在那儿。刹那间袁晶的眼睛潮湿了，看不见的阴阳两界，隔开了父女二人。

袁晶顺着那些灵牌一块块地找。在每块灵牌跟前，她都要停留一小会儿。终于找到了，袁晶伫立在父亲袁家艺的牌位前，好半天不能动弹。通过寺庙里的那个管理员，袁晶打开了父亲的骨灰盒，那个木盒子底层铺着张日文旧报纸，里面放着一个瓮（瓮葬是日本丧葬的一种方式），木盒子里的其他遗物有一只手表、一个珠宝盒、一枚结婚戒指。那枚结婚戒指上清晰地刻着三个字：袁家艺。

袁晶带着骨灰盒回到了天津。过海关时，她小心翼翼，不想让人知道自己旅行包里放着父亲的骨灰盒。尽管那个盒子里空荡荡的，袁晶却觉得重逾千钧。

第二年秋天，袁晶历尽千辛万苦，到一家殡仪馆找到了奶奶的骨灰盒，与爷爷袁克齐在南马集的天津寝园重新合葬。同时下葬的还有父亲袁家艺的骨灰盒。那一天，天气晴朗，白棉花般的云朵在湛蓝的天空飘荡，可是袁晶的心里头却是秋雨霏霏。两座坟墓，一座是父亲的，一座是爷爷和奶奶的。他们的时代已经结束了，死者的亡灵却并没有远逝，他们与亲人离得那么近，仿佛一伸手就能够摸着，可是一开口说话，那些亡灵刹那间便又消失了。哦，所谓生死两隔，原来只是日日在心中思念，呼唤千万声，却听不到一句应答。

后来袁忻告诉我，她的父亲袁家说也安葬在天津寝园，那里安葬了不少袁家人。现在，袁家亡灵多多少少算是凑齐了，他们活着时寂寞孤单，死了总可以热闹些吧。

隔得不远的地方，也有几个人在扫墓。他们不时地朝这边看，不知道在低声议论什么。过了一会儿，那家人派了个代表过来。"请问你们是袁家后人？"轻轻的问话柔软得像羽毛。袁忻、袁晶点点头，反问道："是啊，你们呢？"

来人没有直接回答，仰面朝天空看了看，叹息道："生前的那一对好友，只怕也没想到他们的后代会成世交，死了都要成邻居。"袁忻、袁晶心里多多少少有些明白了，他们一起走过去，只见墓碑上镌刻着拳头般大小的五个字：徐菊人（徐世昌字菊人）之墓。

袁、徐两家亲人都是安葬在平头百姓的寝园里，而且挨得这么近，像是一对邻居。更让人匪夷所思的是同一天、同一时辰、同一地点，两家人都来到这里扫墓，而且那一天并不是清明节。为什么会有这种神秘莫测的巧合？

一百多年前，袁世凯与徐世昌在陈州小镇相识。两个青年秀才，一个踌躇满志准备赴京赶考，一个在迷茫中看不到前途，人生十字路口，袁姓秀才资助银子给徐姓秀才，于是一个故事开始了。

那个故事漫长曲折，像潜伏在地下的树根，字与字，句与句，纠缠生长。那个故事后来又生发出无数个故事，故事串故事，故事连故事，哦，失败者的故事竟也那么迷人！有时候悲怆，有时候欢乐，那些故事向世人讲述着一个道理：失败者也是人。

袁家大院的旧日时光

　　2011年冬天，我来到天津采访袁家后人时，袁忻说她也想写袁家大院最后的时光，写袁家的那些人和事。她和妹妹袁蓓小时候是在那里长大的，熟悉那里的一切，包括所有巷道、房间、景物以及若干生活细节，甚至包括各种声音和气味。袁忻说，她之所以想写，是因为看了一些写袁家的书，有许多与史实不符。"与其让别人说错，不如我自己来说。"她笑吟吟地对我说。

　　袁忻写袁家大院的文章迟迟不见出笼，倒是我憋不住了；写袁家故事，离不开袁家大院，我在这里先动笔一试。

　　袁家大院规模很大，到底有多少间房子？我手头没有详细统计的数据。袁忻说，她听到传闻有一百九十六间。不过呢，袁忻给我提供了一个参考依据：袁世凯二姨太白氏生育的四个儿子袁克权、袁克齐、袁克坚、袁克度，每个人名下有二十多间。依此例算起来，袁世凯有十七个儿子，房子总数似应在三百间以上。但是这里要除去已经分家在外的（如袁克定等），以及尚且年幼未分房子的（如袁克捷、袁克有等），我认为传闻中的一百九十六间比较靠谱。

关于袁家大院的回忆，如今已有少量文章浮出水面，研究袁克桓家族、写过《百年袁家》的王碧蓉女士曾撰文说：

> 家眷移居到天津大营门袁家大院，和平共处，互不矛盾。每一位如夫人分得一栋楼，各立门户，各奔前程。从袁世凯去世到抗战之前，几位如夫人都搬迁到袁家大院，这是一个很大的建筑群，里面有德式居住楼房、戏楼和档案馆。"文革"期间及以后，陆续被拆毁。如今大营门一带，酒店高楼耸立，也还有一些单元楼散落其中。

另一位袁家后代——袁世凯四子袁克端的女儿袁家偒，接受记者采访时这样说：

> 在天津胜利路大营门，原有一个院子、六座大楼。新中国成立前，祖父袁世凯的大部分姨太太及其子孙们，都聚居在这里。

袁家大院，完全可以写成一本书，但那不在本书的探讨范围内。

此处的袁家大院旧日时光，只涉及白氏夫人生育的几个儿子。其他袁家后裔在袁家大院生活的场景，不在本节叙述范围内。

白氏夫人生育的四个儿子中，袁克权的故事已经讲过，不再提；袁克坚的故事后面的章节中即将讲述，暂时也不提了。

——先来说说袁克齐的故事。

袁忻把袁克齐称作"七爷爷"，因为袁克齐在袁世凯的儿子中排行第七。

袁克齐只有一个独子袁家艺，不幸遭遇了太平轮海难，葬身大海。两位老人带着儿子家艺留下的子女，孤零零地生活在袁家大院里。

袁忻回忆说，印象中，小时候，总是看见七爷爷在屋子里一个人闷坐着，不知道他在想什么心事。七爷爷太喜欢抽烟了，而且他抽烟的姿势很特别，两根指头夹着一支香烟，恨不得全塞进嘴里嚼掉的样子，深吸一口，也不抬头，又深吸一口，然后吐出一大团烟雾，让浓浓的烟雾把自己笼罩起来。

袁克齐的妻子叫孙用熙，是民国总理孙宝琦的五女儿。查阅相关史料，发现孙宝琦娶有五个太太，有八个儿子、十六个女儿，在民国政坛上纵横联姻，大女儿嫁给了盛宣怀的四公子盛恩颐，二女儿嫁给了庆亲王奕劻的五公子载伦，三女儿嫁给了大学士王文韶的孙子，四女儿嫁给了晚清大臣宝熙的儿子，五女儿嫁给了袁克齐，七女儿叫孙用番，嫁给了张佩纶的儿子张廷重——于是也就成了民国才女张爱玲的继母。

张爱玲笔下的继母孙用番，不仅抽鸦片，而且刻毒阴鸷，心理变态，对丈夫与前妻生下的儿女冷漠尖酸。究竟实情如何，不得而知。至少她的五姐姐孙用熙，完全不同。袁忻说，孙用熙性格开朗，为人处世活络，对小孩子尤其好。一件素雅的对襟半长衫，胸前永远用别针别着块手帕，整齐干净，作风干练。袁忻喊孙用熙"七奶奶"，"七奶奶"建国后一直在街道居委会工作，受过政府表彰，老天津有很多人都认识她。

晚年丧子，袁克齐、孙用熙就把哥哥袁克权之子袁家说当儿看。袁家说对两位老人也敬如父母，家里的累活——买米买煤球之类的事儿，总是抢着做。

"七爷爷生活节俭，无不良嗜好，他很有钱，积攒了不少好东西。"袁忻向我描述，"描金箱子一摞摞的，一直堆到屋顶上了。"

建国后，袁克齐是天津市文史馆馆员，他写过不少珍贵的文史资料，有的公开发表了，也有的没有公布，听说至今还封存在天津市文史馆里。

就他已经公开发表的文史资料来看，确实十分珍贵，颇有价值，如《回忆父亲二三事》一文，讲述袁世凯"帝制前后"的种种家庭见闻，因出自袁家内部，比较起其他史料来，更真实可信，也更具特殊价值：

> 据我所知，帝制的促成，动力有四：1. 梁士诒等因五路借款回扣贪污案及其手下站段长吞款肥己案，怕被人揭发，就想以拥戴我父亲称帝，建立殊功来赎罪。原来梁士诒等贪污案有风声前，京兆尹王志新贪污五百元，被我父亲枪决，因此梁士诒等很害怕。2. 我大哥袁克定总想作嗣君，于是竭力从旁进言。例如他常跟我父亲说"大丈夫做事，要乾纲独断，不能仰人鼻息，任人掣肘"一类的话。3. 杨度等想借此以满足他们个人名利双收的欲望，也大张旗鼓，制造舆论，百般劝进。4. 我父亲认为，民国就得有议会，而议员等又事事掣肘，实在不胜其苦，倒不如干脆称帝……
>
> 在帝制进行中，我父亲是犹疑不定的。我曾听见他申斥

我大哥说："我的事你不用管，你也不要乱接近人。"又有一次饭后，他对我和五哥克权说："你大哥是个拐子，你二哥成天和一些清客鬼混。你们哪里见过天下有拐皇帝，有书呆子皇帝呢！"看来，我父亲称帝，内心是有矛盾的，至于为什么成为事实，我就不清楚了。那年我虽然十七岁，究竟对于政治上的事，还没有分析能力，并且也不感兴趣。

记得我父亲死的那一天，曾把我大哥叫到里屋去，我们在外屋听见我父亲说："这个事我做错了，你以后不要再上那几个人的当！"过了半小时，他就死了。

这种弥足珍贵的口述史，不仅从生活场景上真实地还原了历史，而且从某种角度解密了袁世凯称帝的矛盾心理，实属难得。

袁克齐"文革"前夕病故了。"文革"期间，袁家大院"七爷爷"原先居住的那幢房子里，住着三位老太太：七奶奶孙用熙、八婆婆孙用志以及七姑奶奶袁复祯。

八婆婆孙用志是七奶奶孙用熙的亲妹妹，也是孙宝琦的女儿，不知道排行第几，也不知道嫁给了什么人家（袁家后人叫她八婆婆，是跟随七奶奶孙用熙的称呼随口叫的）。参照她的亲姐妹们出嫁的人家来看，孙用志嫁的一定也是显贵。孙用志出嫁后的故事，不用说，肯定也是个"悲惨世界"。至于她是什么原因来投靠五姐孙用熙的，袁忻没有说，我也没有问，她的人生故事走出了本书范围，就不多叙述了。

七姑奶奶袁复祯，是袁世凯的第七个女儿，她年轻时嫁给了陆军部尚书荫昌的儿子荫铁阁。2007 年，我赴天津第一次采访袁家后人时，曾经采访过当时七十四岁的荫成祖老人。他是荫铁阁的儿子，退休前在黄河规划委员会工作，后来单位并入水利部、水电总局。三门峡工程上马，在北京成立三门峡工程筹建工作组，荫成祖参与其中。

据荫成祖回忆，荫家原是汉人，后因有功，被清廷赐姓"荫"。

袁复祯与荫铁阁结婚后，感情并不太好，1933 年，荫成祖出生后不久，二人就离婚了。荫铁阁后来去了上海，认识了一位电影演员，娶之为妻。然而时间不长，那个电影演员就因病去世，他又娶了一个法国妻子。建国前夕，荫铁阁带着法国妻子去了台湾。"他那人爱喜新厌旧，无论什么事情都干不长，一般就一年左右的热情。"荫成祖说父亲到台湾后给人做幕僚，听说也没干多久，不知道又去了什么地方。

荫成祖说，父亲的法国妻子他见过。那是四十年代，父亲还没有去台湾。关于父亲，荫成祖回忆说："父亲爱好文学，也喜欢京剧，是狂热的京剧票友。"

至于母亲，"1952 年，那年我高中毕业，之后就跟着母亲到了天津"。荫成祖如此告诉我，母亲袁复祯到天津后，和袁克齐一家生活，直到他大学毕业后参加了工作，才把母亲接回来一起过。袁复祯长期做临时工，在一家街道鞋厂上班时间比较长。"她是个有尊严的人，个性独立，有难处总是独自挺过去，从没见她求过人。"

故事套故事，荫成祖的讲述，正好接续了袁忻的讲述。

"文革"期间，孙用熙、孙用志、袁复祯这三个苦命的老太太，住在大营门袁家大院的一幢楼里，相依为命，生活过得十分艰难，扫大街、做蚊香、糊火柴盒、帮人带孩子……许多以前连想也不会想到的活儿，如今她们都得干。

红卫兵来了，破四旧、刷标语、抄家、砸古董……他们在袁家大院意外地发现了地下室。一道铁栅栏紧锁，也不知道有多久没开过了，结满了蜘蛛网。隔着栅栏看过去，地下室积满了水，散发出阵阵难闻的霉味。红卫兵押着三个老太太往地下室里走，她们被逼挽起裤管，去蹚混浊的水。红卫兵拿着手电筒，在黑暗中晃来晃去，三个老太太的身影也在墙壁上晃来晃去。

地下室里什么东西也没有。红卫兵仍不死心，把三个老太太带出去批斗，挂黑牌、下跪、戴纸糊的高帽子，提着一面铜锣游街，一边走一边敲锣，嘴里不停地叫喊着污辱自己的言语……那样的批斗持续了很多次。三个老太太年岁都不小了，而且还裹缠了小脚，走起路来一摇三晃。当时袁克齐的孙女儿袁晶还是个不到二十岁的女孩子，她不忍心看见长辈们蒙受苦难，忍着眼泪来到批斗现场一看，满地都是砸碎的玻璃，红卫兵逼迫三个老太太脱了鞋，光着脚在碎玻璃地上行走。于是每次批斗结束后，都由袁晶将她们一个个背回袁家大院。

三个老太太被袁晶一个个背回家后，避口不谈她们挨整的惨状，总是连声说自己幸运，说自己只是陪斗，揪头发、强按弯腰、架胳膊"坐飞机"之类的重体罚，还没有轮到她们的头上。

袁忻说，每次看三个老太太笑着说自己幸运，她就想哭。

袁克度是袁世凯的十二子，也是二姨太白氏夫人所生育。

我在 2007 年出版的《袁世凯家族》中，对袁克度作了如下描述：

民国时期在天津租界，提到袁克度可能有人不知道，提到"汤姆·袁"则不可能不知道，尤其是外国那些公使家眷，对神秘的"汤姆·袁"崇拜得五体投地。这不仅仅是他英文说得好，会说美国方言俚语，说英文绕口令是拿手好戏，更是因为他有一手绝活：仿造法国高级香水，可以乱真。

这手绝技与"汤姆·袁"在美国的留学经历有关，在美国，他学的是化学专业。抗日战争爆发后，有一天，袁克度听交际花嫂嫂张美生说到一件事：租界法国香水奇缺，他用鼻子哼了一声说：那有什么难的？回到家里就着手研制，几天后仿真香水试制成功，和巴黎香水的颜色和香味都一样，"汤姆·袁"挂牌销售，标价高得离谱，一小瓶香水售几十块大洋，但求购者依然趋之若鹜，因为市场上真的香水压根就见不到。袁克度也是个怪人，销售了二三十瓶以后，就停止供应，并且声明不再配制假香水，让那些求购者郁闷不已。至于配方秘技，他是绝对不外传的。

后来有人请他出山办肥皂厂，他满口答应下来，人家把炼制肥皂的猪油指标搞到了，袁克度却撂挑子，说什么也不愿意干了。是他没研制成功肥皂秘方，还是压根就不想干？谁也摸不清他这个人。提到袁克度，所有了解他的人都是这句话：“他一辈子不干正经事。”

　　袁克度娶的第一个妻子是天津富商罗云章的女儿。罗云章，字东朝，是清末立宪派首领孙洪伊的妹夫。袁克度后来又娶了个姨太太，娶进门后不久，罗氏生了一场大病去世了，袁克度和姨太太一起继续过。1976 年唐山大地震后，袁克度也去世了，留下一个破烂不堪的家庭，姨太太只能靠卖冰棍过日子。袁克度有一独女：袁家敏。

据袁忻说，袁家敏是袁克度原来的夫人所生。后来，袁克度又找了个上海舞女，姓杨，袁家孩子们叫她“好婆”，也不知道什么原因，大致是喜欢她性格随和吧，袁克度和“好婆”在一起生活，这件事对前妻和女儿的伤害比较大。

　　袁克度是个秃顶，袁忻小时候爱叫他“秃爷”，袁克度一点也不生气，总是笑吟吟地应答。“好婆”舞跳得非常好，有时候还会一个人在屋子里跳舞，她优雅的舞姿，为袁家大院里的寂寞生活增添了几分情趣。

　　袁克度当时住在袁家大院的后院里，前院住的是袁家嘏和方初观。据袁忻介绍，那个曾经风靡上海滩的舞女“好婆”人不错，跟着袁克度过日子，不弃不离，卖过冰棍，糊过火柴盒，帮人洗衣、缝补衣裳，无论在街道居委会接到什么活儿她都没有怨言。而那些活计，袁克度是压根不会去干的。他需要尊严，不为五斗米折腰。但在那个物质极度贫乏的特殊时期，不为五斗米折腰就只有坐等饿死。可以这么说：袁克度的晚年生活，多亏了“好婆”。

"我的活法是一个时代的活法"
——袁克坚之子袁家禧、袁家诚

2011年冬，我赴天津采访袁家后人，探访了袁家诚。

袁家诚的父亲袁克坚，是袁世凯的第十子；母亲陆毓秀，是清末陕西督军陆建章的女儿。袁家诚生于1938年，当年已经七十三岁了，可是同他交往，你会忘了老先生的年龄。

我在不同的季节里接触过袁家诚三四次：夏天的时候，他喜欢穿件湖蓝色T恤，腰上扎根皮带，精神抖擞，像个小伙子；到了冬天，他又喜欢穿件火红的羽绒服，活力四射，使人想起一束跳荡的火焰。

那次，我在天津入住快捷酒店后，给袁家诚打了个电话，先前约好了的，我去他家，老先生怕我不认识路，非要亲自开车来接。"挺方便的，你在酒店等我，一会儿到。"他在电话那头热情地说。

那天是2011年12月8日，袁家诚家温暖如春。和煦的阳光从玻璃窗外投射进来，金色的光线落在书柜、花架、古董架上，光影斑驳。书柜里摆放的书大多与袁世凯有关，我走上前去翻了翻，转过身来坐下，袁家诚的话匣子就这样打开了。

"如今大量史料正在解密，历史的真相正在浮出水面。我的祖父袁世凯，他并不是戊戌政变的告密者，也不是卖国贼，越来越多的史学家如今已能客观公正评价他，还原他的本来面目，我们这些袁家后人为此感到欣慰。"

袁家诚一生中最恨日本人，甚至恨得有点偏激。他旅游到过很多国家，就是不去日本："那个盛产倭寇的地方，我是决不去的。"袁家诚出生前一年，日本人占领了天津，所有的学校都必须开设日文课。等他到了上学的年纪，母亲专门请了家庭教师，在自己家里上课，决不接受日本人的奴化教育。

袁家诚从小是个听话的乖孩子，从小学到高中，功课门门优秀。他从抽屉里翻出一摞成绩单，一张张打开让我看。成绩单上，民国时期老师字迹隽秀的评语，以及学杂费减免的证明，让我眼前浮现出了少年时代的袁家诚形象——他穿着整洁干净的校服，脚下一双白球鞋，网袋里挎着个篮球，在阳光下奔跑。

堂哥袁家骝考取美国加州大学，获得了奖学金，在袁家诚心中留下了深刻的印记。他想发奋学习，像家骝哥那样去美国读博士。可惜理想很丰满，现实太骨感，袁家诚后来的人生道路与袁家骝大相径庭。提起这些，袁家诚摇摇头，情绪有点伤感。

1960年，家庭发生了一系列变故，对袁家诚心理影响很大。

这年6月，先是母亲陆毓秀去世了。母亲的性格像男子，遇事敢作敢为，家里的大小事原先全都靠她撑着。12月，父亲袁克坚也去世了。父亲早年留学美国哈佛大学，接受西方教育，学的是政治经济学，学成后回国，无用武之地，在一所中学里做过短暂的英文老师，后来政治运动来了，他有点害怕，不辞而别回到家里，之后再没有参加过任何工作，靠吃祖产过日子。袁家诚说："父亲的脾气特别好，他像个小孩子，心是一块透明的水晶。"

父母亲去世后，家里只剩下两个孩子：袁家诚和姐姐袁家文。

袁家诚原先是有个哥哥的，叫袁家禧，1929 年生，比袁家诚大九岁。哥哥遗传父亲水晶般透明的性格，善良，单纯，心不设防，理想主义……

小时候，袁家禧和一群邻居小孩们一起玩，有个小孩说，他左右两个耳朵是相通的。大伙不信，那小孩拿出一颗绿豆，从左边耳朵放进去，果然从右边耳朵掏出来了。五六岁的袁家禧兴奋得像发现了新大陆，他抢过那颗绿豆，塞进了左边耳朵里，使劲往里头按压，结果那颗绿豆并没有从右边耳朵里出来，反倒是袁家禧的左耳朵有点聋了。

一直到老，袁家诚眼前都晃动着哥哥的影子：小时候，袁家诚淘气，惹得父母不高兴，母亲拿扫把要打他，哥哥跪在地上向母亲求情；袁家诚十三岁那年，母亲生了一场病，全家人围在一起急得不行，哥哥跪在母亲的病榻前，拿起一把剃刀，从左臂上割下一块肉，给母亲做药引子。

哥哥身上有一种宗教信徒般的迷乱情绪，狂热而又执着。他发自内心地崇拜伟人和英雄，虔诚地信奉某些东西，愿意为之献身。

袁家诚告诉我，哥哥袁家禧读中学时，就跟中共地下党人交往，他信奉马列主义，箱子里装满了马列的白皮书，把原来放在箱子里的《三国志》、《红楼梦》、《西厢记》等古书一把火全烧掉了。

有一次，袁家诚看到哥哥对父亲说，爸爸，你出去工作呀！现在正是劳动人民要学习知识的时候，你英文那么好，不出去教书，这种行为是自私的。父亲摇头，说不愿意去教书。哥哥着急了，三两步蹿过去跪在父亲面前，抱着父亲的腿连声央求。

当时袁家诚并不懂得那个场景的真实含义。直到他老了，才慢慢明白过来，父亲默默坚持的，是内心深处的那份尊严。出去工作就得开会，别人在会场上辱骂"窃国大盗"袁世凯，他不能跟着骂，但又必须跟着骂。这种污辱人格的事情，袁克坚绝对做不到。他只能退回到狭小的天地里，保持灵魂的独立和洁净。

袁家禧中学毕业后，被介绍到军校学习，不久正式入伍。1950年6月，朝鲜战争爆发，中国政府组织志愿军开赴朝鲜作战。二十一岁的袁家禧雄心勃勃，天天盼着去朝鲜打仗，他给家里写信，表达自己愿为国家捐躯的决心，信中附了张纸条，是专门写给弟弟袁家诚的，上面写道：小弟我爱你，但我更爱朝鲜的小弟弟们，我要为他们保卫祖国。

不巧的是，那一阵他患了胃溃疡，躺在医院的病床上打滚，痛得额头上直冒汗。等他的胃溃疡好了，部队已经开赴朝鲜前线了。

命运的这一次小转折，后来竟改变了哥哥的一生。

朝鲜去不成，袁家禧被分配到天津电线厂，天天上班下班，两点一线，由于工作努力，获得了工厂的好评。1954年发洪水，他在抗洪抢险中表现突出，被评为天津市劳动模范。

袁家禧被保送到矿业学院带薪学习，对他那样的家庭出身来说，这是十分优厚的政治待遇。

1957 年声势浩大的"反右"政治运动开始了，袁家禧并未警觉，他依然像以前一样，坦诚率真，遇到不公平的事儿就爱说。那时候中国向苏联老大哥学习，苏联有个"劳卫制"，即通过运动项目的等级测试，按年龄组别制定达标标准，包括体操、田径、滑雪、游泳、球类等项目。建国初期所有的中国学校，都模仿苏联实行"劳卫制"。

袁家禧所在的矿业学院为了"劳卫制"达标，老师和学生合伙作弊，成绩是上去了，可是袁家禧看不惯，说了直话，并且向学校领导举报。班干部是个积极分子，抓住他的家庭出身问题大做文章，认为袁家禧右倾，同老师商量，准备拿袁家禧当活靶子开批斗会，要"杀一杀右倾分子的威风"。

袁家禧得知消息后感到害怕。这个处于恐惧情绪中的青年，找不到辩白的方法，竟想到了一个笨招。那天晚自习，袁家禧带着一瓶汽油来到教室，等同学们都入座了，他忽然站起来，将汽油浇在自己的左臂膀上，然后擦亮一根火柴，火苗呼啦啦燃烧起来。同学们被袁家禧的自焚行为惊呆了，没有一个人上去帮他扑火，只听火苗噼啪燃烧，火光映红了他铁青的脸。

"那一天是 1958 年 4 月 28 日。"袁家诚说，哥哥受难的日子他一直记得清清楚楚。点火自焚之后，袁家禧来到学校党委办公室，表白自己对党决无二心。"那是春天，万物生长的季节。可是我哥哥的春天从此再也没有了。"袁家诚声音哽咽，不一会儿，他开始抽泣。

袁家禧的左臂严重烧伤。更糟糕的是，他的精神世界开始崩溃。这一年秋天，矿业学院劝袁家禧退学。

后来袁家禧在多个单位做过临时工，干得最久的，是在天津妇科医院里烧锅炉，那份工作他干了八个多月。本来还能继续干下去的，可是有人向院长举报，说那个锅炉工神经不正常，经常一个人坐那儿发呆。院长听了举报，就将袁家禧给辞退了。

学籍没有了，工作没有了，袁家禧成了社会的弃儿，他在海河岸边游荡，像是一个幽灵。"哥哥一辈子没有结婚。"袁家诚对我说，"是不是没经历过爱情？这我也说不清楚。据说当年在学校里他有追求者，但是哥哥抱负大，不搞儿女情长，一口回绝了人家"。

袁家诚从箱子底层翻出一个笔记本，在那个暗红色封面的本本中，有袁家禧的日记、杂记、书信和感言。袁家禧的字迹工工整整，像刻钢板似的，每一笔都一丝不苟，可以想见他是一个性格拘谨、处事认真的人。

袁家禧最后几年始终生活在一种无形的恐惧中。他出现了幻听，也出现了幻觉。读他的日记、杂记，我不由自主想起了卡夫卡笔下的甲壳虫。一个心地单纯似水晶的人，在外部世界残酷无情的摧残下，只能退回到甲壳似的堡垒里。

我请袁家诚帮我复印了几页他哥哥的笔记。时隔多年，那些文字如今读起来依然寒意袭人。袁家禧在日记中写道：

> 我自己平时生活上，饮食起居太不注意。这些缺点包括：吃得很多，生菜带泥吃，街上捡来的东西也吃，而且吃东西特别贪婪。这些都是我极度自私的表现。家里的保姆、

弟弟也规劝过，但自己嘴里接受，行动上却不改正。有时候实在饿得不行了，我就掌自己的嘴，也让弟弟掌过我的嘴，还是不行，看见有东西吃时就又贪吃了。当然，这一切足以引起别人的轻视和嘲笑了。

袁家禧出现幻觉后，他在日记中写道：

……十七日。中午，我正坐在屋子正中打盹，忽然听到外边有人大声喊我的名字，出门一看，没有人。等我坐下了，外边的声音又响起来。我再出去看，还是没有人。以后类似的声音不断发生，我认为必定有人在嘲弄自己，那人是谁呢？总不至于是家里养的鸡吧？晚上自己在赶鸡进笼时，脾气不好，用脚去踢鸡，把家里的洗衣板都踢翻了。

十八日。我早起，在外头吃了半斤果子饼。回家后，保姆徐文贞问我，你买的果子饼呢？我说吃了。她没有作声。到了晚上，我听见她在屋子里骂："你吃饱了干什么的？""×你妈妈！""×你奶奶！""自己在外偷着吃，回家装没事。""什么玩艺！"……我对于她的辱骂不能接受。从明天起，我要绝食抗议。

十九日。我开始不吃饭表示抗议。我把自己关在屋子里，外头又传来了骂声。"×你妈妈！""×你奶奶！""×你祖宗！"我不愿接腔，恐怕接腔了别人不认账，反倒会招来更大的骂。我不接腔，她也骂得更凶了，我忍，我强忍……

袁家禧的那次绝食一直坚持到二十四日，他在日记里写道：

> 我感觉到处都是骂声，卖冰棍的、踩三轮车的、做煤球的……他们看着我的眼光都是凶巴巴的，一开口，他们就像是在骂我……

看得出来，此时袁家禧的神经已经开始错乱了。蒙田曾经说过："恐惧比任何感情都更加让我们不知所措。事实正是如此，我目睹过许多因恐惧而魂不守舍的人，甚至最沉稳的人，恐惧之时也会心慌意乱。"袁家禧不是"最沉稳的人"，他太单纯也太脆弱，难以与一个无法理喻的时代对抗。他的恐惧感与日俱增，渐渐演变成严重的臆想症，害怕与陌生人接触，担心自己会受迫害，他的性格变得敏感多疑，怀疑别人跟踪、欺骗、诽谤、下毒陷害，认为别人的一言一行都是含沙射影针对他的。

在生命的最后几天，袁家禧给袁家诚留了一张纸条：

> 小弟：请暂时允许我这样称呼你吧。我已经现尽了世，请你打我几嘴巴。不，这都太轻。
>
> ——现在请允许我结束自己（的生命）。
>
> 不要再想我。原谅袁家后代出了我这个泄气包。如果荣幸地被称作袁家人，做鬼不后悔。请你们允许吧。

纸条上的话已经语无伦次，令人叹惋。在另一张留给家人的纸条上，袁家禧写道：

　　我得了应有的惩罚吗？这是不合理的。我被这么一群宵小所陷害了，死后也做不得人，这实在太丢人了。随便吧，我自问一生从没做过伤天害理的事，只是辜负了很多人的希望，父亲母亲，九伯伯（指袁克久，他晚年跟袁克坚一家住，很喜欢家禧、家诚兄弟——笔者注），弟弟，妹妹……如果要问我为什么怯懦呢？翻开我的档案材料一看，就可以了，我也懒得再写。

　　到了结束自己的时候了。我的怯懦自私，这就是总祸根。生在世上臭一块地，不必再臭几块地。行了，臭得给祖宗丢（脸）到家了。我所以怯懦的原因，由于家庭养成，另外我自己档案中已经写明。

　　人生终有一死。死晚了，不要难过，二十年后见罢。

这个可怜的人，生前受到了如此深的伤害和歧视，依然怀着残破的希望等待家人原谅自己。

　　"哥哥跳了海河——那是 1962 年。这么多年，我一直都在想他。"袁家诚强忍住哭声说道，"这么多年，我一直想写文章，纪念哥哥，可是一直没写……"

在那个年代，恐惧无处不在，深入每一个人的骨髓。恐惧体现在弟弟袁家诚身上，则是另一种形式。

　　父母亲和哥哥相继离开人世后，二十多岁的袁家诚成了家里的顶梁柱，他仿佛一下子长大了，懂得自己这样的家庭前方布满了地雷，每走一步都必须小心翼翼。

袁家诚告诉我，袁世凯去世后，袁克坚分到了一笔财产，有房子、股票和金银首饰等。舅舅家境比较富裕，又给了他们四十间房子（西安道尚友里一带），那是一排砖木结构的平房，门前种着一排柳树。有一天，工作组找袁家诚谈话，话题转到他舅舅馈赠的那四十间房子，说："你家的那些房子问题要解决。"

——袁家诚感觉自己的一颗心直往下坠。

工作组的人说，袁世凯是地主阶级的总代表，你是袁世凯的孝子贤孙……袁家诚越听越害怕，舅舅赠予的房产看来是保不住了。他本想把那些房产转移到保姆徐文贞名下，徐文贞是母亲出嫁时带来的丫环，把一生都献给了袁家，如今却老无所依。袁家诚把这个想法向工作组说了，工作组表示不允许，丢下了一句狠话："如果要坚持和人民对抗，后果你应该是很清楚的。"

袁家诚连夜写了申请书，"自愿"将四十间房子捐献给国家。袁家诚说，申请书交上去了，心里仍是忐忑不安，吃饭不香，睡觉不宁，生怕工作组不批准他的申请。

幸运的是，没有了那些房产，"文革"中也就躲过了一劫。

袁家诚成绩一直都很好，经常是班上的第一名。高考那年，要填写报考表格，袁家诚在家庭出身一栏端端正正写下了四个字：北洋军阀，又在海外关系一栏，如实写下了海外亲戚的名字。结果可想而知，他连续五次高考成绩优秀，可就是上不了大学。

上大学的路被堵死了，袁家诚异想天开，想去参军。可是一份表格还没填完，对方脸上就露出了异样的笑容，问他："你真是袁世凯的后人？"袁家诚点头。招兵的人说，这表你不用填了。袁家诚想问为什么，但他没有问。他已经明白：大地上有一千条道路，像他这样的人仍然是无路可走。

袁家诚说，曾有一度，他想学哥哥去蹈海。可是转念一想，陈天华蹈海了是英雄，他这个袁世凯的后代，蹈海了也是遗臭万年。连求死的路都被阻断了，什么叫生不如死？这就是。

到了 1970 年，政府落实毛泽东"把医疗卫生工作的重点放到农村去"的"六二六"指示，卫生系统出身不好的人员统统被驱赶到农村。袁家诚和妻子被一起下放到内蒙古商都大库伦公社，把一岁半的儿子留在天津，由七十多岁的老保姆徐文贞照看。

这一去就是八年。直到 1978 年，曾任清华大学校长、时任天津市委书记的蒋南翔参加内蒙古自治区成立三十周年纪念活动，看到自己昔日的学生竟埋没在农村，感到震惊。在蒋南翔的帮助下，袁家诚回到天津一家医院里上班，一直做到放射科主任。

"袁家到我们这一代真是背透了。袁氏家族的好处我们一点没沾上，袁世凯孝子贤孙的恶名却让我们背了大半辈子。"袁家诚摇头苦笑，脸上写着凄楚和无奈。那之后，袁家诚曾有段时间改名为袁杰，想摆脱与那个家族的瓜葛。

我问他，1949 年，不少袁家后裔都去了海外，当时您和您的家庭想没想过出去？

袁家诚回答："我们是普通老百姓，安安稳稳过日子不就完了嘛，压根没想过其他出路。"他沉思了一会，又说："我的活法是一个时代的活法。包括我哥哥袁家禧，也一样。"

❶ 袁世凯的四个儿子，左起：八子克轸、六子克桓、五子克权、七子克齐

❷ 袁克坚长子袁家禧

❸ 袁克坚之子袁家诚（右）与妻子（左）结婚时同袁家老保姆徐文贞（中）合影

❹ 袁世凯二姨太白氏夫人与四女儿袁籑祯

卷六 在时光流转中沉浮

——六公子袁克桓一脉

脱颖而出的五姨太杨氏

袁世凯共有一妻九妾。除正室妻子于氏娶于河南老家外，其余九妾分别是大姨太沈氏、二姨太白氏、三姨太金氏、四姨太季氏（二、三、四姨太娶自朝鲜）、五姨太杨氏、六姨太叶氏、七姨太张氏、八姨太郭氏、九姨太刘氏。

关于这位五姨太，我在《袁世凯家族》一书中是这样描述的：

> 五姨太杨氏是天津杨柳青一个小户人家的女儿，聪慧灵气，玲珑可人，虽说长得不是很漂亮，但天生有王熙凤式的治家才能，很受袁世凯赏识。如果说大姨太沈氏是袁府前期女主角的话，五姨太杨氏娶进门后，家庭的权力中心便向她转移了。杨氏心灵手巧，口齿伶俐，遇事有决断，袁府的日常生活被她安排得有条不紊，无论该吃什么、穿什么，或是该换什么衣服，该买什么东西，都交她一手经管，就是袁世凯的贵重财物，也是由她收藏保管。时间一长，袁家女人逐渐形成了两个群落，一个以大姨太沈氏为中心，包括沈氏管

束的三个朝鲜姨太太，是老阵营；另一个以五姨太杨氏为中心，包括杨氏管束的六、七、八、九姨太太，是新阵营。老阵营与新阵营交锋，总是新阵营取胜几率大，久而久之，杨氏自然取代沈氏，成了袁府内部的中心人物。

杨氏在袁府的当家时期，正是袁府的鼎盛时期。从被她管束的六、七、八、九姨太太进袁府的经历，可见豪门望族的后院风波之恶。

不妨从这几个姨太太娶进袁府的经历剖析：

六姨太名叫叶蓁，是袁世凯任直隶总督时娶进门的。前文提到过，叶氏原是袁克文"发现"的，后来阴差阳错嫁给了袁世凯。袁静雪在《我的父亲袁世凯》中也讲述了这件事：

> 我父亲在直隶总督任上，曾派二哥到南京替他办一件什么事。由于二哥生性好在外面玩乐，所以公余之暇，就常到钓鱼巷一带走走，因此结识了后来的六姨太太。两人一见倾心，互相订了嫁娶的盟约。在二哥临行的时候，她赠给二哥一张照片留作纪念。依照我们家的规矩，儿女从远道归来，是要向父母磕头请安的。二哥返津复命，正在磕头的时候，不料这张照片却从他的身上滑落下来。我父亲看到了这种情况，就指着地上连声责问："是什么，是什么？"当时二哥还没有结婚，自然不敢在父亲面前透露自己的荒唐行为。他情急智生，就说是他在南边给我父亲物色了一个很好看的姑娘，现在带回来这张照片，为的是征求我父亲的意见。我

父亲一看这张照片的倩影，果然很美丽，就连声说："好！好！"接着便派了向来给他做这种差使的符殿青带了银钱将她接了回来。那六姨太太原是和二哥有着嫁娶之约的，现在看到是袁家派了人来接，很自然地便想到二哥身上，便也收拾行装，欣然北上。没有想到在"洞房花烛夜"，却发现她意想中的翩翩少年，竟变成了一个满嘴胡须的老者，她那哀怨之情，想也不会少于我的母亲吧！

七姨太张氏，也是袁世凯在直隶总督任上娶进门的。当时袁世凯已经五十岁，对年轻貌美的张氏十分宠爱。可惜红颜命薄，张氏刚进总督府，袁世凯就被罢官，回河南洹上村去当"渔翁"。张氏体质偏弱，又加上连日惊吓，还没从京城动身就病倒了。仓皇失措跟随南下，一路旅途劳累，又受了风寒，住进汲县袁府新居后病情加重，请来医生治疗，也没能救得性命，死时年仅二十岁。张氏没有生育子女，按照旧时习俗，只可称作姑娘，不能叫姨太太。袁世凯甚为怜惜，以侧室之礼葬于汲县西郊。后来袁克文为她向朝廷请得了夫人封典，并以庶母之礼题写了墓碣。

八姨太郭氏，名叫郭宝仙，浙江归安人。她母亲原为某富室之妾，性情刚烈，与正室夫人一场大吵后，牵着年幼的她出走，其时还怀着身孕，几经辗转，流落天津，终于堕入风尘。更糟糕的是，不久她母亲得了一场重病，丢下宝仙和一个弟弟撒手归西，郭宝仙典卖了衣物，又从妓院借了二千余金，方将母亲安葬。之后郭宝仙迫于无奈，开始在妓院里谋营生，但她对皮肉生涯深恶痛绝，为了摆脱这种生活，郭宝仙放出话来：谁能以万金相聘，就嫁给谁！袁克文从相好的妓女蟾香处听到这件事，告诉了大姨太沈氏，沈氏遂派袁克文携带银两赴天津将郭宝仙赎出。郭宝仙到洹上村的第三天就进了洞房。

从以上三个姨太太娶进袁府的过程，不难看出，幕后都有袁克文的影子。而在袁世凯家族内部有个众所周知的秘密：沈氏无所出，将袁克文收为养子，视同己出；袁克文对沈氏的感情也浓厚笃深。可以想象，自从五姨太杨氏进门后，大姨太沈氏日益感觉到威胁，她与养子袁克文合谋，为袁世凯娶叶氏、张氏、郭氏，目的不外乎拴住袁世凯，不让五姨太专宠。

袁克文撰写家史《洹上私乘》，对所有"庶母"都不吝赞美，唯独写到五姨太杨氏时一笔带过：

> 五庶母杨氏，直隶天津县人也，颖敏得先公欢。生子四：曰克桓、曰克轸、曰克久、曰克安；女二：曰季祯、曰玲祯。

然而杨氏绝非等闲之辈。首先，她的治家理财能力毋庸置疑，很快赢得了袁世凯的信任。接下来，她又让袁世凯收了自己的贴身丫环刘姑娘。这个新收的九姨太清高孤僻，喜欢念佛吃斋，后来，袁世凯在离洹上村正南半公里处找了块地，起了几栋白墙黑瓦的房子，给她当住所兼佛堂。

王碧蓉女士《百年袁家》一书，系统讲述了五姨太杨氏及其后裔的传奇故事。经她考证，杨氏并非天津杨柳青人，而是宜兴埠人。杨氏娘家先前也并非花农人家，而是开棉花厂子的，做的是弹棉花的第一道工序：

> 小站练兵，急需大量的军饷物资。袁世凯的军需官常往返于小站与宜兴埠，一来二去就与杨氏的父亲熟悉了。杨氏的父亲靠勤奋起家，是一个精明的生意人，他带着儿子和年幼的女儿杨氏经营自己的棉花厂子，所以杨氏从小就能说会道，不仅迎来送往招待客人，还打得一手好算盘，帮她父亲把店面打理得井井有条。在那样动荡的年代，杨氏的父亲当然希望找到保护伞或者靠山，这个希望就寄托在女儿身上。正好碰到袁世凯的军需官来天津宜兴埠，找到了杨家，这一桩迎娶也就水到渠成。此时是光绪二十二年（1896），杨氏十七岁，袁世凯三十七岁。小站练兵家眷不能随行，袁世凯便把杨氏安置在天津。

袁世凯对杨氏的管家才能是很赏识的。袁府上上下下，各房的女佣和丫头就是一大溜，加上马夫、保镖、厨师、采买、花工等等，总共有一百多口人，要管理好这么大个家也并非易事。可是杨氏颇有治家手段，整个袁府的人对她既敬又畏，连袁世凯的元配夫人于氏也惧她三分。

王碧蓉女士的《百年袁家》中，引述了杨氏夫人孙女袁家菽的一段话：

> 家里我最怕的一个人就是我奶奶。奶奶很少跟我们笑，

我怕她极了。奶奶有时候一高兴，就挑我们其中的两个孩子陪她去吃饭，我最怕的就是被挑上与她一起吃饭。她坐在上座，很威严，不苟言笑，我很无奈地坐下，正襟危坐，我们两人正好是直线面对面。吃饭时，我记得桌子上铺了一层纸，可能是避免把桌子弄脏了，尤其吃鱼，很腥，这样吃完后就可以把纸一卷就扔了，很好打理。我坐在奶奶对面，边吃饭边看她，越看她就越害怕，一害怕，我就用一只手吃饭，一只手紧拉那张纸。最后纸都跑到我这边来了，奶奶面前没有纸。旁边站着好多男佣人、女佣人等着、看着、忙着，给我添饭，给我盛汤，看着我偷笑，我就气得要命，觉得是给我很大的侮辱，但当着奶奶的面又不能发脾气。

1938 年元月，杨氏病逝。前一年，日本兵挑衅，卢沟桥事件爆发，京津一带时闻炮声，局势陡然间紧张起来。1937 年农历七月廿三，是杨氏的五十八岁生日，在一派冷清凄凉中，袁克定、袁克桓、王锡彤等人为她祝寿。杨氏坐在太师椅上面无表情，像是一尊苍凉的木雕。

在此之前她已经病了。日本兵来犯，她更是抱了必死的信念。袁世凯生前幕僚王锡彤在《抑斋自述》中详细地记录了当时的一些情景——

战事初起，杨氏坚持不移居避乱，"且开诚布公，无世俗态，令人佩服"。她的儿子袁克桓给王锡彤发来电报，请王务必劝说其母，就近迁居到卧佛寺。王锡彤拿着袁克桓的电报前来劝说，杨氏不听。

十余天后，局势进一步紧张，"平津路战事甚烈，彰仪门外亦有炮声"。满目所触，皆是逃难的人群，一支军队的司令部已迁至颐和园中，整日听得见军令声、口号声、电话铃声。王锡彤好不容易说动杨氏迁出颐和园，移居卧佛寺，并商定用袁克定的汽车来接。临到汽车来接时，她仍在犹豫不决，"拟稍缓三两日再定"。王锡彤等人劝她不可再固执，日本兵已经就在附近了，就算不为自己考虑，也该为儿孙考虑。杨氏这才极不情愿地带着家人离开了颐和园。

杨氏死后，葬礼安排得很隆重，请来了很多和尚，摆了一个大道场，前来吊唁的有天津各界名流。出殡的队伍很长，棺材是金丝楠木，墓地建在今北京植物园斜对面的香山路南侧，小地名叫"四季青"。这一带在明代是皇家陵园，是埋葬皇家未成年子女以及妃嫔宫女们的。杨氏的坟墓选择这里，看得出来是经过了精心挑选。

杨氏的墓园当年规模十分宏大，三开间的大门前伫立着石柱华表和石狮，大门后边是四柱三间的白色牌坊，墓道两侧排列着石人、石马、石羊，雕龙墓碑上刻着六字：袁母杨太夫人。

"文革"期间，附近的农民挖掘了杨氏夫人的坟墓。据说打开棺材后，里面的衣服、被褥等丝织物色彩鲜艳，尚未腐烂。有个老太太捡了一篮子衣物，提起来刚走了几步，那些衣物见风后就变色碎裂了。挖开的墓穴后来做了生产队的养鱼塘，三开间的大门也改作了生产队里的仓库。

改革开放后，杨氏的墓地被辟为停车场，每逢节假日，便游人如织。那些华表、牌坊和石雕，静静地将这一切尽收眼底。

民国实业界的一颗星星

杨氏夫人生有四子二女：六子克桓、八子克轸、九子克久、十一子克安，五女季祯、十五女玲祯（早夭）。

这几个子女中，袁克桓堪称民国实业界的一颗星星。

袁克桓（1898—1956），字巽安，后改名心武。年幼时与袁克权、袁克齐一起随老师严修赴英国留学，回国后在京城北海静心斋总统府教育专馆继续读书，二十岁结婚成家，妻子陈徵，是江苏巡抚陈启泰的二女儿。

袁克桓走上实业这条路，与母亲杨氏的家教影响关系极大。

袁世凯病逝后，袁家子弟经历了短暂的忧伤，有的人沉沦了，也有的人崛起了。袁克桓就是后者的代表。在那个特殊的时候，他在母亲的鼓励下，选择了办实业。

袁世凯在世时，大力支持周学熙创办了两个大型的官商合办的企业——开滦煤矿和启新洋灰公司。政治嗅觉灵敏的周学熙一度感觉到民营之风将要在中国兴起，于是放弃官银号的优惠贷款，转向民间资本寻出路，将企业逐渐转变成私人股东所有，袁氏家族也参与其中，分得了部分股票。当时袁氏家族如日中天，赚钱捞银子的事有袁世凯，妻妾和子女们负责花钱就够了，根本没有人把这些股票放在眼里。袁世凯病逝后，袁家日暮途穷，才想起还有两个大型企业的股票压在箱子底。众子弟纷纷将这些股票低价抵押、转让、出售之际，袁克桓动起了脑子，他将这些花花绿绿的纸片统统收进囊中，然后拿这些纸片和老板周学熙谈判：他袁克桓也是大股东，有权决定企业的前途命运。

就这样，袁克桓进入开滦煤矿，接替大哥袁克定担任公司的常务董事。以前，公司内部事务（包括用人权等），都由担任总经理的英国人说了算，袁克桓提议说，既然公司是两家合营，那么中英方都得有人负责，最后意见被采纳，他的权力无形中增加了许多。

原来的启新洋灰公司，负责管理企业的全是周学熙的旧属亲信，安徽人的天下，袁氏家族的河南系难以与之抗衡。袁克桓进入公司不久，即着手改变这种状况。他说通了八弟袁克轸（也是周学熙的妹夫）一起联手。在 1924 年新春召开的一次董事会上，袁克轸站出来率先发难，当面指责周学熙用人不当，把公司搞得一团糟，脸红脖子粗地说道："对待你的姑爷如此偏袒，为何对老姑爷我就不照顾照顾？"周学熙被他怄得说不出话，河南帮其他成员跟上助阵，会场乱成了一锅粥。周学熙原来在启新是八面威风的，现在老姑爷给他难堪，他也不便多计较，从此对启新公司的事，也不愿多过问了。

这正是袁克桓所要的结果。到了 1927 年，启新公司改选董事会，袁克桓为首的河南系占据了显耀位置。1933 年，袁克桓坐上了公司总经理这把交椅，一坐就是十三年，直到抗战结束，风传何应钦将派人以"资敌罪"没收启新公司，袁克桓为保全公司存在，迫于各方压力，才不得不和启新洋灰公司脱离了关系。后来，袁克桓还在湖北创办了华新水泥厂以及南京的江南水泥厂，都是建国前大名鼎鼎的大型企业。除了水泥厂外，他还办过玻璃厂、纱厂。

袁克桓的儿子袁家宸回忆：

> 他一辈子都没叫过累。我父亲每天早晨七点钟准时起床，穿戴收拾好，八点准时到，工友还在打扫卫生呢！……我父亲没有别的嗜好，他就是应酬应酬、打打麻将。舞场、赌场、马场、妓院从来不去。舞场为什么不去呢？理由很简单，有一次他办完房子买卖，吃完饭，很早就回来了，我问：其他叔叔呢？他说去舞场了。我问他为什么不去，他说："手底下的人都去玩，我往那儿一坐，人家还玩不玩？"我父亲喜欢看历史，也喜欢讲历史。他一生从来没有假期、星期天。我父亲一生没有私产房，地无一亩，全部精力都投入到搞实业中去了。

这一席话，令勤奋、自律、好学的袁克桓形象跃然纸上。

后人曾经这样评点袁世凯的几个儿子：长子袁克定最有权；次子袁克文最有才；六子袁克桓最有钱。袁克桓的钱从何而来？答案是显而易见的：他的钱是遵从母训，靠兴办实业积累起来的。一直到建国前，袁克桓都是中国北方屈指可数的大工商实业家之一。

关于袁克桓经营实业，这里补充几句。袁家子弟中，袁克定有心政局，袁克文欲做名士，袁克权想当隐士，经营实业一事就落在了袁克桓身上，何况他母亲杨氏夫人是何等厉害的角色！袁克桓这一脉后来成为整个袁氏家族中比较富裕的一个脉系，袁家后代偶有微怨，说他们经营的产业实际上是整个袁家的。这话虽然不无道理，但历史中的偶然和误会有千千万万，一个家族能否振兴，靠机缘，更靠人为。

2011 年底，我在天津采访袁克桓的孙子袁弘宇。在他的记忆中，祖父袁克桓有两个特点：一是勤奋，二是慈爱。

袁弘宇说，爷爷那时候特别忙，很少有空回家，他常带着几个佣人，在南京一带的水泥厂里深入车间，也到矿山和乡野去探访，经常在毒太阳下跋山涉水，衣服上浸着一层层的汗渍。偶尔爷爷回到了天津，家里就像过节似的热闹，包饺子、煮汤圆，大家都忙得不亦乐乎。爷爷说话和气，一口半文半白的京腔，他经常穿件蓝色的中山装，接人待物十分讲规矩。爷爷每次总是坐黄包车回家，口袋里装满了糖果，每见到一个孩子就弯下腰身来给几颗。爷爷回家后，等收拾停当了就端坐在厅堂里大声说：把孩子们引上来看看。不一会儿，一班大大小小的孙子辈就被佣人们牵出来，围着袁克桓说说笑笑。袁克桓摸摸这个的头，问问那个几句话，脸上始终挂着和蔼的笑容。

而在几个女儿的回忆中，父亲袁克桓的形象更加清晰。王碧蓉在写作《百年袁家》的过程中进行了采访，袁克桓的四女儿袁家菽回忆：

父亲的生日我们都比较模糊，我们对他的生日记忆是在冬天，具体是哪一天我们也不好问，因为他老人家不愿意家人给他过生日。我们也奇怪，为什么爸爸不过生日？

后来他告诉我们："我为了纪念我母亲，所以我从来不过生日。我过生日那天是我母亲最痛苦的一天。"所以我们就觉得，我爸爸真是孝顺我奶奶。

我父亲他实在太忙了。三十几岁已经是总经理和董事长，所以很少和我们一起吃晚饭。回来都挺晚了，我们每天几乎都见不到他，更甭说帮我们看作业、教我们怎么学习了。我也挺羡慕有些孩子，人家的爸爸都在旁边告诉他怎么写作业，我的爸爸好像连一起吃饭的时间都没有。

……从小我父亲就教育我们为人要低调谦虚，不要张扬。1952年，我读天津大学建筑系三年级，要上工厂去实习。我爸当时就是建材行业的，玻璃工厂、水泥工厂，都是大型建材工厂。我就跟我爸说："学校让我们去你的玻璃工厂或水泥工厂去实习。"我爸说："哪个玻璃工厂啊？"我爸明知故问。我说："可以去上海耀华玻璃厂，也可以去秦皇岛耀华玻璃厂。"

他一开始就嘱咐我说："你可千万不要说你是我的女儿。"

我说："怎么了？"

"你不要说你是我的女儿，别说，不要跟任何人说你是我的女儿。"

我就奇怪了。那时候我想，女儿又怎么了？结果他告诉

我，你要是想设计工厂，要想设计好，你一定要去调查如何
在原来的那个工厂基础上改进，有哪些不足的地方，这样你
调查回来，你得到的东西是真的，你设计的时候就会改进，
新工厂的设计就会比较理想。后来我就明白了，别人要知道
我是董事长袁克桓的女儿，也许我就得不到真实的情况了。

最小的女儿袁家芯回忆：

> 在我的印象中，白天几乎没有看见过父亲的身影，一般
> 是在晚饭前后，先是听到汽车的声音，然后看到他的秘书给
> 他提着公文包，听差给他开门。楼下有他的书房，书房里挂
> 着爷爷写的字：海纳百川，有容乃大；壁立千仞，无欲则刚。
>
> 父亲比较严肃，令我生畏。我每次怯怯地走过去与他
> 打招呼，他脸上也没有笑容，有时显得非常的疲惫和有气无
> 力。他从来也没有亲热地拥抱过我。我从小知道父亲除了工
> 作还是工作。不过每年过年时他与全家一起到劝业场买年货
> 和绢花。有一次，他坐在汽车上指着一栋楼告诉我，那就是
> 启新洋灰公司驻天津办事处，爸爸经常在那里办公。
>
> ……爸爸的声音很洪亮，口才也很好，表达能力非常强。

五十年代初，袁克桓曾作为天津市副市长的候选人进入协商
程序，但是最后还是被他自己给推掉了。袁克桓说，我是个办实业
的，做不来官。让我做实业，比当副市长更合适，更能为新中国建
设出力。

　　袁克桓死于 1956 年。据他的孙子袁弘宇讲述，他去世正好是八月十五中秋节。那一天的月亮又圆又大，当时袁弘宇还在幼儿园里，佣人来接他时，小声告诉他，你爷爷病了，病得很重。少不更事的他吵闹着要吃月饼，家里人止住他，不让他再吵闹。那天晚上六点多钟，袁克桓离开了人世。

袁家的金山银山

袁世凯一生过手的银子不计其数，他出手大方，向来把钱财看得轻。

据曾经帮袁家管理财产的王锡彤说，袁世凯病重时召见他，案头置一单，所有存款、股票共约二百万元，"余之家产尽在于斯"。袁世凯能捞钱，但他所捞的钱几乎全部用在了政治投资上，对一家之私很少谋划。

关于袁氏家产，袁静雪在《我的父亲袁世凯》中说得更具体：

> 我们家里的人在我父亲安葬以后不久就分家了。大哥克定，因系嫡出长子，独分四十万，其余庶出的儿子，每人各分十二万元。他们所分的钱数，除了现金以外，还有折合银元数字的股票（包括开滦煤矿、启新洋灰公司、自来水公司等股票）在内。我约略记得，他们弟兄每人还分得有十条金子，这是否也包括有上述的钱数以内，因事隔多年，已记不甚清了。女儿们每人只给嫁妆费八千元。我娘和各个姨太太

都不另分钱，各随他们的儿子一起过活。当分家的时候，我父亲生前的贵重衣物，大部分都没有了……在分家的时候，按着房头，每房分了一只皮箱，箱内只盛了半箱的衣服，那还都是我父亲生前穿过的。每只箱子里都放有一件皮衣，有的是皮袍，有的是皮斗篷。我母亲分的那一件，却是极其陈旧的了。

袁氏生前所置房产，大部分由袁世凯所认的本家袁乃宽负责管理，计有：北京锡拉胡同两所，炒豆胡同一所，宝钞胡同一所，海淀挂甲屯一所；天津胜利路大营门"袁氏老宅"六栋大楼，河北区地纬路一所，原英租界十号路一所，成都道两宜里一所；河南安阳九府胡同一所以及洹上村养寿园宅邸。除去房产，袁世凯还在河南老家彰德、汲县、辉县等地购置了一些田地，大约有四万亩。

民国时期，袁克定曾在天津主持过袁氏家族的第二次分家，此次所分是北京、天津两地卖掉的五所房产，以及彰德、辉县的各一处房产。此时袁克藩（十六子）已夭折，剩下的十六个克字辈的兄弟平分，各得伪联币二十四万八千四百元。当时伪联币一角钱可买两个烧饼。袁世凯的房地遗产一直由袁家老大克定掌握，据说他曾与袁乃宽合谋，将天津海河东岸平安街的一处楼房变卖私分，十子袁克坚闻讯后，找袁克定当面质问，闹得很不愉快。另外传闻袁世凯在一家法国银行存有法郎二百万元，后来不知去向。

袁世凯的丧事，原由民国政府拨款十万元承办，但是在北京就用了将近九万元，其后的移灵、购置坟地、墓园建筑、置祭田以及安葬费用等，据估算需要五十万元左右。袁世凯的好友、旧属徐世昌、段祺瑞、王士珍等八人联名发出公启，请求当朝要人、名流解囊相助，各有捐款二千元至一万元不等，共收到捐赠二十五万，这才完成了袁世凯的丧事和葬礼。由此可见袁氏家族晚期经济状况之一斑。

袁乃宽与袁家财产有密切关系。

许多文学作品以及江湖传说，都把袁乃宽说成是河南项城人，是袁世凯的亲侄子。其中有这么一个传说：袁世凯在天津小站练兵期间，有一天到操场上去巡视，看见排列整齐的队伍前排有一个士兵站得笔直。袁世凯上前一问，那个士兵目不斜视，回答说是河南项城人，姓袁。能在天津认识这么个老乡，袁世凯十分高兴，于是将他召至身边，后来他成了袁府的大管家。

——实际上这些都是误传。

据相关史料载：袁乃宽（1867—1946），字绍明，河南正阳县人，家住正阳城关镇椿树巷。他的父亲袁有智是一名小武官（千总），在与捻军的作战中死于陈州，当时袁乃宽才九岁，随母亲张氏扶枢回到家乡，从此家道衰落。

袁乃宽从小也和所有的士子一样，想走科举考试成才之路。他考取了庠生（秀才），然而在后来的会试中一再失利，灰头土脸的他对科举之路再无信心。1893年，袁乃宽打听到一个机会，在朝鲜任官的袁世凯需要招募兵员，于是前往应试，一考即中。这一年袁乃宽二十六岁，袁世凯大他八岁。

　　袁乃宽为人精明，八面玲珑，虽然他只比袁世凯小八岁，却自称侄儿。袁世凯对他很是喜欢，让他管理档案，签收文件。两年后，袁世凯从朝鲜回国，到天津小站练兵，袁乃宽始终跟随左右，被提拔为新建军粮饷局提调帮办、财政总汇处军政股长、武卫军营务处会办等。

　　辛亥革命后，袁世凯就职中华民国大总统，任袁乃宽为拱卫军军需总长，补授镶红旗蒙古副都统。次年，授陆军中将衔，任拱卫军粮饷局督办。

　　从履历中可以看出，他的一切都是袁世凯给予的。因此，袁乃宽对袁世凯死心塌地。洪宪帝制期间，袁乃宽任庶务主任，负责一切后勤杂务，登基所需资金，由他四处为之张罗。价值八十万元的龙袍、十二万元的玉玺、五枚共六十万元的金印以及御座、御冠、祭天仪式等等，全都由袁乃宽负责操办。

　　袁乃宽跟随袁世凯多年，既是袁世凯的军需官，又是管家，还是许多钱财事务的具体经办人。袁乃宽十分善于利用手中的权力，在一二十年的时间里，他置田买房，仅在河南正阳县就买地三百多顷，比项城袁寨、袁张营、袁阁村这三个村庄中袁氏家族的田地总和还要多。

　　发迹后他在正阳县仿照宫殿样式兴建袁宅，有假山、泳池、马场、花园等等，富丽堂皇，应有尽有。在河南西平、确山、信阳、鸡公山等地，袁乃宽有房产七百余间。

　　史料中对袁乃宽修建的"南袁寨"是这么描述的：

　　袁乃宽修建南袁寨时，当地十八个围窑出的砖还不够奠扎院墙的根基。袁家大院模仿北京故宫的建筑结构，东南西北四个寨门，寨门的门栓是用巨大的原木松树制成的。寨门四角各有一高大的角楼。袁家大院内部建筑采用层层环扣，一共四层。如果没有熟悉的人带路，进去后会迷失方向，根本找不到出口。最外墙高十多米，有宽阔的护寨河。大院里的雕刻精美秀丽，参天的百年银杏树巍巍壮观，成行的松柏郁郁葱葱。大院的南北东三个门建成后，四角搭起高高的戏台，连续唱了半个多月。大戏开唱的前三天，免费供应所有人的茶饭。

袁乃宽如此富得流油，他的钱财从何而来？这是一个谜。

据袁静雪在《我的父亲袁世凯》一文中介绍，袁世凯的各房姨太太，每月的月费是八十至一百元。袁乃宽的月收入，不会比袁世凯的姨太太更高，也就是说他的年收入即便一分钱不花，一年也不会超过一千元。而袁乃宽后来的财产数量却大得惊人，不能不说他的敛财手腕极其高明。

河南驻马店市的文史资料中提到，与周边其他地方相比，驻马店市是最早发电的城市，其历史能追溯到 1913 年。当时正阳人袁乃宽，购置五千瓦发电机和蒸汽机各一台，在袁家大院里夜间发电，方圆数十里的乡民奔走相告，前来观看。

《冯玉祥自传》中，提到袁乃宽的财产时是这样写的："信阳有几处大宅，封建气味尤为浓厚。其中最大的是袁乃宽的宅子，叫袁家大院，堂皇富丽，巍立于小小的街道上，极惹人目。那院落非常敞大，层层楼房恍若宫殿。花园里的牡丹花之类，到冬天用火烘暖，在朔风大雪的时候，还能凌寒开放。可是房主人长年躲在租界里，并不来住。"

袁乃宽的钱财到底有多少？这恐怕没有人能说得清楚。在天津，袁乃宽的房产至少有三处，其中海河东路 39 号的一处最为人瞩目。那幢楼房建于 1908 年，占地三千多平方米，由英国和德国人设计，楼房风格是欧洲古典式，面向海河的一侧为山墙，装饰着哥特式的雕饰。主楼共有大小房间二十余间，这处故居已被列入天津市文物保护单位。

另外，在北京，袁乃宽至少有两处大宅，均系前清王府。一处在西城石驸马大街，另一处在西城太平湖附近，有山水亭台。每年袁乃宽做寿，就会请来京剧名角来演出，梅兰芳、杨小楼、马连良、余叔岩、谭富英、龚云甫、李多奎、姜妙香等人都曾出演过堂会。

袁乃宽暴富之后，也曾在北京和家乡河南正阳县办过教育。据地方文史记载，袁乃宽在北京办的学校名叫"河南中学"，他自任董事长，每逢新学期开学，他都要到学校操场上对学生们训话，态度温和，平易近人，鼓励学生好好学习，立志救国。袁乃宽在正阳县城办的学校是"绍明小学"，学生毕业后，择优保送到北京的"河南中学"继续深造，每名学生每学期发给一百元大洋补贴，由袁乃宽个人出资，这样也为家乡培养了一批人才。

名门之后的尊严
——袁克桓的后代

袁克桓与陈徵结婚后，生有五女二男。

长子叫袁家宸，幼年时受过良好的教育，国文基础很好。1947年，袁家宸官费留学美国，在纽约大学研究院主修经济学。1949年，袁家宸从美国纽约回中国，当时有许多朋友劝他，让他再看看形势，不要贸然回国，袁家宸硬是不听。他本想报效祖国，可是政治运动接连不断，没有单位敢接收他。几经周转，还是在天津工商附中当数学老师的三妹夫陈伯勇，介绍他去该校当了代课老师。

袁家宸怀着满腔热情，并没有觉得当代课老师有什么不好，相反他还喜欢上了这份职业。之后，袁家宸终身从事中学教学工作。改革开放后，包括南开大学在内的一些院校想聘请他去任教，袁家宸都礼貌地回绝了。这个有着燕京大学学历、又经过了美国纽约大学研究院专门训练的人才，一辈子竭尽全力，从事中学教育，十分难能可贵。

袁家宸的妻子叫王家瑢。（王家瑢的父亲王迺斌，民国时期曾出任北洋内阁农商总长。）他们是在天津耀华中学读书时认识的。在学校里，袁家宸和王家璆是全校瞩目的金童玉女，两人都是品学兼优的好学生，而且家庭条件相当，他们后来结为夫妻是人人预料中事。

袁家宸与王家璆的婚礼当年在天津轰动一时，许多大人物出席他们的婚礼，国务总理靳云鹏也亲自到场，为他们宣读了证婚词。两人结婚后，王家璆没有参加工作，一直在家做少奶奶。当然，他们的家庭条件十分优越，与父母袁克桓、陈徵住在一幢小洋楼里，家里雇了多个佣人，包括大厨、二厨、听差、保镖等等，用今天的话说是标准的富二代。

另据袁家宸与王家璆的大儿子袁弘宇说，那个年代有个规矩，名门望族娶的媳妇不能出外找工作，要不然是很丢面子的。王家璆为此苦闷至极。

后来王家璆还是背着家里人出去找了份工作——在天津第十二中学当语文老师。这件事被袁克桓知道了，他让人把王家璆叫来。旧式家庭的封建等级制是很厉害的，王家璆还没进门，早已吓得浑身战栗起来。

袁克桓开口了，声音不高却透着威严："家璆，你是没有钱花了吗？没钱花，我给你加钱。"

王家璆摇摇头，连连说："不是，不是。"

"那是为什么？"

"我……"王家璆吞吞吐吐，最后还是开口把自己的心思说了，"如今社会上需要老师，再说我反正也在家闲着。"她的声音越说越低，恐怕只有她自己能够听见。

没想到袁克桓的态度并没有她想象中的那么严厉。过了一会，袁克桓似乎想通了，叹了口气说道："任它去吧，既然这样，你可以去当老师。但是先约法三章，不许太晚回家，不许在外喝酒。"

这样约法三章，实际上已是大大开恩了。王家瑢自然满口答应。

过了几天，香港的报纸上刊登了文章，大幅标题是：袁家的媳妇当上了人民老师！

再说袁家宸，他后来改名为袁复，对袁氏家族历史有比较深入的研究。

见识了那么多的人，经历了那么多的事，袁家宸依然保持着赤子之心。"文革"后政府落实政策，把从袁家抄走的文物、图书退还给他。其中有阿拉伯国家赠送给袁世凯的宝刀和佩剑，有镶纯金线的制服一套、洹上村画稿一册、文函稿一册、养寿园奏议二十三册等等，袁家宸无偿地将这些东西捐献给了有关部门。这样的举动对于袁家宸来说已不是第一次了。早在1953年，袁家宸就与父亲袁克桓商议，将市区内的九亩私家宅地无偿地献给国家。那片土地，就是后来的天津市第十二中学的校址所在地。1958年，他又将北京香山上袁家先辈栽种的两百棵马尾松献给国家。当时的北京市政府要给他一笔补偿，袁家宸坚持分文不收。

2002年11月11日，袁家宸病故，终年八十三岁。

在天津采访袁弘宇是2011年初冬。那天中午，袁弘宇喝了几口酒，下午采访时话匣子打开了，与我谈论起了文学。他是现实主义作家的爱慕者，喜欢巴尔扎克、托尔斯泰等作家。"逆境和厄运自有妙处。"袁弘宇念了一句莎士比亚的经典台词，对我微微笑着。我一时没有反应过来，他又念了莎士比亚的另一句经典台词："世界是一个舞台，所有的男男女女不过是一些演员，他们都有下场的时候，也都有上场的时候。一个人的一生中扮演着好几个角色。"

谈论过巴尔扎克、托尔斯泰、莎士比亚，袁弘宇话题一转，说到了自己。他说他心理上有顽疾，不允许别人冒犯自己，一旦有所冒犯，他有暴力解决问题的倾向。"比如说开车吧，我开车时前面不允许有车和人，如果有，就一定要超过去——有时候甚至想开车撞上去，急躁起来时像个疯子。"他的这番自我解剖让我大吃一惊。

袁弘宇分析说，自己的这种心理障碍，与小时候压抑的成长环境有关。一群小伙伴们在一起好好地玩耍着，忽然有人指着他鼻子嚷嚷：你的太爷爷是袁世凯，窃国大盗，大坏蛋！最初听到这样的暴力语言，袁弘宇不吭声，低着头默默地挖鼻孔。后来有一次，实在把他惹毛了，袁弘宇像头发狠的小兽猛扑过去，将那个胡乱嚷嚷的孩子按倒在地，挥舞的拳头像雨点般落下。那次近乎疯狂的发泄使袁弘宇得到了满足，从那以后，他慢慢地学会了用暴力去反抗。时间一长，有了用暴力解决问题的倾向，以至于形成了一个怪诞的世界观：永远正面迎击，从不回避。

采访中，袁弘宇绘声绘色讲述了他在"文革"中的两段经历。

第一个故事发生在1966年末，深秋季节。袁弘宇清楚地记得，当时他上身穿件白衬衣，下身穿条黄军裤，腰间扎根宽宽的皮带。学校里正停课闹革命，袁弘宇成天待在家里，帮助母亲做煤球。

当时他们的家在和平区马场道革新里一号。红卫兵已经来抄过一次家了，全家八口人（奶奶陈徵、父亲母亲、两个姐姐、大表哥李立中、袁弘宇和弟弟袁弘哲）集中在一个三十平方米的小屋里，吃喝拉撒睡全都在那儿。地上全是碎瓷器片、家具碎木片以及碎纸屑，足足有七八厘米厚。小屋子里连床都没有，他们将碎纸屑收拢了，人将就睡在上面，一个个横七竖八地睡满了整间小屋子。深秋的知了拉开长长的调门，有一声没一声地在树上鸣叫，家里的紧张气氛一直没有消散，全家人活在恐惧中，担心红卫兵杀回马枪。

到了傍晚时分，他们的心总算安顿了下来。天黑了，红卫兵不会再来了吧？就在这种信疑参半的气氛中，全家人慢慢进入了梦乡。

半夜三更时分，袁弘宇突然被一个尖尖细细的声音刺醒了。他惊恐地坐起来，发现被惊醒的人并不止他一个，父亲、母亲、奶奶、两个姐姐……全家人都醒了，在黑暗中他们不敢发出哪怕半点细微的声音。

外边传来了鞭子抽打的声音，掺杂着惨叫声、求饶声、粗鲁的骂声以及抽筋般的口号声。父亲在黑暗中小声说："张家这回惨了，父母亲快要被打死了，只剩下三个孩子，真可怜……"父亲说的张家是耀华玻璃厂总经理张信坚，江苏南京人，住在革新里十二号。从袁弘宇家的小屋子里看过去，天地间一片漆黑，只有革新里十二号那边亮着灯，一片惨白的灯光十分刺目。

"像是看一部恐怖片的序曲，尖尖细细的惨叫声过后，一切又都沉默了下来，仿佛什么事都没有发生，又仿佛即将有什么事会发生。"袁弘宇喝了一口茶，继续沉稳地讲述。

那个夜晚，全家人都没有睡。大约半小时后，突然听到一声长长的哀嚎——那简直是非人类的哀嚎，像拉长了的狼的叫声，从肺部迸裂而出，在夜空中飘荡，时间长达两三分钟。长长的哀嚎声过后，四周突然寂静下来，天地间什么声音都没有了，只有刺目的灯光，仍在远方跳荡闪烁。

袁弘宇清晰地听见，脚步声纷至沓来，杂乱无章，有一群红卫兵好像正朝他们这边涌来。脚步声像是在黑暗中奔涌的潮水，在楼下被人拦住了。

袁弘宇他们这间小屋门外，白天抄家的红卫兵还留下了几个人没有走。他们见另一队红卫兵冲过来了，便迎上前去，小声同对方打招呼："这里是我们的地盘，你们不能进去。"两边的红卫兵在门外嘀咕了一阵，终于，第二拨红卫兵撤退了。

袁弘宇说，那天夜晚，他们全家人都吓得瑟瑟发抖，万分感激白天抄他家的那一拨红卫兵，人性还没有完全泯灭，从某个角度讲，他们保护了袁弘宇一家八口人。要是让那拨发疯的红卫兵知道了这里是袁世凯后人的家，并且强冲进去批斗的话，那天夜晚肯定要死几条命。

第二个故事发生在 1967 年仲秋。学校里开始号召"复课闹革命"。在此之前，袁弘宇既不是造反派也不是保皇派——他是袁世凯的孝子贤孙，没有资格参加任何红卫兵组织，只配沦落在社会上做"逍遥派"。

这天上午九十点钟光景，天气雾蒙蒙的，太阳像是漂浮在雾气中的一只咸鸭蛋，惨淡苍白。一个同学（黑五类子弟）在楼下喊："袁弘宇，袁弘宇——"叫声停歇的空隙，被知了单调而枯燥的尖叫声塞得满满的。

袁弘宇从楼上探出头朝下看，问道："有什么事？"

同学站在一棵梧桐树下大声喊："你下来说。"

袁弘宇穿了件白衬衣，咚咚咚一口气跑下楼来。同学见到他仿佛见到了救星，又似乎有什么事瞒着袁弘宇，目光躲闪，游移不定。袁弘宇问有什么事，他支支吾吾地说："学校让你去一趟。"袁弘宇仔细看时，发现他衣冠不整，脸上有伤痕，眼角依稀还有泪花。袁弘宇心生疑惑，继续追问，他低语："什么也不要问了，跟我走吧。"

袁弘宇平时和那个同学关系比较好，见他脸上这种神情，心想，他必定有什么犯难之处，或者有不可告知的秘密，何必为难他呢，就跟他走吧！这么一想，一股豪气从心底升腾而起，袁弘宇跟着那个同学往学校里走去。

行至半路，又见另一个同学快步匆匆朝这边走来。他的形象比第一个同学更狼狈，脸上明显有巴掌扇过的印痕，嘴角还渗着血迹，腿好像被打折了，走起路来一拐一拐的。他迎面走来，催道："快点，快带他去学校，不然还有别的同学要挨打。"

袁弘宇一听这话，眼睛发绿：刚才那个同学说到学校去没事的，现在明显又有事了，看来他们是在坑我。他揪住第一个同学的衣领厉声问道："你给我说实话，到底发生了什么事？"那个同学只好照实了。原来，学校里的一群红卫兵要揪斗袁世凯的孝子贤孙袁弘宇，到处找袁弘宇找不到，就抓了几个替罪羊，一边拷打一边逼他们去找袁弘宇。刚才来找袁弘宇的两个同学，一个是天津八大家的后代，一个是国民党军官的子弟。

袁弘宇听了这话，心中的疑惑消解了。他想回家，却被两个同学一起拦住，被打得更惨的那一个开口说："你不去，那些人不会放过我们俩，他们会再打我们，我们会没命的。"说着说着，他伤心地哭了起来。

去还是不去？袁弘宇想，如果不去，两个同学会继续挨打，也许还有更多无辜者会挨打，甚或真的出人命；如果去呢，顶多也就是一个死字，一条命换两条命，值。舍身求义的事总得有人做，袁弘宇用手拍拍那个哭泣的同学的肩膀，说道："别哭了，我去。"

到达天津市一中，两个同学带他去了西侧的第三间房子。一进门，靠右边一张课桌前，一个大个子弯腰九十度站在课桌上，远远看去像是一只巨型龙虾。那个大个子袁弘宇认识，他姓朱，绰号"朱大块头"，平时爱练哑铃和单杠，身体十分结实。此刻朱大块头脸色惨白，黄豆大小的汗珠在他脸上流淌着，见袁弘宇过来，他嘴角抽搐着，脸上微露笑意，很快又扭过脸去了。

站在一旁的是五六个穿绿军装、扎武装带的红卫兵，威风凛凛的。见袁弘宇进来了，红卫兵小声议论几句，抬起头来对朱大块头说："你可以走了。"

他们将袁弘宇带到刚才朱大块头罚站的课桌前，有人问了一句："你就是袁弘宇？"袁弘宇点了点头，没等他反应过来，拳脚、木棍和皮带像雨点似的劈头盖脸打来，袁弘宇连躲闪的地方都没有。越躲闪，打得越凶；什么位置怕疼，就专门朝那个位置打。

"所幸的是，我这个人还蛮经打。"袁弘宇诙谐地说。

疼痛已经沉淀，岁月风干了记忆。袁弘宇说，那次折磨整整持续了两个多小时，从十点钟一直到十二点多钟，中间几乎就没有停顿过。走出那间教室的时候，斑驳血迹早已凝固了，白衬衣已经变成了污黑的颜色。

袁弘宇脚步踉跄着，走到一根自来水管前，想洗干净衣上的血迹，可怎么也洗不掉。正巧化学老师范煜章急匆匆从操场上走过，见状停住脚步问："你是……袁弘宇？"袁弘宇点点头。范老师两手发抖，声音也在发抖："哎呀呀，你怎么成了这样……"

1968 年，袁弘宇下乡插队。这一去就是八年，直到 1975 年返城。对于那段经历，袁弘宇自己是这么评价的："失去的是青春，得到的是阅历。自己所受的那点苦，比起其他袁家后人来，实在算不了什么。"

袁弘宇的弟弟袁弘哲，1951 年出生。他出生于天津睦南道，后来搬迁到大理道，最后定居在马场道的革新里一号。"我的童年和少年时代，主要是在那些地方度过的。"袁弘哲回忆说。

袁弘哲的少年时代，是在一种压抑的气氛中度过的。一次，袁弘哲带领一帮同学到老房子那边去玩。"这是我原来的家。"他在路边摘了一朵花，向同学炫耀说。学校进行阶级教育时，小学五年级的同学揭发了他。

在同学们的批判声浪中，袁弘哲第一次伤心地哭了。

后来他才明白，人生的伤心路这才刚刚开始。

到了"文革"时期，袁弘哲亲眼看见红卫兵一次次来抄家，奶奶陈徵、父亲袁家宸、母亲王家瑢都被剃了光头，看着长辈剃成光头的模样，袁弘哲伤心地哭了——他哭起来像头歇斯底里的小兽，家里人谁也拦不住他，又尖又亮的哭声刺破云天，刀子般寒凉，听得让人发怵。回忆在他的哭声中延伸，像放电影似的一幕幕闪回：抄家的红卫兵来敲门，宣读"搜查令"，红卫兵高喊口号，家族长辈们轮番挨斗，罚跪、戴高帽、挂黑牌、皮带抽打……袁弘哲回忆道：

> 虽然年龄小，也被罚过跪，也被围在高椅子上唱"我是牛鬼蛇神"的歌曲，不唱就得挨打。少年时代我喜欢集邮，喜欢打羽毛球，一对心爱的羽毛球拍是爸爸从英国给我带回来的。可是我的邮票被红卫兵烧了，那对羽毛球拍也被他们摔断了。从那以后我就再没有什么嗜好了。

"文革"后期，袁弘哲和哥哥袁弘宇一起到内蒙古下乡插队，同去的都是"狗崽子"：有"文革"中自杀的天津市委书记的儿子万山宝、天津副市长的儿子张小虎、跳楼自杀未遂摔断了腿的市委统战部长的儿子周某某等。到农村后，袁弘哲拼命干活，脏活累活抢着干，他在心里发誓："狗崽子"也能够改造好！也能够当好革命事业的接班人！

1970年初夏，袁弘哲接到了一封家书，得知被红卫兵关押在学校里的父亲放出来了，遂向生产队请了个假，兴冲冲回天津看望父亲。"谁知这次回家，父亲的一句话，却改变了我的一生。"袁弘哲说。

河南项城文史干部、作家傅文永先生曾经采访过袁弘哲，在采访中袁弘哲这样说道：

> 我在农村挣的工分高，也有点钱了，所以学会了吸烟、喝酒。回家的时候，给父亲买了两条当地最好的人参烟。
>
> 当时我们家还住在地下室里。这里本来是楼下放煤的小储藏室，没有窗户，只有一个安装在地下室、高出地面上沿的小窗户。多年没见面，我们父子相逢的喜悦不言而喻。我忙把带的烟拿出来让父亲抽，自己也点燃一根抽起来。
>
> 父亲一见我抽烟，就问：这些年你怎么学会吸烟了？我告诉父亲，插队的地方是大草原，虫子很多，不抽烟虫子会爬进鼻子里去。父亲又问我：你在那里几年都学会了啥？学没学数理化？我说：没，没，数理化我没学。我还挺自豪地补充说：我农活干得好，会赶四个套的马车，是我们那批下乡知青中最能干的。没想到父亲听了这话，竟然是一副难过的表情，他语重心长对我说：将来呀，国家不需要赶马车的人，需要的是知识人才，把国家的栋梁挑起来。如果都去赶马车，就会有异族侵略，我们就会成为亡国奴了。
>
> 一听父亲这话，我醍醐灌顶，当时心里的难过和愧疚是没法形容的。从那以后，我再也不抽烟不喝酒了，一直到现在都是这样。回农村的时候，我就带了很多书，数理化、英文书都有，没事的时候就自己念。再回天津探亲的时候，就跟父亲学外语，从而打下了扎实的英文基础。

1974年，袁弘哲回到天津，考上了广播函授大学，读英语专业。函授大学毕业后，又考取了天津联大，仍然读英文专业。毕业后他进天津染化二厂当工人，很快升为班长。就在准备提拔他为车间主任时，天津市外经局亟需翻译人才，面向社会招聘，袁弘哲一试而中，在外经局干了几年。

命运女神终于对他微笑了。袁弘哲说：

> 我们那批考中的翻译，多数是正规外语学院毕业的干部子弟，只有我不是，而且又有复杂的海外关系。所以局里外派出国工作，总是轮不到我——尽管我的外语比别人要好。1979年底，中国开始有了外派船员。局里让我去教将要出国的船员外语。教了八九个月之后，局里的出纳出事了，又让我去当出纳会计。当了一年出纳，有机会与局长们接触，他们慢慢也了解了我，认为我忠诚能干，工作踏实，而且教过船员，对船员比较了解，再有外派任务可以考虑让我去。

> 这时美国有家"斯格拉"公司到天津招聘船员，我这才有了去美国的机会。外经局派我去，我其实并不是船员，那以前我一次船都没坐过。我只是个带队，另外还派了一个名叫徐志刚的书记一块儿去，有二十多名船员。

> 1982年3月，我们从北京乘坐飞机直接去了纽约。出发之前，组织上还几次找我谈话，进行出国安全教育，告诉我到了美国以后，出门一定要做到"三人行"，不准一个人单独外出。说我海外关系比较多，这次批准我出国，领导们本来争论就很大，希望我出国后千万不能跑，不要辜负了组织

上的期望等等。临出国的前一个晚上，我们住在北京。虽然我是局里明确的带队干部，可是那天晚上还是有一位经理进了我的房间，说：别人的行李不需要检查，唯独你的箱子必须打开检查。箱子里的东西，他一件一件地看，连笔记本都要打开，看看有没有什么字。

到了美国以后，住在曼哈顿一个船员的旅馆里。我问书记：可不可以和亲戚联系？书记回答说：可以。我才给三伯家骝打了个电话。三伯马上来到我住的旅馆，接我出去吃饭。因为组织上定的制度是必须"三人行"，我是带队，可以和书记两个人一块行动，所以三伯就和我、书记三个人在一家饭馆里吃了顿饭。三伯问我可不可以到他家去一趟，我连声说：不行！组织上有制度，不准在外过夜。我们在纽约呆了一天，就乘船出发去了巴西。

没想到在去巴西的路上，竟然出了件大事。

7月的一天，袁弘哲乘坐的那艘六万五千吨位的油轮，停泊在巴西里约热内卢港口，外籍船长和高级船员都上岸过夜了。袁弘哲是带队的，不能贸然离开油轮。他正在餐厅里忙着料理杂务，突然外边传来了阵阵敲门声。拉开门一看，门外站着一高一矮两个人。袁弘哲依稀记得，那是油轮上两个新来的船员。

"有事吗？"袁弘哲问。

"是的，有点事，必须跟你汇报。"那个高个子说道。

袁弘哲领着他们进了自己的房间。刚刚走进去，袁弘哲就被猛击一拳，没等他反应过来，一把冰凉的尖刀已经抵到了喉咙管上。房间里没有开灯，漆黑中他闻到了令人窒息的死亡气息。

那两个人低声咆哮着，抵在他喉咙管上的尖刀一松一紧，命令袁弘哲快打开保险柜。

袁弘哲低声劝道："我们都是中国人，有事好商量……不过保险柜里都是公款，抢劫公款是要犯法的……"

"妈的，人都宰了，还怕什么犯法！"矮个子气急败坏地说道。

袁弘哲这才明白过来：他们杀了人，准备逃跑，现在来捞最后一笔。

在生死存亡的关头，智慧救了袁弘哲的命。很快，他被两个歹徒押到了船长室，门打不开，发疯似的歹徒抓起把太平斧猛砍。门砍开了，他们命令袁弘哲去打开保险柜。袁弘哲说："钥匙在船长手里，我的钥匙打不开。"歹徒不相信，让他拿钥匙去试，钥匙全都试遍了，保险柜还是打不开。两个歹徒不死心，夺过钥匙一阵乱捅，自然也打不开——那把万能钥匙，只有袁弘哲才懂使用它的技巧，袁弘哲不说，任谁也不可能打开保险柜。

歹徒在船长室里折腾了好一阵，也没能打开保险柜，只得悻悻离开了船长室。他们押着袁弘哲当人质，推推搡搡上了甲板。在甲板上，一高一矮两个家伙比划着尖刀，要对一个曾与他们发生过纠纷的船员行凶。袁弘哲上前劝阻，他的一颗心提到嗓子眼上，生怕触怒了他们，会对自己戳一刀。好在没有。

袁弘哲一直感到很奇怪：那两个家伙为什么对自己还比较和气？到了夜晚两点多钟，答案终于揭晓了。

"走，跟我们走！"高个子低声命令道。

"到哪里去？"袁弘哲问。

"我们知道你在国外有很多亲戚。你会英语，跟我们走，去给我们当翻译。"高个子继续说道。

两个家伙慌手慌脚找绳子、放救生圈，袁弘哲被强令脱下衣服，捆住了左胳膊，在歹徒的挟持下跳入茫茫大海，向海岸边游去。

> 海风大，海浪急，天寒水冷。大约挣扎了半小时，我看他们有些力疲不支，就加快划水速度，使自己和拴在一根绳子上的那个歹徒距离缩短，让紧绷的绳子松弛下来。然后一手划水，一手试着解绳扣，连呛了几口海水，我都强忍着不敢咳出声来。终于，绳扣解开了！我认准泊船的方向，往下一蹲，潜入水里，一口气潜游了二十多米。浮出水面喘了几口气，又直冲油轮拼命划去……

回到油轮后，袁弘哲与中国海员工会组织连夜开会，研究应急措施。第二天一早，他向中国驻巴西使馆作了电话汇报，又向当地警方报了案。

事发后的第四天，袁弘哲陪同外籍船长上岸公干，正走在大街上，前边马路上的一个人影吸引了他的目光。对，是那个矮个子！袁弘哲冲上去，将那人拦腰抱住，两个人同时滚倒在地上。船长以及几个中国海员迅速跑过来，生擒了那个矮个子。几乎与此同时，另一个高个子歹徒也被使馆人员抓住了。

这本来是个具有传奇色彩的故事，回到天津后，却成了袁弘哲政治上的一个疑点：

　　一到北京机场，经理去迎接我们。可是一上了接我们的大公共汽车，经理就对我说，你把你的所有证件都交出来。护照呀，海员证呀等等，都被他拿去了，但别人都没有交，就我一个人交。我不理解，也很奇怪：我是立了功回来的呀！在外十九个月，一年半多，我做得都很好，不光当英语翻译，还在船上管事，发所有人——包括外国人、中国人以及船长的工资，管所有人的伙食，没出过一点纰漏，而且每个星期都要写汇报，每个月寄回国一次，汇报到了什么港口呀，做了什么事呀等等。应当说做得很好，这是为什么？

　　回到天津已经是夜里，领导安排休息一天，然后到单位集中。回国后的第三天，我们被集中到单位会议室里开会。当时书记叫王玉德，他首先讲话说："我们大伙遇到怪事了。这船上为什么出现杀人案？肯定有阶级敌人在挑拨，有阶级敌人在策划。大伙想想，这船上谁是阶级敌人？这个阶级敌人就出生于卖国贼家庭，平时隐藏很深，假装积极，假装进步。就是他，挑起了我们船上发生的这起杀人案。大家想想，杀人的是个共青团员，被杀的是共产党员，共青团员怎么会杀共产党员呢？所以说一定有阶级敌人。大伙想想这个阶级敌人是谁？"

　　这摆明了说我是阶级敌人。我平时与大伙关系也都挺好，会场一片沉默，大伙这时候都不吭声。那个王书记就对我说："袁弘哲站起来，出去！"我站起来，默默走出会议室。王书记对我命令道："你到另一个屋，自己想问题，拿纸拿笔写出来，不准回家！"

说良心话，从小学四五年级开始我就有这样的经历，所以对此我并不惊讶，也没有什么害怕，司空见惯了嘛。据后来人们对我讲，我离开会议室以后，有一位船员说："闹不好阶级敌人就是他吧？他平时伪装进步，当不住就是他吧？"与我一起出国的徐志刚书记急了，站起来说："你怎么能血口喷人不负责任？你根据什么怀疑人家？他哪一点做得不好？"

——这件事发生在 1983 年。当时《中国法制报》刚刚创刊，报纸总编不知从什么渠道知道了这件事，派记者进行采访，写成长篇通讯刊登在报纸上。全国有许多报刊也作了转载。

三十年过去了，当年要整他的那个书记后来被撤职，袁弘哲也逐级升迁。1993 年，袁弘哲在美国组建了一家船务公司，他自任董事长兼总经理，最初是两条船，后来增加到四条船，再后来发展成十几艘散装货轮、四艘油轮的跨国大公司，业务遍布世界各地。

岁月变迁，时光流转。2013 年，袁弘哲坐在他公司办公室的黑皮转椅上，回忆着那曾经的一切。他点燃一支烟，吸了一口，淡淡地说："在那种恶劣的生态环境下，人性全都被异化了。要说怨恨呢，当时不能说没有，是时间帮助我战胜了许多东西，包括战胜怨恨。"

❶ 迁出中南海的五姨太杨氏与六子袁克桓（右）、八子袁克轸（左）在自家门前留影

❷ 八姨太郭氏晚年时留影

❸ 五姨太杨氏（中坐者）及其子孙（袁弘哲提供）

卷七 满地落红无人扫

——六姨太叶氏及其二子

宁愿永不超生
——袁世凯十四子袁克捷

袁世凯去世后，袁家"呼啦啦似大厦倾"。袁静雪在《我的父亲袁世凯》中介绍：

> 我们家里的人在我父亲安葬以后不久就分家了。……分家以后，这就到了真正"树倒猢狲散"的时候了。过了不久，大、二、三、五、六、八这六个姨太太先后带了自己的子女在天津居住。我娘在彰德住了两年多，后来也移住天津。九姨太太先还住在彰德，最后也搬到北京去住了。

其中，六姨太太叶氏带着一子三女（儿子克捷、女儿福祯、奇祯和瑞祯），搬到了天津。此时她已怀有身孕，没过多久，就在天津生下了袁世凯的最后一个儿子——遗腹子袁克有。

叶氏的日子很难熬。女儿长大后出嫁了，她生下的遗腹子袁克有，没能在袁家分到任何财产，只能靠十四子袁克捷分到的那点不算多的财产过日子。

过穷日子倒也罢了，更难抵御的是各种猜忌和风言风语。

1915 年前后在袁家看病的医生徐正伦透露了两则佚事。

其一：民国元年春，袁世凯眷属有一部分在天津居住，袁克文曾携妻刘梅真和六姨太叶氏在包厢里听戏。由于叶氏乔装为少女，引起三子袁克良的怀疑，后来他到京城向父亲袁世凯揭发这件事。袁世凯大为震怒，召袁克文跪下，拿起棍棒要打。多亏一个老保姆跪着趴在袁克文身上，刘梅真也抱着一岁多的孩子跪在旁边求情，袁世凯才喝令袁克文滚开。

其二：1929 年春末，袁世凯死后十多年，叶氏到徐医生的小白楼住所来诊病。据徐正伦医生口述："叶氏满面愁容还带怒气。我诊查后，劝她据实说明病情。她说今天才从姜爱兰医院出来，住院以前月经已经停止三个月，曾请梁宝鉴大夫医治，据说是长东西，须住院动手术。梁宝鉴介绍住姜爱兰医院。到院后，梁又请来德籍女大夫一人，同姜爱兰会诊。动手术那天，三个大夫把叶氏的儿女叫到手术室内，取出一成形的男胎。手术后第三天，叶氏突然发高烧，经打针后仍不见愈，就主动出院，不再叫他们治了。我找到姜爱兰医院和梁宝鉴，问明上述经过属实，只手术费一项就七百两银子。以后由我诊治两个多月，共去了七十五次，每次出诊费八元五角。"

徐正伦透露的如果属实，确实有些让袁家难堪。

究竟事实真相如何？迄今为止，这两则史料都还只是"孤证"——在笔者所看到的史料中还没有这方面的记录。况且徐医生提供的史料也有漏洞，例如"三个大夫把叶氏的儿女叫到手术室内，取出一成形的男胎"，既然是做这种隐秘的手术，何以能"把叶氏的儿女叫到手术室内”观看现场？

　　2011年6月上旬，我赴河南安阳参加第三届袁世凯家族联谊会。碰巧的是，安排与我同一房间的高志远，是宁夏回族自治区贺兰县政协干部，据他说，曾经写过叶氏以及十四子袁克捷的文章。高志远说，十四子袁克捷带着年迈的母亲，被遣送到宁夏贺兰农场劳动，当时他父亲高钧是农场的场长。

　　后来我找到了高钧口述、高志远执笔的那篇文章。

　　袁世凯去世后，叶氏一家从北京搬到天津，“其间叶氏曾投资办了一些企业，终因政局变乱收效甚微。加之叶氏家人大手大脚，所分财产到抗战胜利时已全部花光”。

　　叶氏一直跟着儿子袁克捷生活。袁克捷（后来改名为袁巨勋）毕业于天津南开大学，娶一北京女招待王氏（后离婚），生育二子：袁家振、袁家威，小名叫袁小五、袁小六。

　　高志远在文章中写道：

　　　　叶氏一家的财产很快殆尽，只好变卖了天津的房产移居北京。当时袁巨勋离婚因穷再未婚娶，从四十年代末开始，叶氏一家穷困潦倒。解放初期，袁巨勋与两个儿子靠在北京街头卖冰糖葫芦维持生活。

　　　　1955年，北京因城市无业人员过多，需要向外移民，当时说“天下黄河富宁夏”，去了就分配住房，有生活保障，可以自食其力过好日子。叶氏一家听了这样的宣传，又确实在北京混不下去了，万般无奈之际就积极报名移民。

宁夏贺兰县的京星农牧场，一直被称作"散落在北京城外的一颗星"。查询京星农牧场相关资料得到如下信息：1955 年 5 月，先后有八批从北京、浙江湖州、河南周口以及全国其他省、市迁移而来的城市居民共两千三百余人，响应国家号召，离开家乡和故土，举家千里迢迢来到这里，与本地农户共同组建了京星农牧场。他们克服种种困难，在黄河滩地上开垦荒地一万亩。经过五十年的奋斗，京星农牧场面积如今已扩大为十二万平方公里。

袁克捷带着六十多岁的母亲以及两个儿子，也成为这支劳动大军中的成员。高先生在文章中写道：

> 1955 年 5 月 24 日，叶氏一家随同第一批移民到了贺兰县京星乡三村，分到房屋两间（按当时规定三人以下分配一间，四至六人分配两间，七人以上分配三间）。生活用具，从小至菜刀、案板、锅、碗、瓢、盆，大至水桶、水缸，一应俱全。政府每户每月供应块煤 180 斤，煤油 4 两（16 两秤），每人每月供应口粮 35 斤（粗细粮按比例搭配），香油 2 两半，另外每人每月发给菜金一块四角四分。这样的供应按当时的生活水平来讲是温饱有余。此外，凡衣被确有困难者，政府也给予无偿提供。
>
> 叶氏一家除政府提供的上述物品外，还有次女奇祯每月从天津寄来的二三十元现金，生活水平在京星乡所有北京移民中属上等。

自从十六七岁嫁入豪门之后，叶氏极少与外界联系。

袁世凯去世时，叶氏的两个儿子一个尚幼，一个是遗腹子。袁世凯这棵大树倒了，袁家子女不可能再像从前那样与风光的官宦人家进行政治联姻。袁克捷娶了一名女招待，袁克有娶了一名普通东北女子。叶氏跟着儿子袁克捷过生活，儿子贫穷，母亲也跟着受穷。

迁徙到京星农牧场后，叶氏依然保持了足不出户的习惯，从来不与外界接触，也不与外人闲聊——即便邻居来串门，她也只是不冷不热地应付几句。她从来不提及自己的身世，对往昔的生活讳莫如深。尽管如此，她的身世还是渐渐被人们知道了，各种传闻像野草似的疯长，经常有人无缘无故地来她家，只为了看一眼传说中的"皇帝娘娘"究竟长了个什么模样。

> 当时她年过六旬，属于不劳动的人，所以也没有参加过生产队劳动。她的脚极小，走路不稳，家务活都由儿子干，她只是为儿孙做一些针线活，缝补衣物和做鞋，闲暇时看一些书报。她最大的嗜好是吸纸烟，且烟瘾很大，每月吸烟在三十筒以上（五十支装《耕牛》牌纸烟，当时一筒一角二分钱）。

由叶氏窘迫的生存状态，可以想像袁克捷当时的生活。高先生在文章中说，袁克捷因长相与袁世凯相似，当地人都称他为"袁大头"。起初袁克捷不太适应这个叫法，他惊愕地张开嘴左顾右盼，直到确认是在叫自己，才勉强点头微笑。后来他习惯了，人们再喊"袁大头"时，他总是沉闷地回应一声，一副逆来顺受的木然表情。

袁克捷没有什么个人爱好。乾坤巨变，使他心灰意冷，不爱与人交往，平时别人说话他也从不搭腔，更谈不上开玩笑了。在干活或者休息时，一些人拿他取笑，他总是沉默以对。即使谈正事，他也只是简单回答几句，之后还是沉默。袁克捷对母亲十分孝顺，叶氏的饮食、起居等，均由他一手料理。高先生在文章中说："叶蓁能在当时的困难条件下活到那样大年纪，与袁克捷的细致照料有直接关系。"

两年后，叶氏、袁克捷一家的生活被一场政治运动搅乱了。据高先生在文章中回忆：

> 1957年反右派大辩论，因京星乡移民中，上至袁世凯的姨太太、儿子，下至日伪少将，国民党军、警、宪、特，还有资本家小业主等，文化程度高，讲怪话提意见的人多，故县上将这里作为运动的重点。运动以后，移民有被杀的，有被关押劳改的，仅被戴历史反革命、坏分子帽子的就有四十余人。那时，袁巨勋虽不爱言语，没有违纪行为，也未戴什么帽子，但因家庭出身，被列入内部掌握的监管对象。1956年以后，移民的供应标准逐月降低，至1958年秋供应完全被取消了。加上政治歧视，移民的生活越来越困苦。

高志远先生亲口对我讲，为了叶氏、袁克捷一家的供应粮之事，他父亲高钧曾经跑到上级部门反映实情。上级领导批评高钧说："现在都什么时候了？全国多少人没有饭吃？你竟然为袁世凯的老婆孩子来要粮食，什么阶级立场？"高钧回答："我不为他们要粮食，到时候饿死在我手上了，我没办法交待。"上级领导想了想，给了叶氏一家人六十斤粮食——相当于两个月的口粮。谁知道还不到两个月，袁克捷和叶氏就先后死了。

高先生在文章中详细讲述了整个事情的原委：

> 1958年人民公社运动对叶氏一家的冲击更大。"大锅饭"的实行，大人小孩都要到公社食堂分组就餐，谁都不能例外。这对叶蓁来讲尤感不便。平时她连门都不愿出，这时要她每天三次到食堂去吃饭，她只好扶着墙，扭动着三寸金莲，一步三摇走向食堂。年已67岁的叶蓁，那金枝玉叶的身躯经历着如此折磨，她也只好忍耐。也只有这个时候，京星乡的老少才能一睹"娘娘"的"芳容"。

> 这年11月，不幸的事突如其来。袁巨勋的饭量大，食堂的饭填不饱他的肚子，虽说叶蓁的饭量小一点，但两个孙子都是青壮年汉子，他们母子二人只好先让俩孩子吃。这样，袁巨勋的身体一天不如一天。政治上的压力，劳动上的艰苦，生活上的不足，促使这个年近半百的汉子一下衰老了许多。一天，袁巨勋同大家一起平田整地，中间休息时，他同往常一样，自个儿到另一处去休息。不一会儿大家起来干活，唯独不见袁巨勋来。这时有人说，不要喊他了，一个堂堂"皇子"落到这一步实在不易，今天让他多睡一会儿。中午收工，仍不见他来，大家就去找他。只见他蜷着身子躺在沟里，喊他不应，身子早已冰凉，人死已多时了。

那年月条件差，京星乡移民死了的都用苇席一卷。袁巨勋也是这样，用苇席卷了草草埋在京星公共墓地。

关于袁克捷之死以及死后的埋葬方式，我与高志远先生在安阳旅馆里曾有一次交谈。交谈中，高先生又有新的补充。

高先生说，当时在文章中写成是"用苇席卷了草草埋在京星公共墓地"，实情并不是这样的。袁克捷死后，采取的是"瓮葬"，大家从公社食堂里找来了两口大瓮，将袁克捷的尸体放入两口对接的瓮中，埋在了公共墓地里。

我问：为什么要"瓮葬"？

高先生回答说："瓮葬"是西北当地的一种丧葬风俗，死了的人不想再投生，就用"瓮葬"——不透一丝缝隙的瓮把人罩在里头，永世不再超生。

只听说人死了都想尽早投生，这里却埋着一个再也不想投生的死者！袁克捷心中堆砌着如山一样沉重的悲凉，这世上无人能理解。

袁克捷之死，对母亲的打击是致命的。高先生在文章中写到：

从此她就病倒了。公社化以后，原京星乡划归立岗公社曙光大队管理，编八个队。一天，队长徐勤向我父亲高钧报告说："叶蓁病倒了，三天没到食堂吃饭。"我父亲同徐勤一块儿到她家，进门一看，她家的窗玻璃全被打碎了，炕也塌了一半，叶老太太就睡在尚好的半边。炕上铺着稻草，身上盖着露出烂棉花的破被，大小便就在那塌陷的炕里，屋里又冷又臭。我父亲高钧见此情景，当即叫徐勤将她的一个孙子从田里找回来，吩咐他每天伺候奶奶。同时责成徐勤将她家的窗户玻璃安上，把炕打好，把屋子烧暖和，并让公社卫生所医生给她看病，要求公共食堂给她做小锅饭，可不限量。当时徐勤说，别的要求都好办，就是不限量粮食无法解决。随后，我父亲到公社给她批了一些救济粮。在她的最后岁月能得到政府的关照，使她十分感激。

1958 年 12 月 31 日夜晚，苦命女子叶氏终于走到了人生的尽头。那一天，离她儿子袁克捷去世还不到两个月。

1959 年元旦。清晨。大地上的雾气还在飘荡，漫山遍野的荒草在雾光中呈现出斑驳的青绿色，在那幅苍凉的画面上，袁小五、袁小六兄弟俩沿着田埂快步小跑。他们来到高志远家门口一膝跪下，磕头报丧："我奶奶死了！"若干年后高志远回忆起那个场面仍然觉得诡异。高先生躺在旅馆的床上，眼睛一直望着天花板，轻声说："兄弟俩没有哭，连一滴眼泪都没有。当时我还小，不理解这些，只是感到好生奇怪。"

一个凄凉的尾声
——袁世凯遗腹子袁克有

2009 年初冬，我第一次来到了安阳洹上村旧址。

那天，明晃晃的太阳照在头上，天气出奇的好。已是 12 月了，深秋的景色似乎还舍不得离去，树上挂满了金色的树叶，风一吹，树叶哗啦啦旋转飘落，像金蝴蝶一样翩翩起舞……

心情有几分兴奋，也有几分期待。之前已做足功课，也作好了心理准备，我知道洹上村已不存在，它只是历史烟云深处的一处风景。随着辛亥年袁世凯重新出山，袁家人像候鸟似的从洹上村飞走了，飞到了北京、天津、上海、台湾以及世界各地，繁华如梦的洹上村开始走向衰颓。洪宪帝制失败后，洹上村更是加速度走向衰颓。后来冯玉祥将洹上村没收，充公办了学校。再后来日本鬼子来了，炮火将洹上村摧残得一片狼藉，残垣断壁记录着历史的创伤。建国后，残垣断壁也被拆除，墙砖拖去修建安阳文化宫，木料檩条有的拖去卖钱，有的被附近老百姓当柴火烧了。

汽车沿着洹河款款行驶，清清的河水在太阳照射下翻起朵朵浪花，像一条条金色的鱼儿。

车停下来，洹上村终于到了，我却有些失望。眼前什么房子都没有，只有一垄垄颜色不同的树苗，在太阳下安静地站着，中间兀立着两三棵孤独的树，遍地散落着发黄的树叶，使得眼前的景致看上去更加荒凉。

见证过一个大家族繁华散尽的洹上村，此时已经成了安阳的一家园林公司，到处是苗圃，园林公司的广告斜挂在路边，上面写着：紫薇、连翘、木槿、迎春、红枫、樱花、银杏、红豆杉等各种绿化苗木种子，价格合理，量大从优，送货上门。

我站在那一垄垄花木苗圃当中，恍若梦中：这里真的是传说中的洹上村么？

和我一起来的几个电视台的朋友扛着摄像机，到处去寻访可供拍摄的景点和旧址。我没有跟他们同去，留在了洹上村的废墟上，一边慢慢转悠，一边想着历史的起承转合。每个节点都谜一般，那么吊诡、残酷、费解。

突然，苗圃中的泥地里有几块瓷片吸引了我。我拾起来，拿在手中仔细观摩，一会儿又对着太阳瞅瞅，花草虫鱼、飞禽走兽的零碎图案在阳光中晃动，洹上村此刻恍若一面魔镜，我仿佛看见了一百多前的那段历史——王公贵族的荣耀与悲哀，静静掩埋在黄沙荒草中，我隔它们那么近，仿佛能听见魔镜里头传来的欢笑声和叹息声。

据安阳地方史志记载：1938 年，日本鬼子来了，在洹上村北边修建了一个军用机场；1948 年，中国人民解放军二野的山炮对准盘踞在洹上村一带的国民党军队进行猛烈的炮击；1949 年，安阳解放了，洹上村已是破败不堪，有的房屋毁于炮火，没有毁于炮火的后来也被当地人拆走了。

那次到安阳采访，印象最深的是袁林附近村民们讲的袁家故事。

袁世凯病逝后，他的所有妻妾和子女都在天津、北京两地。只有最小的儿子袁克有一个人孤零零地留在了安阳。

我一直想探寻其中缘由。通过一些线索的梳理，才慢慢明白。

袁克有生于 1917 年，当时袁世凯已病逝，作为遗腹子，袁克有从出生那天起就注定了命运坎坷。

袁克有出生后，母亲叶氏的小日子倍感艰难。她的两个儿子此时年岁都还小，在艰难的岁月里，叶氏慢慢地将袁克捷、袁克有俩兄弟拉扯长大。

1928 年前后，军阀冯玉祥占领了安阳洹上村，抄没了袁家财产。消息传到北京和天津，袁氏家族对冯玉祥既感到愤慨，又无可奈何。袁家有个叫徐东海的管家看不过去了，自告奋勇去安阳，帮助袁家守护洹上村和袁林。当时袁克有十一二岁，跟随管家徐东海来到了安阳，住在安阳市裴家巷 72 号院。他们在自家门口挂起一块"袁林管理处"的牌子，靠袁世凯的这点"余荫"募集一点零散钱，艰难度日。有时候，生活实在过不下去了，就变卖袁林四周的白杨树，凑点钱过日子。

1934 年，十七岁的袁克有与东北姑娘于茹英结婚。袁克有的大女儿袁家惠告诉我，袁克有与于茹英是同学。婚后，袁克有、于茹英先后生下了二子二女，他们是长子袁家兴（1935 年）、长女袁家惠（1936 年）、次子袁家旺（1940 年）和幼女袁家君（1942 年）。

孩子多，又没有收入，家中常常会闹到无米下锅的地步。那些年，袁克有究竟是怎么熬过来的？我没有找到相关文史资料记载，寻访袁林附近村子里先辈曾与袁克有打过交道的后人，他们也都语焉不详。

倒是有史料提醒我，袁克有一直在北京、天津和安阳三地之间漂泊，有段时间，他的主要居住地是安阳。在安阳的那些年，袁克有对凡是与袁家有关的事务皆是热心的。

举个例子说明：

1963 年 8 月，安阳连续下了八天暴雨，洹河多处决口，洪水冲毁了万顷良田，多处路段遭毁。灾后重建中，修路工人发现了袁世凯四姨太太季氏的墓棺。这座坟墓在袁世凯墓的西边约五百米处，与袁坟碑东西相照应，墓冢高有两米多，墓四周用砖砌围墙，附近有柏树百余棵。据地方文史专家考证，1938 年日本人要在安阳修建飞机场，那座墓正处在飞机场的范围内，必须移坟。当时，由十七子袁克有和袁府管家徐东海雇请人将四姨太太的墓棺挖出。挖墓棺时土质很硬，有人说是用三合土掺了桐油、松香，用夯夯实的。据当时在现场参与筑墓的农民张才说，四姨太太的墓棺挖出后，停放在袁林马鞍桥南两间西屋里，当时称"西耳房"，停棺约三个月，周围的空气中都弥漫着一股难闻的死尸味。等到天气渐渐转凉，一天晚上，袁克有从城里派来十几个人，趁夜色将棺材抬到袁林照壁墙南埋葬了。张才老人回忆说："埋的时候，安阳桥村仅我一人参加，袁克有找的那些人，我一个也不认识。"

当时在安阳的袁氏后人只有袁克有一个人，但凡家族有事，他决不推诿——尽管他家境贫困，自顾不暇。袁氏家族后代谈到这类事情时，对袁克有的义举大加褒奖。袁晓林先生在接受采访时曾经如是说：

> 四姨太是朝鲜人，是袁世凯四子袁克端的亲生母亲。事过多年，袁克有到天津时，袁克端及其后人还在，而克端的岳父是天津大盐商何炳莹。袁克有把自身安危置之度外，迁移安葬克端生母，克端于情于理都是应该酬谢克有的。可我们至今没有听到袁克有向他们邀功请赏的传闻，这也从另一侧面说明袁克有是个贫而不失其志的人。

有一个传说是这样的：袁克有于三十年代后期，因组织过民团武装，建国初期被共产党抓获处决了。对这个说法，建国初曾在安阳担任过派出所所长的张有明予以否定。张有明老人肯定地说：他没有这个印象，也查阅过大量档案资料，袁家没有任何人被共产党处决过。

袁晓林先生对传闻中的那段历史解释说：

> 无风不起浪。袁克有是"参加"过民团，而不是"组织"过民团。据相关人员回忆，袁克有生活贫困，衣食无着落，又加上爱玩，就参加了民团。这种自发组织的民团，开始是和日本鬼子对着干的。日本投降后，民团对共产党政策不了解，和共产党武装也时有冲突。安阳解放时，袁克有等人被

解放军俘获。依照当时的政策，对被俘人员进行学习、教育后，愿意参加解放军的留下；不愿参军的，发路费走人。袁克有没有参加解放军，领了路费，匆匆赶赴天津去了。

当时，袁克有的生母叶氏、哥哥袁克捷以及几个同胞姐姐都还生活在天津。

那一年袁克有三十二岁。到天津后他发现，哥哥带着母亲小日子过得十分窘迫，没有能力再接纳他这个多余的闲人。那段日子，袁克有寄宿在十五哥袁克和家。袁克和是袁世凯八姨太郭氏夫人所生，身份背景和袁克有相仿，两个人的年龄也相近，至关重要的一点是，袁克和娶了天津八大家之一的"铁门张"的二女儿张允倩，家境比较富裕。因此，袁克有除了每月抽两三天去看望母亲外，其余时间吃住都在袁克和家。

袁克有很胖，体重两百多斤。在天津，除了有轨电车的车门他能挤进去，其他车门都无法进。他虽然很胖，但心灵手巧，他能造枪，用起来和真枪没什么差别。袁克有的雕刻技艺也高人一筹，雕刻的窗棂花纹细腻，几块拼图浑然一体；雕刻的鼻烟壶让人爱不释手。

尽管袁克有优点多多，但是，对妻子来说他没有当个好丈夫，对儿女来说他没有当个好父亲。

袁克有离开安阳后，妻子于茹英带着四个儿女历尽艰辛，靠帮人洗衣服、做针线、捡破烂，有时甚至靠乞讨养家糊口。我在安阳采访时，许多老人说他们至今都还记得每天清晨到洹河边洗衣服的那个苦命女子。建国初期安阳有一些机关和企业，青年职工大多数是单身，衣服、床单脏了往往是雇人来洗，一套衣服三分钱，一件床单五分钱，经常有人看见，于茹英在数九寒冬砸开封冻的河冰，佝偻着身子洗衣……

关于袁克有一直留在天津、没有再回安阳的原因，袁家人内部另外还有个不一样的说法：袁克有是因为政治方面的原因，不敢回安阳。认真一想，这个说法确实有道理。妻子儿女都留在安阳，他岂有离家独自逍遥的道理？况且从许多史料中都可以看到，袁克有对妻子和儿女的感情是十分深厚的。

让人感动的是，那个苦命女子于茹英对丈夫袁克有并没有怨恨。据说，于茹英经常给远在天津的丈夫写信。于茹英对袁家感情深厚，即使在她自身生活困苦时，仍然供养着一个老女佣——那个老女佣一生都在袁家，无儿无女，于茹英一直供养到她去世。

1953 年，袁克有患胃癌在天津天和医院去世，死的时候，胖胖的身躯已经变得骨瘦如柴了。二十年后，妻子于茹英也在安阳医院去世。医生说，于茹英死于肺功能衰竭。

袁家在洹上村的故事只留下一个凄凉的尾声。

——他们那一代人的故事就这样结束了。

❶ 解放初期，袁世凯十五子袁克和（左一）、十七子袁克有（右二）与朋友在一起。

❷ 袁世凯十七子袁克有的次子袁家旺与妻子周婉华，二人一直生活在河南新乡。

❸ 河南项城袁阁村袁氏陵园，袁家后人正在修缮坟墓。

❶

❷

❸

后记

萌生写这本书的念头是在七年前。

2007 年冬天，长春电视台准备拍摄一部《袁世凯家族》的专题片，约请我担任撰稿。踏上旅途，我驱车穿行在茫茫风雪中的北国，寻访了河南的项城、郑州、安阳及天津、北京等城市，接触和采访了数十位袁氏后裔及相关人员。对我而言，那次特殊经历是人生的一次洗礼。

过去，袁世凯家族对世人来说是神秘的。多年以来，传说中的这个家族似乎被笼罩在一片云山雾海中，影影绰绰，谁也看不清真相。当他们以普通人的身份出现在我面前之后，近距离与之接触和交谈，观察其人生履历，审视其情感状态，一个个有血有肉的生命鲜活地储存在我的脑海里，像一群生动的浮雕，清晰得令人窒息。

袁晓林是袁世凯六弟袁世彤的后裔，担任过项城县政协副主席。他是我接触到的第一个袁家人，感谢他毫无保留地提供了若干袁氏后裔的姓名、单位、联系电话，使得我在此后几年里与袁家人取得了较广泛的联系。

那年拍摄专题片，袁晓林陪同我们一路北行，他的身体状况不是太好，患有糖尿病，每天都要坚持给自己注射胰岛素。即便如此，他依然十分乐观，孜孜不倦地带着我们走东家串西家，走访了袁家的无数个后人。沿途袁晓林给我们讲述袁家的故事，让人感叹万千，唏嘘不已。

　　翻检当时的采访笔记本，那一年，先后采访的袁家后人有袁克定的长孙袁萌临，袁克文最小的儿子袁家楫，袁克坚的次子袁家诚，袁克坚的女儿袁家文，袁克桓的四女袁家菽、五女袁家芯和女婿柏均和，袁克桓的孙女袁弘淑，袁克文的孙子袁璧承、曾孙袁侃，袁克和的孙子袁弘信，以及晚清大臣荫昌的孙子荫成祖（他的祖母袁复祯是袁世凯的第七个女儿），北洋将军段芝贵的孙子段夔（他的母亲袁家祉是袁克文的三女儿），张伯驹的女儿张传綵、女婿楼宇栋等等。

　　此后，参加了几次袁氏后裔举办的家族联谊会，与更多袁家人熟识了，写这本书的愿望也就越来越强烈。宗族曾构成了古代中国牢固的社会根基，一个家族发生的变迁，常常与社会变革遥相呼应。对于被称作民国第一家的袁世凯家族来说，更是如此。一百多年以来，剧烈动荡的时代大潮如何影响一个家族的私人生活？反过来，家族内部人际关系的各种演变又如何影响了历史运行的轨迹？通过袁家发生的故事，洞烛幽微的情境，或许能从某个侧面了解到历史的诡谲。

　　曾经，几代中国人不得不生存在战乱天灾频仍、政治运动接连不断的岁月中。对于袁家人来说更是首当其冲，他们所遭受的苦难、所承担的政治歧视和精神重压都在他人之上。千疮百孔的人生，经由他们的口讲述出来，当初的创痛已淡化了许多，但是在我心中所荡起的涟漪，仍然形同翻江倒海。夜深人静时分，每每回味袁家人的故事，就会想起苏东坡《前赤壁赋》中的那几句话：如怨如慕，如泣如诉，余音袅袅，不绝如缕。

　　四年时间，前期案头准备和田野调查告一段落。到了2011年

12月，我自费再次奔赴天津，奔走在寒冷的街巷中，为写这本书作最后的补充采访。

那次重点采访了四个人，一是袁克文最小的儿子袁家楫先生，一是袁克坚的次子袁家诚先生，一是袁克桓的孙子袁弘宇先生，一是袁克权的孙女儿袁忻及其先生杨大宁。其中袁家楫老人已于2013年秋天去世，死于心脏病。

得知袁家楫老人去世的消息，我多少有些意外，采访时的情景不由自主地浮现到眼前。

2011年冬天我赴天津采访，转乘800路汽车到达老人的家，时间是12月9日，八十三岁的老人孤身一人，把家里收拾得一尘不染。他坐在沙发椅上安静地等我，和煦的阳光从窗外投射进来，桌上一束郁金香散发着淡淡的清香。袁家楫老人从他三岁时的故事讲起，如何进入教会学堂，如何参加日伪海军去山东刘公岛，如何从威海卫军营中逃跑，如何漂洋过海去台湾、香港，如何到上海去找三姑袁静雪，如何成为天津卫高档舞厅的爵士舞高手，如何去板桥农场苹果园接受劳动改造……讲到经历的那些苦难，他大多用幽默俏皮的话语冲淡了悲哀，但说到情深处，也曾几度声泪俱下，让人动容。

那次采访，我和袁家楫老人还有个约定，等我将来有空了再来天津采访他，单独为老人写一部口述史。

袁家楫老人的一生跌宕起伏、丰富曲折，他接触过的许多人或是民国大佬，或是政坛显要，或是社会名流，岁月不居，这位耄耋老者称得上是岁月的活化石。但因我手头杂事太多，此事一推再推，而今老人已经溘然长逝，凄凉的故事被带走了，欢乐的故事也被带走了，留下白茫茫一片大地真干净。每忆至此，眺望北方的天空，总有一种惘然若失的感觉。

袁世凯有一妻九妾，共生了十七个儿子、十五个女儿。这些儿女们结婚生子，繁衍至今已有五六代，遍布国内外的袁氏大家族成员也有数百乃至上千人。这本书只写了他们中间十几个人的人生故事，且挂一漏万，只写了他们人生故事中的几个片断。对于一个在中国历史上有着特殊意义的大家族来说，这本书收集的只是一些飘零的叶片，相对于整株枝干来说，自然是远远不够；不过管中窥豹，见其一斑而已。

在这本书的写作过程中，我得到了诸多师友的鼓励和支持，在此一并致谢。

感谢长春电视台的曹冬雁、刘大林。是他们约请我担任专题片《袁世凯家族》的撰稿，才有了2007年冬天那次北国行，由此萌生了写这本书的念头。一路上，他们对工作的热忱以及对朋友的情意，都让我难以忘怀。因为身体的原因，我还欠两位东北兄弟一顿酒，这让我一直心存歉意。

感谢远在加拿大的画家袁缉燕先生。自从在袁氏家族联谊会上认识后，我们逐渐成为情投意合的朋友。通过越洋电话，他数次接受我的采访，给这本书提供了不少珍贵的素材。他又在百忙中为这本书写序，且反复修改，真诚的态度让我感动。

感谢袁家诚先生、袁弘宇先生以及袁忻、杨大宁夫妇。他们不仅在我赴天津采访时盛情款待，而且对书稿中的部分文字进行了认真负责的修改，将诸多错谬消灭在萌芽之中。

感谢远在黑龙江的袁伟东先生。他提供了一些与袁家有关的细节，并对书稿中的部分文字进行了校正。

感谢爱妻彭翠仙女士，多年来默默奉献，让我能静下心来读书和写作。

感谢兄弟般的朋友郭寒、颜名，他们热情地帮我联系写作地点，让我安心写作。

感谢清江隔河岩电站的朋友聂志立、张旭，为我提供了安静舒适的写作环境，并伴我度过了愉悦的一个多月。

感谢远在美国的老友高伐林先生，得知我在写作这本书，他便将书稿中的部分章节拿到其主编的《新史记》上率先刊登。伐林兄年轻时写诗，名头响亮，我曾到武汉去拜访过他，一晃几十年过去了，我们都诚如他所言：随着岁月流逝，从一个文学爱好者变成了一个历史爱好者，从想象的云天落到了史实的丛林。

感谢朋友林文楷、吴绪久，在书稿尚未完成时，将部分章节在他们主编的杂志上登出。

尤其需要感谢的还有骆宝善、马勇两位先生，他们精彩的序言为拙作增色不少。

同时感谢的还有刘路生女士，当我将书稿通过电子邮箱传去后，她告诉我，骆宝善先生的电脑技术比较生疏，不习惯看电子版，需要把书稿全部打印下来给他看。刘路生女士不仅默默地做了这一切，还通读了书稿中与袁世凯有关的章节，帮助我纠正了多处谬误。

另外，事后我得知，骆宝善先生写序时正生病住院，这让我隐隐有些愧疚不安。

中国社科院近代史研究所的马勇先生，是我在袁氏家族联谊会上结识的一位朋友。他对中国近代史中的许多重大问题都有自己的探索、研究和思考，他的序言从袁家的教育入手，颇多新意。我比马勇虚长两岁，通信中他自谦为弟，并嘱我对他的序言"哪儿有问题，尽管增删"，让我感到汗颜。马勇先生的学识远在我之上，他为人的谦和态度也值得我学习。

　　感谢本书的策划徐卫东先生，没有他的慧眼，拙作不可能在我心仪的中华书局出版。

张永久

2014 年 12 月

附录一

袁氏家族世系简表

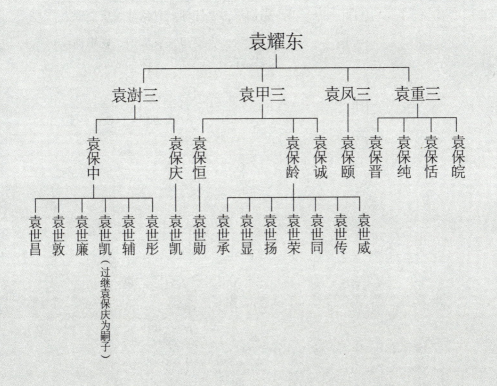

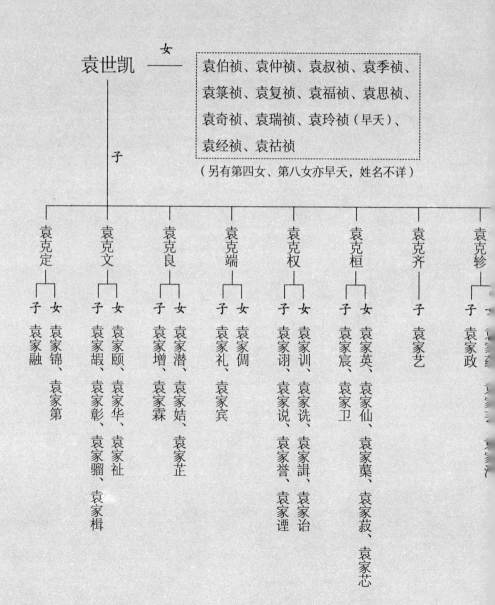

袁世凯 ——女—— 袁伯祯、袁仲祯、袁叔祯、袁季祯、袁篆祯、袁复祯、袁福祯、袁思祯、袁奇祯、袁瑞祯、袁玲祯（早夭）、袁经祯、袁祐祯

（另有第四女、第八女亦早夭，姓名不详）

子

袁克定 | 子 袁家融 | 女 袁家锦、袁家第

袁克文 | 子 袁家嘏、袁家彰、袁家骝、袁家楫 | 女 袁家颐、袁家华、袁家祉

袁克良 | 子 袁家增、袁家霖 | 女 袁家潜、袁家姑、袁家芷

袁克端 | 子 袁家礼、袁家宾 | 女 袁家倜

袁克权 | 子 袁家诪、袁家说、袁家誉、袁家谭 | 女 袁家训、袁家诜、袁家諆、袁家诒

袁克桓 | 子 袁家宸、袁家卫 | 女 袁家英、袁家仙、袁家蕖、袁家菽、袁家芯

袁克齐 | 子 袁家艺

袁克轸 | 子 袁家政

袁克久	袁克坚	袁克安	袁克度	袁克相	袁克捷	袁克和	袁克藩	袁克有
无子女	子 袁家禧、袁家诚 / 女 袁家文	子 袁家华、袁徽	女 袁家敏	无子女	子 袁家振、袁家威	无子女	无子女	子 袁家兴、袁家旺 / 女 袁家惠、袁家君

附录二

主要征引书目

《项城袁氏家集》，袁甲三撰，宣统辛亥夏清芬阁编刊

《洹上私乘》，袁克文著，上海古籍出版社，1985年

《辛丙秘苑·寒云日记》，袁克文著，山西古籍出版社，1999年

《袁世凯家书》，中央书店，民国二十三年（1934）

《袁克权诗集》，天津古籍出版社，2008年

《严修日记》，南开大学出版社，2001年

《抑斋自述》，王锡彤著，郑永福、吕美颐点注，河南大学出版社，1985年

《洪宪纪事诗本事簿注》，刘成禺著，山西古籍出版社，1997年

《春游纪梦》，张伯驹著，辽宁教育出版社，1998年

《骆宝善评点袁世凯函牍》，骆宝善著，岳麓书社，2005年

《八十三天皇帝梦》，袁静雪等著，文史资料出版社，1983年

《百年家族袁世凯》，侯宜杰著，河北教育出版社，2002年

《袁世凯家族》，张永久著，重庆出版集团，2007年

《袁世凯和项城袁氏家族》，项城市政协编印，2005年

《袁世凯和项城袁氏家族》（续编），项城市政协编印，2006年

《淡出豪门的逝水流年》（自印本），袁晓林编著，2010年

《洪宪帝制》，张华腾著，中华书局，2007年

《百年袁家》，王碧蓉著，广西师范大学出版社，2013年

《太平轮一九四九》，张典婉著，上海三联书店，2011 年

《颍河岁月》，蒋敬生著，中州古籍出版社，2000 年

《洹上钓客——袁世凯安阳养疴前后》，李自存著，河南人民出版社，1996 年

《仲圭诗集》（自印本），袁家说著，杨大宁、袁忻整理，2009 年

《袁家诜诗集》（自印本），袁家诜著，杨大宁、袁忻整理，2009 年

《百年迈不出这一步》，高伐林著，原载 2005 年《多维时报》

《最后的皇太子：袁世凯长子袁克定的晚年》，张传綵口述，李菁执笔，原载《三联生活周刊》2006 年 12 期

《宁夏文史资料》（第十辑），"袁世凯六姨太在贺兰"，高钧口述，高志远执笔，2007 年

《袁氏后人·共识网访谈袁缉燕》，参见共识网文章，2011 年